為推進中國特色社會主義司法制度作出新貢獻

二〇〇九年八月 王勝俊

中国少年司法

2011年第3辑 （总第9辑）

张　军　主编

最高人民法院少年法庭指导小组　编

人民法院出版社

图书在版编目（CIP）数据

中国少年司法．2011年．第3辑：总第9辑/张军主编．—北京：人民法院出版社，2011.10

ISBN 978-7-5109-0314-4

Ⅰ．①中…　Ⅱ．①张…　Ⅲ．①青少年犯罪-司法制度-研究-中国　Ⅳ．①D926.8

中国版本图书馆CIP数据核字（2011）第197475号

中国少年司法　2011年第3辑（总第9辑）

主编　张　军

最高人民法院少年法庭指导小组　编

责任编辑　肖瑾璟

出版发行　人民法院出版社

地　　址　北京市东城区东交民巷27号（100745）

电　　话　（010）67550562（责任编辑）　67550558（发行部查询）
65223677（读者服务部）

网　　址　http://www.courtbook.com.cn

E-mail　courtpress@sohu.com

印　　刷　保定市中画美凯印刷有限公司

经　　销　新华书店

开　　本　787×1092毫米　1/16

字　　数　258千字

印　　张　14.375

版　　次　2011年10月第1版　2011年10月第1次印刷

书　　号　ISBN 978-7-5109-0314-4

定　　价　38.00元

《中国少年司法》编辑委员会名单

目　录

【理论与实务研究】

【统计分析】

【典型案例】

【地方规范性文件】

【理论与实务研究】

论未成年人刑事诉讼的几个特有原则

胡云腾*

未成年人是国家和民族的未来与希望。依法维护未成年人合法权益，预防、矫治未成年人犯罪，保障未成年人健康成长，是司法机关的重要职责。据统计，2005~2009年，全国法院共判处刑事生效被告人4675177人，其中未成年被告人420514人，占全部生效被告人数的8.99%。令人遗憾的是，对于未成年人犯罪案件，我国刑事诉讼法自1979年制定、再到1996年修订，都未规定未成年人犯罪案件的特殊诉讼程序，只是规定了具有共性的刑事诉讼程序。关于未成年人犯罪案件的侦查、起诉、审判的规定散见于一些法律、司法解释之中，未形成科学、完整的程序规范体系，这显然不利于对未成年犯罪人的保护。对此，本轮刑事诉讼法修改草案针对未成年人犯罪案件的特点，已经在“特别程序编”中规定专门的“未成年人犯罪案件诉讼程序”，这无疑有助于依法准确处理未成年人犯罪案件，有助于切实贯彻“教育、感化、挽救”方针，有助于更好维护涉案未成年人的合法权益和身心健康。

未成年人犯罪案件诉讼程序作为一项特别程序，既要遵循刑事诉讼的共通原则，又有其自身特有的原则。在刑事诉讼法修改草案已经决定设立未成年人犯罪案件诉讼程序的背景下，正确理解、把握未成年人刑事诉讼的特有原则，对于彰显本次修改刑事诉讼法的科学性和实效性，保障修改后相关条款的正确实施，都具有重要意义。基于此，笔者拟就刑事诉讼法修改中如何进一步体现未成年人刑事诉讼的几个特有原则，谈几点认识，供大家批评指正。

---

* 最高人民法院审判委员会委员、研究室主任，少年法庭指导小组副组长，中国人民大学法学院、北京师范大学刑事法律科学研究院兼职教授、博士生导师。

一、全面调查原则

全面调查原则是指司法机关在办理未成年人刑事案件时，除了应当查明案件事实本身的各种情节之外，还应当就未成年人的特殊性格、生活环境、导致未成年人违法的主客观因素等进行全面、彻底的调查，必要时还需要进行鉴定，并根据调查的结果选择最恰当的处理方法。从一定意义上说，未成年人实施违法犯罪不仅缘于其个人的思想认识和人格罪错，而且缘于其生活、学习的家庭、学校和社区没有尽到应有的责任，因此，应当本着实事求是的原则，全面、细致地调查、了解未成年人违法犯罪的主观原因和客观原因，直接原因和间接原因，个人原因和社会原因等，从而为教育、感化、挽救未成年罪犯提供科学依据。

在未成年人犯罪案件中确立全面调查原则无论是对未成年人的教育还是对犯罪的正确处理都有重要价值。首先，办理未成年人犯罪案件要落实“教育、感化、挽救”的方针，不以惩罚为目的，由此，全面调查是一个很好的思想教育方法，司法机关在查明案件事实的同时查清犯罪的原因，有助于有针对性地找准“感化点”，从而有效引导“失足”未成年人认罪悔改。其次，强调个别化处理是未成年人司法制度的发展趋向，刑罚个别化既可满足“报应”的具体公正性，又可满足“预防”的社会公正性，是对未成年人犯罪主体特殊性的充分保护，有助于对未成年人科学、合理地量刑，而全面调查是对未成年人实施个别化处理的基础。最后，全面调查是正确处理未成年人犯罪案件的前提。《联合国少年司法最低限度标准规则》（即《北京规则》）第16条明确规定“所有案件除涉及轻微违法行为的案件外，在主管当局作出判决前的最后处置之前，应对少年生活的背景和环境或犯罪的条件进行适当的调查，以便主管当局对案件作出明智的审判”。事实上，对于未成年人成长经历、性格特点、一贯表现、家庭状况和生活环境等事实的了解，都必须通过全面调查来解决。

社会调查制度是全面调查原则在未成年人犯罪案件中的具体体现。“社会调查是少年司法中的一种特殊制度，其以个别化为基本理论依据，目的在于关注未成年人身心发展的特殊性，保障刑罚适用公正、合理。”① 未成年人犯罪案件诉讼程序作为一项特别程序，应更加侧重其特殊性，弱化刑事诉讼通常的对抗性因素，注重“协同”。况且，我国的诉讼架构并不是纯粹意义上的对抗式模式，在改革的过程中还引入了“协同主义”的新型正义观，

---

① 陈瑞华、谢萍：《少年司法改革的山东经验》，载《人民法院报》2011年1月21日第7版。

强调诉讼各方在诉讼中的合作与对话，共同促进诉讼进程，这在未成年人犯罪案件诉讼程序中更应坚持。因此，全面贯彻全面调查原则，建立起符合未成年人审判刑事案件需要的社会调查制度，是完善我国未成年人刑事诉讼程序的应有之义。笔者现就社会调查制度的构建谈三个问题：

第一，就社会调查主体而言，对未成年人的成长经历、犯罪原因、教育改造条件等情况的调查，应当在总结、吸收近年来少年司法改革成果的基础上，明确社会调查的主体。社会调查主体的确定要充分发挥中国特色社会主义制度的优越性和体制优势，充分发挥人民团体和社会团体的作用，充分发挥各类关心、爱护青少年组织的作用。不应把调查主体局限于司法机关，因为司法机关了解这些特殊人群的特殊情况，并不具有特别的优势，而且由于司法机关的办案任务繁重，人手不足，难以顾及未成年人犯罪案件的社会调查工作。也不能将社会调查局限于诉讼程序甚至法庭审判程序之中，因为诉讼程序中的调查主要是认定定罪量刑的事实与证据问题，对于非定罪量刑的其他事实很难顾及，如将社会调查仅仅局限于法庭上或诉讼程序之中，必然会削减社会调查制度的范围视野及应有效果。从国外看，社会调查主体多由法官、检察官、律师等以外的人承担，社会调查多附着于诉讼程序。如在美国，量刑前社会调查报告由缓刑官负责进行，缓刑官是司法机关雇员，受法官委派，负责独立开展对被告人的社会调查活动。缓刑官在行使调查权时可以会见包括被告人、警察、检察官、被害人在内的与犯罪或被告人有关的人，通过多种渠道获得量刑信息，在此基础上制作调查报告。在大陆法系国家，量刑前社会调查制度被称为人格调查制度，有的规定由法院工作人员或委派的人员进行，有的规定由社会工作者开展。① 结合我国司法实践情况，除需要公、检、法、司各机关依法建立相互衔接、配合的工作机制加强对未成年人相关情况的了解外，还要建立委托工、青、妇、教等有关社会团体、单位进行调查，或者聘任社会调查员开展社会调查的制度，社区矫正制度建立后，也可以赋予社区矫正组织开展社会调查的职权。总之，未成年人犯罪社会调查制度的设计，既要将调查主体设定的宽泛一些，又要将社会调查的重点明确在审判之前。

第二，就社会调查的内容而言，一般应当包括“犯罪人情况”和“犯罪行为情况”两个方面。前者系反映未成年人个人生理、心理特点和家庭情况及其相互影响的各种信息，后者是反映未成年人之所以犯罪、之所以犯某种罪、之所以犯某种程度之罪甚至之所以造成某种后果的相关信息。未成

---

① 高通：《论我国社会调查报告制度的构建》，载《武陵学刊》2010 年第 6 期。

年人犯罪案件的社会调查是在办理未成年人刑事案件中，由社会调查主体根据未成年被告人的生理、心理特点，通过走访家庭、学校、单位、居委会、派出所等单位，对未成年犯罪嫌疑人、被告人性格特点、家庭环境、社会交往、成长经历以及实施被指控的犯罪前后的表现、态度等情况作一个全面的了解。由此可以看出，未成年人刑事案件中的社会调查，其内容主要是反映犯罪嫌疑人、被告人的成长经历和接受帮教的条件等，而不是直接反映案件本身的犯罪事实。

第三，就社会调查报告的性质而言，主要作为量刑证据使用。我国刑法第五条明确规定“刑罚的轻重，应当与犯罪分子所犯罪行和承担的刑事责任相适应。”刑事责任的确定通常取决于犯罪构成、犯罪动机、手段、时间、危害结果大小、犯罪人的精神障碍程度以及犯罪前的一贯表现、犯罪后的态度等。① 显然，社会调查报告正是用于证明上述事项的材料，属于量刑证据范畴。此外，从证据定义来看，本次刑事诉讼法修订将对第四十二条的证据定义进行调整，拟采“材料说”，将“证明案件真实情况的一切事实，都是证据”修改为“可以用于证明案件事实的材料，都是证据”。由此，社会调查报告作为一份记录涉及量刑信息的材料可归入“品格证据”范畴，而被告人接受审判是基于其犯罪行为而非其自身的品格，因此社会调查报告不能作为定罪的证据，但可以作为量刑证据使用。

综上，笔者呼吁，在本次修改刑事诉讼法构建未成年人刑事案件特别程序时，务必明确规定社会调查制度及其工作方式。

二、分案处理原则

分案处理原则是指将未成年人案件与成年人案件在程序上分离，对未成年人与成年人分别关押、分别执行。② 确立分案处理原则一方面是基于未成年人心理、生理上的不成熟性，防止其受到其他羁押人员尤其是成年在押人犯的交叉感染，切实保护未成年人的身心健康；另一方面旨在保障未成年人充分行使诉讼权利，防止其在诉讼过程中处于不利地位，承担不应由其承担的法律责任。我国签署的《公民权利和政治权利国际公约》第 10 条规定：“被控告的少年应与成年人分隔开，并应尽速予以判决”、“少年罪犯应与成年人隔离开，并应给予适合其年龄及法律地位的待遇。”《北京规则》第 13.4 条规定：“审前拘留的少年应与成年人分开看管，应拘留在一个单独的

① 高铭暄：《刑法专论》，高等教育出版社 2006 年版，第 462 ~468 页。

② 温小洁：《我国未成年人刑事案件诉讼程序研究》，中国人民公安大学出版社 2003 年版，第 86 页。

监所或一个也拘留成年人的监所的单独部分。”我国未成年人保护法第五十七条第一款明文规定：“对羁押、服刑的未成年人，应当与成年人分别关押。”根据分案处理原则的要求，在对未成年犯罪嫌疑人、被告人进行处理时，应与成年人案件区别开来，适用强制措施时要与成年人分开关押、管理；在处理未成年人与成年人共同犯罪的案件时，尽量对未成年人被告人和其他被告人适用不同的诉讼程序，有条件的法院要设立专门机构、指定专门人员办理；对未成年犯刑罚的执行，要坚持与成年犯分开。

但是分案处理也不能过于绝对，关键是要根据案件情况进行综合判断，以有利于保护未成年人权益和不妨碍诉讼正常进行为原则。如果由于分案而使案件无法正常办理的，则宜合并进行审理，就不能机械地分案审理。在我国，由于侦查、起诉阶段相对较为封闭，因此是否分案处理，则要看具体情况。许多时候，或许分开侦查并不利于事实的查明，甚至造成重复侦查，导致侦查资源的浪费。但是，即使不分案审理，也应当注意对未成年人采取特殊的保护措施。

基于未成年人分案处理的需要，确有必要设立专门实施未成年人司法的机构和机关，而且未成年人犯罪案件的办案人员应当具有最低限度的法律、社会学、心理学、犯罪学和行为科学等方面的专业知识。如在我国台湾地区，审判未成年人案件的法官必须通过特别的考试，且当上法官以后每4年还要考核一次，如果考试通不过，就不能继续当未成年人案件的审判法官。近年来，最高人民法院还在全国部分法院开展了未成年人案件综合审判庭试点工作，取得了较好成效。2010年7月，最高人民法院还出台了《关于进一步加强少年法庭工作的意见》。最高人民法院根据未成年人案件的审判需要，加强了中基层人民法院未成年人案件审判机构的建设，要求有条件的法院设立独立建制的未成年人案件综合审判庭，暂无独立建制少年审判庭的法院也要求指定专职法官办理未成年人案件。一些人民检察院也成立了未成年人案件检察组，公诉人在庭审中注意将指控犯罪与寓教于诉融为一体。公安机关在未成年人分案处理工作体系上开展了许多有益的探索并且取得了良好效果，如对于羁押的未成年人犯，依法实行与成年人分开羁押、管理，并成立未成年人案件预审组，采取适合未成年人生理、心理特点的方式进行讯问等。我认为，对于实践中开展的诸多有益探索，有必要认真加以总结并在法律中予以确立，以适应处理未成年人犯罪案件的需要。要认真研究符合我国国情的分案处理原则和机制，更加有力有利地保护未成年人的合法权益，促使犯罪未成年人尽快、顺利回归社会。

三、迅速简化原则

所谓迅速简化原则，是指在办理未成年人犯罪案件时，应尽量迅捷，尽早结束程序，使未成年犯罪嫌疑人、被告人尽快脱离诉讼，从而尽可能避免因诉讼延滞给未成年人带来的种种负面影响。

首先，迅速就是要求处理未成年人犯罪的过程没有不必要的拖延。《北京规则》第20.1条规定："每一案件从一开始就应迅速处理，不应有任何不必要的拖延。"这条规定即是对迅速原则的要求。此原则综合考虑了未成年被告人的特殊性，从保护未成年人的角度出发，尽可能减少诉讼对其造成的伤害，体现了未成年人司法制度弱化司法干预的要求。贝卡利亚认为："惩罚犯罪的刑罚越是迅速和及时，就越是公正。"① 贯彻迅速简化原则能最大限度的保护未成年被告人的利益，有利于对其教育、挽救，使其尽早重新回归社会。未成年人在诉讼阶段停留时间越长，矫正难度就可能越大。诉讼时间的延长对未成年人的"煎熬"，容易导致其精神、心理、思想上发生重大变化，甚至产生被社会抛弃的感觉，造成极大的心理创伤和危害。要求迅速审理，其目的就在于避免"马拉松式"的诉讼给未成年人的身心带来"负面效应"，从而排除其紧张、抵触心理，彰显未成年人司法制度以教育、感化、挽救为主的初衷。

其次，简化就是要求处理未成年人犯罪的过程应当"能简则简"。整个未成年人犯罪案件应不拘泥于普通案件诉讼程序的限制，应当尽可能地从简，具备适用简易程序的条件时应尽量适用。当然，在强调简化的同时，对于未成年人犯罪案件诉讼程序的特有原则和内容不能"简化"、"省略"，如各个诉讼阶段都要坚持全面调查、确保法定代理人或合适成年人到场、获得辩护的权利得到落实，未成年人案件特有的法庭教育活动更应当强化而不能简化。为提升庭审效果，在简化未成年人犯罪案件诉讼程序的同时，应当能体现出这里的"简化"与通常的简易程序的区别，嵌入更多的"教育、感化"元素，可以考虑在总结圆桌审判、法庭教育等实践探索经验的基础上，明确规定人民法院在审理未成年人案件过程中，可以邀请未成年人的近亲属、有关社会团体和其他有助于提升法庭教育效果的人员参加庭审。

综上，公安司法机关在办理未成年人犯罪案件时应当尽可能简化、快捷。公安机关对已采取强制措施的未成年人，应尽量缩短羁押时间和办案期限，超过期限不能办结的，应立即变更或解除强制措施。检察机关在办理未

① ［意］贝卡利亚：《论犯罪与刑罚》，黄风译，中国大百科全书出版社1993年版，第57页。

成年人犯罪案件时对于符合简易程序适用条件的应当向法院提出建议。法院在办理未成年人犯罪案件时，除了少数性质恶劣、后果严重和影响较大的案件之外，大多数未成年人犯罪案件都应当适用简易程序、迅速审结并辅之以法庭教育活动，避免让未成年人在较长时间内陷于诉讼羁押程序之中，既要避免不必要地影响未成年人的学习、生活，更要尽可能地防止未成年人因长时间的诉讼而在生理、心理上受到不良影响。

四、双向保护原则

双向保护原则作为未成年人犯罪诉讼程序的一项特色原则，强调国家对有犯罪行为的未成年人所进行的司法活动中，不仅要注重保护社会秩序、维护社会稳定以及社会公众的利益，对犯罪的未成年人依法惩处，还要注重对犯罪未成年人的教育和挽救。① 该原则体现了《北京规则》第 1.4 条的要求。该条规定：“少年司法应视为是在对所有少年实行社会正义的全面范围内的各国发展进程的一个组成部分，同时还应视为有助于保护青少年和维护社会的安宁秩序。”此条规定要求对于涉嫌犯罪的未成年人要坚持保护未成年人和保护社会利益的统一和并重。

尽管各国未成年人刑事司法实践表明尚不易处理好双向保护之间的平衡，但此种导向不宜动摇。刑事诉讼具有惩罚犯罪和保障人权的双重目的，但任何诉讼都是在惩罚犯罪和保障人权之间找寻平衡点，只是因为不同情况下有所偏重而已。未成年人是祖国的未来，在办理未成年人犯罪诉讼案件中，在已经发生犯罪的情况下，注重对未成年人的保护已为社会各界所认同。2010 年 8 月，由中央综治委等 6 个部门共同发布的《关于进一步建立和完善办理未成年人刑事案件配套工作体系的若干意见》，强调公检法司机关的衔接与配合，建立、健全“政法一条龙”工作机制，努力达到教育、感化、挽救的目的，这正是双向保护原则的体现。我国刑事诉讼法修订过程中积极吸收了未成年人保护的经验和做法，拟规定对犯罪的未成年人，实行教育、感化、挽救的方针，坚持教育为主，惩罚为辅的原则。这个方针和原则与双向保护原则是相通的，与国际通行的做法也是一致的。从我国目前的未成年人保护制度体系及其发展趋向来看，双向保护原则正在有序地贯穿于未成年人犯罪案件诉讼活动全过程。此处重点介绍以下几项制度：

① 郑列：《双向保护原则在中国少年司法中的运用》，载《青少年犯罪问题》2004 年第 6 期。

（一）不公开审理制度

本着维护未成年人的名誉，防止未成年人因精神、心理上受到创伤而影响其健康成长，不公开审理无疑是最佳选择。此外，考虑到未成年人的心理和生理尚处于成长、发育状态，思想不够稳定，易受外界影响，公开审理有可能影响到当庭陈述的效果。我国现行刑事诉讼法第一百五十二条规定“十四岁以上不满十六岁未成年人犯罪的案件，一律不公开审理。十六岁以上不满十八岁未成年人犯罪的案件，一般也不公开审理”。考虑到未成年人的特点，此次刑事诉讼法修订拟规定“审判的时候被告人不满十八岁的案件，不公开审理”，这在保护未成年人被告人的权益方面又进了一步，对于保护未成年人的身心健康和合法权益将发挥重大作用。

（二）全程辩护制度

根据《北京规则》等国际公约，未成年犯罪嫌疑人、被告人享有一系列的特别诉讼权利，尽管在我国，过去的刑事诉讼法已有所规定，且基本符合国际公约的精神，但仍有一定差距，如法定代理人参与诉讼没有充分保障、指定辩护制度目前仍限于审判阶段等，侦查、起诉阶段的未成年犯罪嫌疑人尚不能享受无条件获得律师辩护的诉讼权利。从各国的刑事诉讼制度来看，确保犯罪嫌疑人、被告人全程获得律师辩护是司法机关应尽的职责。在主客观条件受到种种限制的情况下，可以考虑通过法律援助的方式确保未成年人在刑事诉讼中获得全程辩护。此次刑事诉讼法修订拟专门规定在侦查、起诉、审判阶段，未成年犯罪嫌疑人、被告人没有委托辩护人的，公安机关、人民检察院、人民法院应当通知法律援助机构指派律师为其提供辩护。在立法明确规定未成年人犯罪案件全程强制性的辩护之后，下一步则需要完善与之相关的配套措施，比如违反指定辩护规定所进行的诉讼行为是否有效、未成年人法律援助机构如何加快建设等，这些都需要进一步研究。

（三）法定代理人或合适成年人到场制度

法定代理人到场能够消除未成年人的紧张心理，帮助他们行使享有的诉讼权利，充分维护其合法权益。《北京规则》在第 15 条的说明中指出“父母或监护人参加的权利则应被视为是对少年一般的心理和感情上的援助”。我国刑事诉讼法第十四条规定“对于不满十八岁的未成年人犯罪的案件，在讯问和审判时，可以通知犯罪嫌疑人、被告人的法定代理人到场”。由于此条是或然性的规定，对于未成年人的保护不够充分，因此，建议利用此次修法规定特别程序之契机，完善有关规定。

其一，在确立讯问、审判时法定代理人到场制度的同时，应当辅之以合适成年人参与制度。合适成年人参与制度是指未成年犯罪嫌疑人、被告人在接受讯问、审判时，法定代理人因故不能到场的情况下，可以有合适的成年人在场的制度。① 合适成年人参与诉讼的目的在于维护未成年人在诉讼中合法权益。此次修法拟明确规定对于未成年人犯罪案件，在讯问和审判时，应当通知犯罪嫌疑人、被告人的法定代理人到场。对于“无法通知、法定代理人不能到场或者法定代理人是共犯的”情形，则需要以合适成年人参与制度予以补充，即明确规定可以通知其他成年近亲属或所在学校、单位、居住地的村委会、居委会、社区、未成年人保护组织的代表到场。

其二，到场的法定代理人或合适成年人不仅有权而且应当代为行使犯罪嫌疑人、被告人的诉讼权利。在未成年人犯罪案件中，到场的法定代理人或合适成年人其实并不是纯粹意义上的行使权利，从一定意义上来说，“法定代理人名义下的‘权利’有名无实，实为一种义务，法定代理人不可基于自身意志和利益考虑而推却或不适当地行使”②。到场的法定代理人或合适成年人既要做好教育、引导工作并依法协助侦查、检察、审判人员与未成年人进行沟通，又要担当起代为行使未成年人诉讼权利的职责。

（四）未成年人犯罪记录封存制度

未成年人之所以会走上犯罪道路，主要原因是其心理、生理尚处发育过程，自我控制能力弱，行为时易失去理智，所以犯罪是其成长过程中容易付出的代价，这种代价不应影响其终身。控制未成年人犯罪记录的知悉范围有助于帮助失足未成年人顺利回归社会，减少对上学、就业、生活等方面的消极影响。基于此，许多国家都规定了未成年人犯罪记录封存或前科消灭制度，“如《法国刑法典》、德国《少年法院法》、日本《少年法》等都有前科消灭规定。有的国家还规定前科自然消除制度，即刑罚执行完毕即无前科。”③ 根据《北京规则》第21条规定，对少年罪犯的档案应严格保密，不得让第三方利用。少年犯的档案应仅限于处置手头案件直接有关人员或其他经正式授权的人员可以接触这些档案；不得在其后的成人诉讼中加以利用。有观点主张应当建立彻底的犯罪记录消灭制度，但笔者认为考虑到双向保护

---

① 严明华等：《深化和完善合适成年人参与制度》，载《青少年犯罪问题》2010年第5期。

② 孟红、崔小峰：《未成年人刑事案件中法定代理人制度研究》，载《青少年犯罪问题》2005年第5期。

③ 董邦俊：《少年司法价值理念之哲思》，载《学理论》2009年第30期。

原则不仅强调保护未成年人合法权益，而且还要兼顾保障社会秩序和安全的需要，因此建立犯罪记录封存制度是较为理性的选择。本次刑事诉讼法修订拟规定“犯罪的时候不满十八岁，被判处五年有期徒刑以下刑罚的，司法机关和有关部门应当对相关犯罪记录予以封存”，同时基于维护社会安全、保护公众知情权的考量，对于司法机关因办案等特殊情形的需要则可依法查询。这种制度安排是合理的，但此时务必要严格限缩并明确规定可以依法查询的单位和情形，避免无限制的扩大导致犯罪记录制度的效果被“打折扣”。此外，根据《北京规则》第 8.1 规定：“应当在各个阶段尊重少年犯享有隐私的权利，以避免由于不适当的宣传或加以点名而对其造成伤害。”由此可见，即使对不属于犯罪记录封存的情形或者犯罪记录尚未封存之时，也不宜随意公开传播未成年人姓名、住所、照片等信息资料，从而切实维护涉案未成年人的隐私和名誉，体现未成年人刑事司法的温暖关怀。

变更抚养关系纠纷中未成年子女权益的司法保障

林守霖*

内容提要：离婚对未成年子女的伤害是显而易见的，而离婚变更抚养关系的纠纷将对未成年子女造成二次伤害。处理抚养关系纠纷立法规定的粗疏和司法理念的缺失，为未成年子女权益的保护罩上了阴霾。为了保护变更抚养关系纠纷中未成年子女权益，立法上要确立、司法上要坚持“子女最大利益”原则和“子女中心、主体”地位；要通过建立和完善征求子女意见、适度能动司法和变更抚养关系条件等制度，提高司法对未成年人合法权益的保障水平。

关键词：变更抚养关系　未成年子女　权益保护

一、问题的提出

抚养关系①是亲子关系的重要内容。离婚或解除同居关系②虽不影响亲子关系，但是，它使夫妻之间的人身关系和财产关系归于终止③，导致父母不可能再同居共财、齐心协力地抚育未成年子女④。因此，离婚虽然未影响父母与子女之间的权利义务内容，但却影响了这些权利义务的行使方式和效果。父母离婚时对子女抚养权利义务的分配无论是父母双方的协议还是法院的判决，都是基于离婚时情景的考量，当分配所依据的情景发生变化时，就

* 作者单位：福建省福州市中级人民法院。

① 抚养关系有广义和狭义之分，我国继承法和刑法中的“抚养”涵盖了婚姻法中抚养、扶养和赡养，而婚姻法中的抚养又包括直系血亲长辈对晚辈、旁系血亲兄姐对弟妹的抚养，本文所述“抚养”仅指父母对子女的抚养。

② 抚养关系纠纷不仅存在于离婚时及离婚后，同样也存在于同居关系解除后。尽管这两种情形的法律关系有很大的差别，但为行文方便，以下仅以离婚时抚养关系纠纷和离婚后抚养关系变更纠纷进行表述，不再特别注明包含同居关系。

③ 马忆南：《婚姻家庭法新论》，北京大学出版社，2002年版，第280页。

④ 需要抚养、教育、监护的不仅是未成年子女，还包括无劳动能力的成年子女。本文主要讨论对未成年子女的抚养关系变更，对无劳动能力成年子女抚养关系的变更其法理是一样的。为表述方便，本文将“未成年子女”直接表述为“子女”。

可能出现婚后抚养权变更的纠纷。① 这种权利义务行使方式的变化是离异父母对子女的权利义务在两方之间的重新分配，分配的标准、方式和结果对子女、离异双方以至整个社会影响极大。由于文化传统、利益权衡和法律规定不完善等原因，人民法院在审理变更抚养关系纠纷时存在不少问题，类似案件不同法院、法官可能会作出完全相反的判决，不仅不利于纠纷的解决，更伤害了未成年子女的合法权益。

案例 1:② 吴某（原告，夫）、林某（被告，妻）于 1999 年 11 月登记结婚，分别于 2003 年、2005 年生下吴一、吴二两女，于 2006 年 6 月协议离婚。离婚协议书约定，吴一由被告林某抚养教育，吴某每月负担抚养费 5000 元至孩子 18 周岁为止。双方未对吴二的抚养权归属及抚养费的支付进行明确约定。原告吴某于 2009 年 12 月以离婚时被告林某隐瞒次女系林某与第三者所生事实导致其作出同意长女由被告抚养的错误意思表示，其已年届 45 岁未再婚，以后难再生育子女为由起诉要求变更抚养关系。一审法院根据《最高人民法院关于人民法院审理离婚案件处理子女抚养问题的若干具体意见》（以下简称《意见》）第 3 条第（3）项的规定，支持了原告的诉请。被告不服，提出上诉。二审法院认为，吴某离婚时与林某就婚生女吴一抚养权问题达成协议，同意吴一由林某携带抚养，合情、合理、合法，无论其当时是否知道吴二非其亲生，对吴一抚养权的安排都是其真实意思表示。吴一自小由林某携带，离婚后抚养至今，已经适应现有的生活环境和条件，在其生活环境和条件没有发生重大恶化的情况下，维持其现有生活的稳定性和连续性，对其健康成长最为有利。为此，判决撤销原判、驳回吴某诉请。

案例 2:③ 黄某（原告）于 1990 年与已结婚的卢某（被告）相识，并于 1992 年 4 月非婚生育小卢。小卢出生后一直跟随原告在外婆家暂住。原告于 2002 年向原审法院提起诉讼，要求解除原被告之间的非法同居关系、小卢由原告抚养。经二审维持一审判决，小卢由原告抚养。后黄某的哥哥于 2004 年意外死亡，家人对黄某母子不满，不准小卢在外婆家住。黄某只好在外租屋住，加之其子宫增大、多发性肌瘤需手术治疗，遂以生活困难为由起诉要求变更抚养关系。一审法院认为，原告在 2002 年向该院提起诉讼时要求小卢由其抚养携带，一、二审法院均支持其诉讼请求，现无证据显示小

① 变更抚养关系纠纷实际上涉及抚养程度、方式的变更，其中都包含抚养费的变更，因最高人民法院《民事案件案由规定》将抚养纠纷分为抚养费纠纷和变更抚养关系纠纷两个案由，所以，本文讨论的变更抚养关系或俗称变更抚养权，仅指抚养方式的变更，即子女由父母一方直接抚养变更为另一方抚养，而不包含抚养费的变更。

② （2010）榕民终字第 1907 号。

③ （2003）佛中法民一终字第 167 号。

卢变更由卢某携带抚养更有利于其健康成长，驳回原告黄某的诉请，黄某不服提起上诉。二审法院认为，该院2003年的生效民事判决，在尊重父母双方真实意愿的基础上，将非婚生儿子小卢判归黄某携带抚养，并不损害小卢当时的合法权益，现黄某的抚养条件、能力与上述生效裁判作出时的境况相比已发生了变化；相关证据①证实上述情况的发生、变化已对小卢的学业造成了一定影响，明显不利于小卢今后的身心健康成长，小卢在接受原审法院询问时明确表示愿随卢某生活；卢某的抚养能力、条件较上诉人黄某为优，从双方当事人目前的具体情况分析判断，由卢某携带抚养小卢更有利于其身心健康成长。据此，二审法院判决撤销原判、非婚生儿子小卢由被上诉人卢某携带抚养，上诉人黄某每月支付抚养费250元。

上述两个案例中，一、二审法院之间对所涉案件持完全不同的态度，其核心在于对是否具备变更子女抚养关系条件的判断标准差异。案例一中的二审法院认为本案不具备变更子女抚养关系条件而改判不予变更，而案例二中的二审法院则认为本案出现了需要变更抚养的条件而改判予以变更。因此，对于子女抚养关系变更纠纷的讼争焦点为是否具备变更抚养关系条件，对此法院审理案件中应如何判断是个值得认真研究的问题。有鉴于此，本文拟就变更抚养关系纠纷审理原则、未成年子女地位和司法保障等问题进行分析，以期对保护未成年被告人权益有所裨益。

二、审理抚养关系纠纷应遵循的原则

抚养关系纠纷涉及纷争双方（离婚的父母）和纷争对象（子女）等多方利益，处理时就必然存在多方利益的衡平问题，这实际上反映了一个国家对待抚养关系所秉持的司法理念与原则，也是审判机关在审理此类案件首先需要解决的问题。

（一）国际上“儿童的最大利益”原则的确立

社会的发展使得儿童的权利越来越受到重视，从1924年《日内瓦儿童权利宣言》、联合国1959年《儿童权利宣言》、1989年《儿童权利公约》，到1990年《儿童生存、保护和发展世界宣言》，所有国际公约和宣言都在表明一种态度，即所有儿童一律平等，都应得到照料和保护，儿童的权利不应受到任何侵害。1989年《儿童权利公约》的颁行是确立“儿童的最大利益原则”的里程碑，公约第3条第1款规定“关于儿童的一切行动，不论

① 小卢班主任出具小卢学习成绩一落千丈，上课经常缺课、开小差，现已停学的证明。

是由公私社会福利机构、法院、行政当局或立法机构执行，均应以儿童的最大利益为一种首要考虑”。这标志着现代亲子法确立起了“儿童的最大利益”原则。其基本含义是：当儿童的利益与成人的利益冲突时，优先保护儿童的利益；在处理有关儿童的事项时，以儿童的最大利益作为原则。[①] 目前世界上许多国家也都把“子女最大利益原则”作为处理父母离婚后未成年子女抚养权归属问题的最高准则，给予未成年子女权益最大化的保护。如《德国民法典》在处理子女亲权问题上始终贯穿着“子女最大利益”这一立法原则；[②]《美国统一结婚离婚法》第402条明确规定法庭应使有关监护权的决定符合子女的最佳利益；我国台湾地区“民法典”第1055条规定，法院在确定离婚父母对于未成年子女权利义务之行使或负担、为子女确定监护人时，应依子女之最佳利益。

（二）审理抚养关系纠纷应遵循“子女最大利益原则”

我国法院审理抚养关系纠纷案件的主要依据是婚姻法第二十三条和第三十六条的规定。第二十三条规定：“父母有保护和教育未成年子女的权利和义务。”第三十六条规定：“离婚后，哺乳期内的子女，以随哺乳的母亲抚养为原则。哺乳期后的子女，如双方因抚养问题发生争执不能达成协议时，由人民法院根据子女的权益和双方的具体情况判决。”《意见》对婚姻法的相关规定进行了细化，为法官提供了操作性更强的依据。但由于以上规定均缺乏有关审理子女抚养关系法律原则的明确规定，导致实务中适用法律时仍存分歧。案例1中，一审以原告吴某现在没有子女为由判决支持原告变更抚养关系的诉请，显然是从父亲（原告）利益出发而不是从有利于诉争婚生女吴一的利益出发，破坏了吴一现有安宁的生活、成长环境，对其身心健康是不利的。案例2中，一审法院无视小卢生活条件已经发生重大变化的现实，僵化地以法院于2002年已支持了原告黄某要求携带抚养小卢的诉请等情况为由驳回原告变更抚养关系的诉请，将使小卢的生活和学习进一步陷入困境，严重伤害小卢的利益。这两个案例中，一审法院的判决都违背了“儿童的最大利益原则”。

事实上，婚姻法上述规定隐含或包含了以“子女权益”为重这一原

① 王洪：《论子女最佳利益原则》，载现代法学2003年第6期，第31～35页。

② 叶晓彬：《论我国未成年人权益保护法律制度的完善》，载《行政与法》2009年第1期，第104页。

则[①]，《意见》也明确了审理子女抚养纠纷要遵循有利于子女利益这一原则，其开篇即指出：人民法院审理离婚案件，对子女抚养问题，应当依照婚姻法第二十九条、第三十条[②]及有关法律规定，从有利于子女身心健康，保障子女的合法权益出发，结合父母双方的抚养能力和抚养条件等具体情况妥善解决。[③] 家庭分裂和父母离异，势必对孩子的精神造成重大伤害并破坏他的归属感。如果一个孩子经常被从这家带往另一家去生活，那么他的心理健康与认同感就会受到不利影响。因此，建议在我国婚姻法、未成年人权益保护法中明确增补一条新原则即：处理有关未成年子女的一切问题，应依据“儿童的最大利益原则”；法官在审理抚养关系纠纷时应“从有利于子女身心健康，保障子女的合法权益出发”，遵循子女利益最大化原则。

三、审理抚养关系纠纷应确立子女中心地位

“儿童的最大利益原则”要求处理抚养关系纠纷时应以子女为中心，在审判实践中对子女中心地位的确立是对这一原则的保障。

（一）以父母为中心的现状

父母是抚养关系纠纷的始作俑者，在抚养关系纠纷中处于主动、主要的地位，而纠纷对象的子女则处于被动、次要的地位。子女由父母双方共同直接抚养是抚养关系的常态，如果出现婚姻关系被解除等事由时，这种正常的抚养关系就会产生变化，原有共同、直接的抚养就会被改变为一方直接抚养的非常态抚养关系；离婚后，由于父母一方的原因，直接抚养一方“推”或非直接抚养一方“要”抚养权，使原先相对稳定的抚养关系又发生动摇。尽管现实中存在子女主动提出变更抚养关系的情况，但无论什么情形，父母总是常态抚养关系产生发化的导火索。

在传统观念的影响下，我们往往认为抚养关系纠纷其实就是父母争夺或推卸“抚养权”而展开的“斗争”，把父母视为抚养关系纠纷的主角，定纷止争的司法就是要平息父母双方的这场“斗争”，在纠纷的解决过程中，往往忽视了未成年子女的存在，其地位没有给予应有的重视。尽管如前所分析，婚姻法第二十三、三十六条隐含或包含了以“子女权益为重”这一原

---

① 虽然第二十三条规定的是父母的权利和义务，但却是为了子女的利益；第三十六条直接强调了子女抚养权分配应“根据子女的权益”这一原则。

② 1980 年 9 月 10 日第五届全国人民代表大会第三次会议通过婚姻法，相关条款已被 2001 年 4 月 28 日第九届全国人民代表大会常务委员会第二十一次会议《关于修改〈中华人民共和国婚姻法〉的决定》修正为第三十六条和第三十七条。

③ 这段话置于《意见》第一段，起着“总则”的作用，以下就称这段话为“总则”的作用。

则，《意见》貌似也确立了以子女为中心的解决抚养关系纠纷原则，但很多情况下法律的具体规定却没能体现这一基本原则。例如，在父母就抚养子女达成协议的情况下，婚姻法第三十六条第三款规定不仅没有体现子女对协议的意见，而且排除了子女对协议异议时的司法审查权；根据《意见》第10条规定，协议中的抚养费保障没有问题但子女对抚养方有意见，或者子女随协议中抚养方生活明显不利于子女身心健康时，基于司法被动性原则，法院无法干涉父母双方合议达成的抚养协议；《意见》第5条规定，父母双方对10周岁以上的未成年子女随父或随母生活发生争执的，应考虑该子女的意见。对于“该子女的意见”应如何“考虑”，是否应遵循一定的程序要求，《意见》并未明确。即便子女没有意见，是否能保证依法作出的决定就一定符合子女的利益？毕竟《意见》的大部分条款都是以父母为本位来确定其抚养子女权利义务的。随着社会的发展、生活水平的提高，儿童心智越来越早成熟，10周岁以下子女的意见就真的不要“考虑”了？

因此，我们不得不承认，针对抚养关系纠纷，我国当前的立法和司法均不同程度地将子女放在次于父母的附属地位，没有突出子女的中心地位，这并不利于对子女合法权益的保护。

（二）以子女为中心的方向

抚养关系纠纷无论是离婚时还是离婚后，无论是确定还是变更，也无论是“争”还是“推”，表面上看主角是父母，但都是基于子女的存在、围绕子女由谁抚养进行的。父母们无论是“争”还是“推”抚养权，他们的理由都是自己或对方有更优的抚养条件，更加有利于子女的成长等。因此，无论纠纷多么严重、纠纷双方真实目的是什么，纠纷双方均表现出以子女为中心。对此，立法和司法应该予以相应的回应，立法上应确立子女在抚养关系中的中心地位，司法审判上应紧紧围绕子女这个中心，以是否有利于子女利益为考量中心，不能仅仅满足于纠纷的解决。这样才能顺应亲子关系的发展潮流，才是现代亲子关系的良好体现。

纵观世界亲子关系的历史沿革，大体经历了古代“家本位的亲子法”、近代“亲本位的亲子法”、现代“子本位的亲子法”的发展进程。“亲本位”的法律侧重对父母权利的保护和加强，强调子女对父母尊重和服从的义务；“在传统的亲子法中，不论是大陆法系还是英美法系，子女的权益问题几乎很难在立法中反映出来”①；而“子本位”的立法重点则从父母的权

① 陈苇主编：《外国婚姻家庭比较法研究》，群众出版社2006年版，第326页。

利转化为父母的责任，“子本位”看到了“儿童是真正意义的人，儿童具有独立存在的价值”①，确认了儿童具有本体性，不是父母的附庸。近年来，理论上的发展愈发倾向于把亲权视为以父母义务为主的权利义务共同体，且权利是一种履行义务和职责的权利。②立法上反映这种变化最典型的是德国、法国等国。③

我国婚姻法关于亲子关系的规范内容，经历了由废除家长特权，强调子女权益，到目前父母子女权益并重④的立法转变。婚姻法第二十一条规定父母对子女有抚养教育的义务，第二十三条规定父母有保护和教育未成年子女的权利和义务。这种“父母和子女共同利益为本位”⑤的立法方向明显滞后于国际立法趋势，诸如《意见》第 3 条关于一方“已做绝育手术或因其它原因丧失生育能力的”、“无其它子女，而另一方有其它子女的”可优先考虑子女随其生活的规定，是漠视子女利益、以父母为中心地位的具体体现，为司法“照顾”父母一方利益提供了依据。案例 1 中，一审法院正是以原告无其他子女而判令变更抚养权。⑥ 因此有论者提出以“抚养责任”取代“抚养权”来强化对子女的保护。⑦ 只有确立子女在抚养关系中的中心地位，才能遵循“儿童的最大利益”原则，才能把子女利益作为审视案件的着眼点。类似规定在今后的法律修改时应予调整，以顺应社会发展的潮流。

四、审理抚养关系纠纷子女利益的司法保障

根据以上的分析，要求我们审理抚养关系纠纷应遵循子女利益最大化原则，“从有利于子女身心健康，保障子女的合法权益⑧出发”，以子女利益为本位，紧紧围绕是否有利于子女利益这一中心，综合考虑父母双方的抚养能

---

① ［法］卢梭：《爱弥儿》，李平沤译：商务印书馆 1994 年版，第 209 页。

② 如日本学者我妻荣认为，亲权是排除他人，在哺育、监护、教育子女的责任的意义上的权利，其内容是谋求子女的福利而不是谋求父母的福利。参见陈苇主编：《外国婚姻家庭比较法研究》，群众出版社 2006 年版，第 326 页。日本法学家中川善之助早在 1928 年就撰文指出，父母对子女的抚养是父母为保持自己的生活（家庭生活）所必尽的义务，这种义务是无条件的，要做出自我牺牲的，是所谓“即使是最后的一片肉、一粒米也要分而食之的义务”。参见杨大文主编：《亲属法》（第三版）法律出版社 2003 年版，第 284 页。

③ 如德国将亲权由 Elterlilche Gewalt（直译为父母的权利）改为 Elterlilche Sorge（直译父母的照护），并且将父母的照护权界定为以对子女人身和财产权益的照护为主要内容。现行法国民法典第 371－2 条明确规定：“父与母对其子女有照管、监护、教育的权利与义务。”

④ 史尚宽：《亲属法论》，中国政法大学出版社 2000 年版，第 533 页。

⑤ 史尚宽：《亲属法论》，中国政法大学出版社 2000 年版，第 533 页。

⑥ 《意见》第 3 条也仅是法院在审理离婚案件中处理抚养权问题时考虑的因素，并非离婚后抚养关系变更纠纷的条件。

⑦ 张小燕：《抚养纠纷中未成年子女的地位分析及程序保障》，载《青少年犯罪问题》2008 年第 5 期，第 29～30 页。

⑧ 该合法权益应指一种较长时期、关乎子女成长和未来发展的非一次性利益。

力和抚养条件等具体情况。在司法实践中体现子女利益最大化原则，首先要求审判人员要清楚地意识到，审理抚养关系纠纷实质上是对子女（主要是未成年子女）权益的保护；其次要在程序和实体上进行更加明确、细致的规定，以保障子女利益最大化原则的贯彻和子女中心、主体地位的实现。

（一）制度保障

1. 征求子女意见

我国婚姻法没有规定审理抚养关系纠纷时应征求子女意见，仅在《意见》第5条作了原则性规定："父母双方对10周岁以上的未成年子女随父或随母生活发生争执的，应考虑该子女意见。"对于如何"考虑"以及"考虑"哪些意见则归属于法官把握的范畴，容易导致意见的征求走过场，忽略了子女的"真实意见"。因此，应该进一步明确征求子女意见的程序和内容。在程序上，将征求子女意见规定为必经程序，根据子女年龄、心智水平，由审判人员邀请子女所在学校老师、妇联工作人员、心理医师或社区志愿者等在庭前或庭后参与意见征求，在询问时或可借鉴少年刑事"圆桌审判"模式，尽可能创造温馨宽松的环境，采取灵活的方式，减少被询问子女的紧张感。在内容上，要了解子女的学习、生活情况和对父母、（外）祖父母等的感情依恋倾向，听取其对父母抚养行为的评价和随父或母生活的明确意愿，并将10周岁以下（如7周岁以上、上小学的学生）子女意见作为酌情考虑的因素。

2. 适度能动司法

变更抚养关系纠纷诉讼无论是由直接抚养一方提起还是另一方提起，一般都是情况复杂、双方关系紧张，加之村委会、居委会等组织往往会为一方甚至双方出具不实证明，致使作为重证据、居中裁判的法官无法查明事实真相。而子女在纠纷中处于劣势，基本无法参与到纠纷中与父母进行平等对话以保护自己的利益，尤其是10周岁以下的子女甚至连表达自己意见的机会都没有，子女的合法权益就可能无助地淹没在父母的争斗之中。这就需要法官在审案时能动司法，向职权主义做适当回归，对子女（尤其是10周岁以下的子女）的维权能力进行"补强"。法官除了听取子女意见外，还可视情况启动类似少年刑事审判的"审前社会调查制度"，由未成年保护组织、子女所在社区、学校组成调查小组，对未成年子女的社会交往、家庭成员、本人生活学习等情况进行调查，对现在和变更后的学习、生活状况进行评估和预测，并提交调查报告。当然，这需要进行制度创新和设计，否则法院无法有效调动社会其他力量。

（二）明晰条件

夫妻双方或法院基于离婚时的情景确定了抚养子女的方式，多数国家都允许情景改变等原因而变更抚养关系。法官在审理案件时，按照“子女最大利益”原则和坚持子女中心、主体地位时，具体应考虑哪些因素？即具备哪些条件才是变更抚养关系的理由？

综合各国立法例，变更抚养权的原因主要有：（1）抚养权人对子女的人身实施了犯罪行为。（2）抚养权人教唆、引诱子女犯罪，或与子女共同犯罪的。（3）虐待子女的。（4）不履行抚养义务，给子女造成严重损害的。（5）遗弃子女的。（6）滥用抚养权造成一定后果的，如滥用惩戒权而给子女人身造成损害。（7）抚养权人有显著劣迹（如酗酒、吸毒、赌博、卖淫等），不利于子女健康成长的。①

我国《意见》第16条对变更抚养关系的条件作了规定，包括三种情形和“有其他重要理由需要变更的”兜底条件。法官在审案时，不应随意引用条文中的兜底条件，只有当本条未规定而确实出现了严重影响子女利益的情形时才可适用。一般地说，法官遵循“儿童的最大利益”原则应从以下几个方面进行考虑：

1. 未成年子女本人的意愿

在决定未成年子女直接抚养权归属时，首先应该尊重未成年子女的选择权，这是具有决定性意义的因素。除出现严重侵害子女利益的情况外，其意见应予尊重，对于直接抚养一方存在的如经济上的困难可以通过变更抚养费数额和支付方式等予以解决。案例2中，原告黄某本人生活的重大变故已严重影响了小卢的学习和生活，小卢也愿意随父生活，这种情况下一审法院不予变更是对小卢利益的严重伤害。由于现在的孩子比70、80年代的孩子更早懂事和成熟，对10周岁以下（特别是已经上小学）的未成年子女的意见也应给予充分重视。尽管案例1中的吴一尚未上小学，但二审法官通过与吴一的当面交流，较为详细地了解了吴一当前的生活状况、对父母双方的感情及其对随父还是随母生活的态度，这些虽然不能写在判决书中，但可以成为法官分析、判断父母双方所持理由的重要参考，毕竟童言无欺。

2. 父母双方的抚养条件

包括抚养人的生理和心理状态（如身体健康与否、性格是否暴躁无常、自信还是自卑等）、道德品行、受教育程度、职业特点（是否安全与稳定、

---

① 杨立新主编：《人身权法论》，人民法院出版社2002年版，第833～835页。

是否需要经常出差与加班等）、行为习惯（如是否有犯罪前科、有无酗酒、吸毒、赌博、卖淫及虐待子女等不良行为）等个体自身条件和是否有固定的住所、稳定的收入以及能否为子女提供良好的教育环境等生活保障条件。

3. 未成年子女的基本状况

主要指未成年子女的年龄、性别、性格和生活习性等，如《意见》第1条规定："两周岁以下的子女除有特殊情况外，一般随母方生活。"这一规定主要考虑子女的年龄因素，母亲的天性和生理、心理条件比父亲更适于照料这一年龄段的子女，对于"特殊情况"应限定为"随母生活明显不利于子女身心健康的"。

4. 子女生活环境的稳定性

对抚养权的变更往往涉及两个重要原则的潜在矛盾：即子女监护（抚养）安排的持续性、稳定性与为子女最大利益而变更监护权之间的矛盾。①在变更抚养关系纠纷中，虽然一方提供的证据证实了变更有利于子女，但对子女而言，保持与父母关系的持续性与稳定性就是其最大利益之一。②根据离婚协议或法院判决，子女在父母离婚后跟随一方生活已经成为一种习惯，且对以后的成长没有不利影响的，应尽量保持其生活环境的稳定和连续，除出现下列情形外，不应变更抚养关系③：（1）子女要求变更抚养关系；（2）抚养子女一方的抚养条件和子女生活环境发生严重不利于子女身心健康的变化；（3）非直接抚养一方有强烈抚养意愿、现有条件显著优于对方，离婚时分配子女抚养权条件不复存在（如离婚时子女不满2周岁，现在即将上小学）、子女愿意变更抚养关系的。《意见》第3条第（2）项规定"子女随其生活时间较长，改变生活环境对子女健康成长明显不利的"的情形，就是要求法院在离婚分配子女抚养权时应考虑子女生活环境的稳定。案例1中吴一自小随母生活已7年时间，在没有证据证明继续随母生活将严重影响其健康成长的情况下，一审判决变更抚养关系，就破坏了吴一生活环境的稳定性和持续性，没有实现对其利益最大化的保护。

5. 父母抚养子女的意愿

一般情况下，抚养子女意愿较强，就会更积极地履行抚养子女的义务，更好地照顾子女的生活，对子女的健康成长更为有利。

---

① 夏吟兰：《美国现代婚姻家庭制度》，中国政法大学出版社1998年版，第305页。

② 威克勒：《对子女监护判的再思考》，载《耶鲁法学评论》第95期，第757页。

③ 子女生活环境稳定性实际上是对变更抚养关系的限制。美国《统一结婚离婚法》对监护权的变更做出了3项限制性的规定，其中第1项就规定：除非有人以宣誓书的形式证明目前的环境严重危害子女身体、精神、道德和感情的健康，从而法庭允许提出变更请求外，在监护判决生效两年之内不得诉请变更。

6. 共同生活第三人的情况

与父母共同生活的第三人（主要包括祖父母、外祖父母和继父母）对子女的态度，将对子女生活产生较大影响。如果第三人喜欢并且愿意协助照顾该子女，不仅可以使其享受生活上的便利，而且还可以享受到父母以外长辈爱的温暖，有利于其身心健康。如《意见》第4条规定，离婚时均要求直接抚养子女的两方的抚养条件基本相同，但子女单独随祖父母或外祖父母共同生活多年，祖父母或外祖父母要求并且有能力帮助照顾的，可作为子女随父或随母生活的优先条件予以考虑。同理，如果离婚后与子女共同生活的第三人不愿照顾、厌恶甚至虐待该子女的，而另一方有强烈抚养意愿、共同生活的第三人又愿意照顾的，在其他物质条件相差不大的情况下，应予变更。

网络成瘾对未成年人犯罪的影响及对策

王列宾[*] 邱阳戎[**] 胡天和[***]

内容提要： 未成年人涉染网瘾较为普遍。未成年人因沉迷网络诱发违法犯罪的现象是一个集行政管理、医疗、心理、教育、法律于一体的复杂社会问题。法院在审理此类案件中，应当建立心理援助机制，将教育和挽救、惩罚和预防有机地结合起来，还应调动社会各方面的力量，各负其责，加强法制宣教，完善预防体系，合力戒防网瘾及其后遗症。

关键词： 网络成瘾 心理病症 社会管理 戒防机制

一、网络成瘾概念及其群体特征

网络成瘾，又称网络成瘾障碍（IAD）、病理性互联网使用、强迫性网络使用、网络依赖等。这一概念是美国临床心理学家格登博格（Glodberg）首先提出的。Glodberg 将之定义为“上网时间与频率超过自己预期，虽然努力控制自己上网行为却失败，剥夺上网行为之后出现戒断症状”。① 按照世界卫生组织定义，所谓网络成瘾症，是指由于过度地使用网络而导致的一种慢性或周期性的着迷状态，并产生难以抗拒的再度使用的欲望。

研究网瘾问题的专家陶宏开教授经过调查发现，在北京市 90% 的青少年犯罪与上网成瘾有关，上海市为 76%。② 2008 年至 2010 年，我院共审理未成年人刑事案件 216 件，涉未成年被告人 380 人，其中占总数 75% 的 285 名未成年被告人表示经常出入网吧或在家上网等，受到过网络不良信息的影响。笔者在 285 名未成年被告人中随机抽取其中 50 名被告人作为调查样本，通过参阅案卷及庭审调查，发现有近 60% 的人存在网瘾症状。

未成年人网瘾症的发生存在以下几个方面特点：

---

* 上海市第一中级人民法院少年审判庭审判员。

** 上海市第一中级人民法院刑二庭助理审判员。

*** 上海市第一中级人民法院少年审判庭书记员。

① 金伯利·扬：“Internet addiction disorder”，http://www.cog.brown.edu/brochure/people/duchen/huchong/humor/internet.addiction.html. 1995，2011 年 5 月 4 日访问。

② 载陶开宏 2010 年 1 月 3 日博客。

1. 从年龄因素看，网瘾症状呈低龄化趋向。在上述50个样本中，最低年龄为15.2岁，平均年龄约为17.5岁。他们网络依赖自抑能力不足，缺乏足够的自控和是非辨别能力，易受网络不良信息影响而诱发犯罪。

2. 从文化层次看，受教育程度越低，网瘾比率越高。此类未成年人多为初中以下文化程度，不少系辍学、逃学少年，长期脱管于学校、家庭，经常出入网吧等场所，易形成网络依赖。

3. 从上网方式看，被调查的50名未成年被告人上网方式呈多样化。其中，在家上网或使用手机上网的为29人，占总数的58%；在网吧上网的为14人，占28%；在学校、图书馆等场所上网为2人，占4%；在同学、朋友家等处上网者有5人，占10%。可见上网地点分散，方式多样。除台式电脑有线上网外，未成年人愈来愈多使用手机、便携式或平板电脑等新兴设备无线上网，上网更加便捷，极大拓展了上网的时空。如图：

4. 从上网目的看，娱乐化倾向严重。50人中，上网主要目的为网络游戏有38人，占总数的76%；为聊天的有7人，占14%；用于视频、音频娱乐的为5人，占10%；没有一人上网为学习之用。如图：

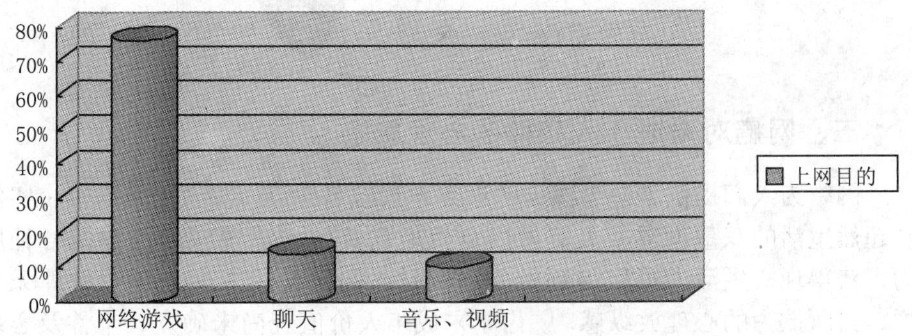

二、网瘾少年犯罪类型统计

网络的益处毋庸置疑，但其负面因素也不容忽视，尤其是未成年人上网成瘾便是其中突出的问题。他们在网络世界中往往不能自拔，迷失自我，不但荒废了学业，影响了健康，更有甚者走上了犯罪之路。

在上述因受网络不良影响而涉足犯罪的285名未成年被告人大多以侵犯他人财产、人身，满足私欲为目的。一是“侵财”。一些未成年人尤其是外来流浪人员，由于缺乏家庭管束或居无定所，长期沉溺于网吧，因花费较大而实施盗窃、敲诈、抢劫等犯罪。取得赃款再上网挥霍中，以致恶性循环。二是“泄愤”。50名被调查的样本中，实施暴力犯罪的被告人大多喜爱暴力型网游。由于长期沉溺于捕杀、枪战为主题的游戏情境中，对血气方刚、征服欲强、自控力弱的未成年人来说，潜移默化地受到鼓动和刺激，不仅容易发生人际矛盾，且遇事往往简单地采取暴力方式解决，引发寻衅滋事、聚众斗殴、故意伤害、故意杀人等暴力犯罪。三是“侵色”。据了解，国际互联网每天会出现大量新的色情网站。正处于青春发育期的未成年人对网络中色情文字、图片、电影、色情聊天等有极大的好奇心，并热衷于下载和传播色情作品，由此影响了学业、生活及身心健康。因受色情内容的刺激和诱惑，他们萌发懵懂欲试的强烈欲望，引发性犯罪。如图：

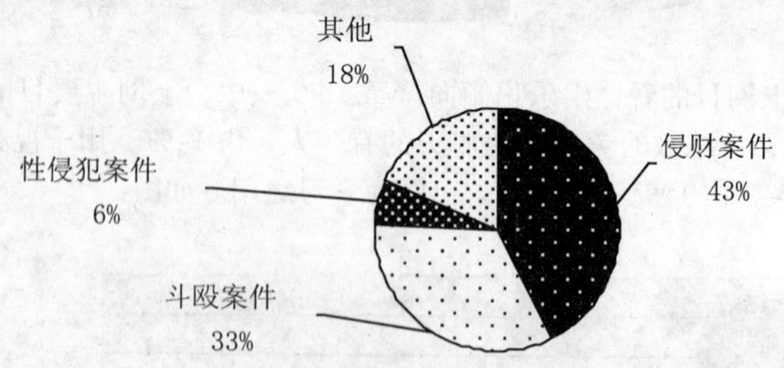

三、网瘾对未成年人犯罪的心理影响

网络为人们提供了一个虚拟的世界，其匿名性可以将人们带入一个实然和超然生活的双重世界，人们可以自由地在其中宣泄现实生活中的各种压力，获得现实生活中难以得到的心理满足，同时又让人会产生一种肆无忌惮、为所欲为的心理放纵感。① 由于未成年人价值观尚未确立，个性及心理

① 马柳颖：《未成年人犯罪刑事处遇制度研究》，知识产权出版社2007年版，第85页。

不成熟，而且网络模拟性、价值多元性、缺乏制约性、弱规范性等负面特征一定程度上对处在彷徨中的未成年人具有很强的刺激、导向作用，因此未成年人不仅容易染上网瘾，而且难以抵御网络的各种负面影响，不仅可能引发视力下降、神经衰弱等生理病症，而且妨碍心理的健康成长，并在一定条件的触动下可能面临失足之境。其负面影响体现在以下几个方面：

（一）网瘾症妨碍未成年人健康人格的建立

基于一种成长的需要，未成年人上网成瘾的心理背景往往是为了实现自我及渴望得到关注、认可，哪怕这种认可可能是一种负面性的。如在现实生活中遭遇不顺或受挫，而在网游时通过努力能够得到希望的结果，获得精神愉悦和满足，使他们误认为网络世界才是受到尊重、能够实现自我的地方。但问题是网络所营造的虚拟环境只能给予一种空幻的、暂时的满足。愈沉迷于网络，就有可能离现实社会愈远，其行为就愈加主观化，就愈不受现实社会规范的约束，因而也愈不顾及自己行为会产生的社会后果，导致其思想偏离正常的伦理和规则。在被调查的未成年被告人中，有网瘾症或倾向者一般具有以下共性化的人格特点：思维简单、攻击性强、自我控制能力差、有暴力倾向等等。这些人格特征使他们往往我行我素或者以比较极端的方式处世，有情绪偏激、行为偏执的倾向，难以真正融入社会环境，造成社会适应不良，还常因人格变异或缺陷出现反常行为，因而其行为常突破法律规范的约束，严重的构成犯罪。

（二）网络自由化造成道德、法律认知上的错位

网络特殊的行为规则和方式对未成年人道德、法律观念上潜移默化的影响是显而易见的。由于网络的虚拟性，现实社会中的诸多法制规则、道德规范在网络中被削弱或异化。例如，网络游戏、网络赌博怂恿他们的侥幸心理，引发不劳而获的非分之想，默许他们对别人利益的随意侵犯（如偷菜游戏，尽管只是游戏）。这种网上反复实践并获得的乐趣会对其心理产生某种暗示或导向作用，久而久之可能在心理上形成心理定式，从而不自觉地嫁接到现实生活中，甚至蔑视社会规范。因此，网络自由化不利于将未成年人行为纳入公共道德和法制体系中。在这样的心理背景下，由于未成年人自我控制力差，容易放纵自己的行为，而网络的娱乐性和弱规范性又使游戏时的戏谑心态放大为放荡、放纵、放任。这种放荡不羁的心理正是未成年人犯罪

心理的一种特有类型之一。① 那些暴力犯罪大多是在这样心态中发生。此外，道德与法律认知上的错位在未成年人网络交友中体现得更为明显。网络交友往往不是以友谊为基础的，大多数因哥们义气或基于网聊中产生的共同趣味、共同上网习惯等而走到一起。他们往往不分是非，不论结果，盲目跟从，当面对法律制裁时，才感到后悔莫及。

（三）不健康的网络内容造成角色混同和不当需求

由于网络价值的多元性，未成年人难以作出正确的甄别，从而导致心理上的不适应和行为上的偏差。理由之一，进入青春期后的未成年人，特别容易模仿和接受暗示。那些格斗、射击、"偷菜"等网络游戏，令人在游戏中可以无所顾忌使用暴力等现实生活中的不正当手段，血腥、刺激场面会刺激人的神经不断地去适应它，这些角色扮演游戏对于心志不成熟者无疑是教唆、演习越轨行为，并传递蔑视生命或者为达目的而不择手段的错误观念。理由之二，未成年人一旦染上网瘾，就会迷恋于虚拟角色的扮演，而网络上的情色、铁血、"偷菜"等情节会激发起他们潜在欲望或不当要求，并进而渴望实现。在"角色"替换中，社会角色与网络角色的巨大差异，使未成年人往往难以及时调整，或将现实生活"游戏化"、"网络化"，给社会造成不安定因素。理由之三，网络成瘾会引起未成年人对金钱的超格需求。上网需一定费用，玩网络游戏时还需购买点卡等附加费用，沉迷于此后各项费用更为可观，对于无收入的未成年人来说是一种不轻的经济负担。因此，为上网而筹资，也是诱发未成年人侵财犯罪的原因之一，不少被告人犯罪意念的萌生正是受到这种网络文化的影响。如 5 名韩国籍少年抢劫案。他们都是网络游戏的迷恋者，虽然家庭均比较富裕，但网游上的耗费仍让他们感到捉襟见肘，同时也为了追求刺激，5 人结伙在上海市长宁区、闵行区两地连续抢劫作案 5 次，劫取现金、助动车等财物予以变卖、挥霍，并造成数名被害人轻伤。

（四）网络互交功能容易被曲解和误用

未成年人是网络的主力军。青春期是人一生中感情最脆弱、敏感，情绪起伏最大的时期，十分需要沟通，而网络的互交功能使他们散漫的、随机性的、浅层次的交友需求得以实现，于是网络自然而然成为青少年之间相识、相交的主要途径。然而，正由于网络这一功能，使他们交友行为泛滥并逐渐

① 马柳颖：《未成年人犯罪刑事处遇制度研究》，知识产权出版社 2007 年版，第 85 页。

演变为不正当交往。事实上，不少未成年人因受网络中不良分子的影响，慢慢走上违法犯罪道路。犯罪青少年通过网络胡乱交友、拉帮结伙，甚至交流、传授违法甚至犯罪经验、方法，或者直接以网络平台行恐怖、欺诈、色情之实。网络将他们不良动机和具体满足需要的手段方式和对象相结合，进行传播、蔓延，形成违法犯罪团伙。另一方面，网吧作为重要的网络载体，往往因管理不善而鱼龙混杂，未成年人在网吧内容易感染到不良习惯，结交到不良社会人员。在一定数量的案件中网吧已成为不良少年犯意联络、策划甚至犯罪预备的场所。不少未成年人刑事案件的滋生地、实行地就在网吧内。因此，有网瘾倾向的未成年人实施违法犯罪行为，大多为团伙作案。我院 2008 年至 2010 年对未成年人犯罪的数据统计显示，18% 的抢劫、盗窃、寻衅滋事案件发生在网吧之内或在网吧内滋生，且九成以上为团伙犯罪，此类案件呈扩散之势。

总之，网络的负面影响导致未成年人社会化失控，价值标准紊乱，社会责任感丧失，人格塑造偏离正常轨道，为犯罪行为的滋生留下心理隐患。尤其是网络游戏创造了一个独立于现实世界之外的虚拟社会，其所遵循的行为规范、道德标准与现实世界有着极大差异，未成年人在其中能够无限纵容内心的非分欲望，扩张主观的非道德因素，由此，对未成年人的行为和思维方式产生负面影响，并进而令沉迷者混淆虚拟与现实的界限，将网络思维及行为方式带到现实生活中，最恶劣的影响就是有可能走上犯罪道路。

四、未成年人因网络因素引发犯罪的客观成因

对于未成年人沾染网瘾并诱发违法犯罪的现象，除主观原因外，也存在不少客观原因。主观原因主要指人格素质、心理特点、认知模式等方面的影响，在本文“网瘾对未成年人犯罪的心理影响”中已有涉及。客观原因主要是指社会环境、学习环境和家庭教育等方面的影响。家庭、学校、社会相关机构组织出于各种各样的原因对未成年人网络沉迷现象未予足够认识和重视，存在立法缺失和监管不力的现象，未得到有效引导的未成年人因上网时间的累积往往成瘾，又因瘾而心理失衡、行为失范，甚至“失足”。

（一）对未成年人网瘾戒治失策

由于未成年人生理、心理尚不成熟，正处在人生的“十字路口”上，对其思想和行为的正确引导，关系到其以后人生道路的选择和成长趋向。网瘾对未成年人的不良影响客观存在，且可能越积越深，然而社会对此现象的重视不够，没有将其提升到一种心理病症的高度来认识，尤其缺乏对青少年

网瘾形成的病症机理和戒防机制的研究，至今没有统一的、符合我国青少年成长规律的诊断标准和科学、权威的戒治方法，专门的戒治、防范机构也比较稀缺。社会上民间创办的青少年网瘾戒治组织则良莠不齐，有的采用非法手段对待有网瘾倾向的青少年，不但效果较差，而且留下摧残青少年的不良印象。总之，网瘾戒治系统的缺失或失范，使这项工作始终处于低效能的、混乱的状态中。

（二）网络产业管理存在短板

1. 网络管理立法的滞后性不利于对未成年人上网行为的监管

虽然我国相继发布了未成年人保护法、《计算机信息网络国际联网保护管理办法》、《互联网文化管理暂行规定》等法律法规，特别是最高人民法院、最高人民检察院于2010年颁布的《关于办理利用互联网、移动通讯终端、声讯台制作、复制、出版、贩卖、传播淫秽电子信息刑事案件具体应用法律若干问题的解释（二）》这一司法解释，对抑制新情况下出现的特殊类型传播淫秽物品犯罪起到显著作用，给予未成年人特殊保护，但也应当看到这些法律法规与现有的网络发展相比存在一定的滞后与矛盾。主要表现在三方面：一是现有法律中对色情、暴力等不良信息内容的鉴别以传统出版物为标准，忽视了网络所具有的特性。例如，对于某网站内容是否属于淫秽色情范畴，认定标准是1988年12月由新闻出版署公布的《关于认定淫秽及色情出版物的暂行规定》，但这些规定中没有网络这一传播方式，且对于淫秽色情内容的表现形式也比较狭窄，立法规定上的滞后性给执法带来一定难度。二是成人内容不适合未成年人浏览，但在此方面现有的法律很难做到有效监管。比如，一些经审查专向成年人提供的性知识、性保健等内容，基本上不适合未成年人，因为这将过早激发起未成年人的性意识、性好奇，对其健康成长不利。但目前对这些内容没有分级制度，未成年人都可以进入这些栏目里，观赏那些提供给成年人的图片、文字。三是未成年人保护法以及地方性保护条例中有关未成年人网络保护的内容非常单薄，成为监管上的软肋。

2. 网络管理的方法和手段难以控制未成年人网瘾的发生、恶化

网络是一个开放性极强的高科技信息传播渠道，信息来源面广、量大，具有跨国性特征，而未成年网民人数众多，上网随机性大，地点分散，因此监管难度较大。同时，网络不良内容具有隐蔽性、易变性，不确定性极强，监控、举证、查找都比较困难，给有关部门的管理造成了一定的难度。

（三）网吧违规经营难根除

样本调查表明，未成年被告人在网吧上网不在少数，因此网吧的管理亦存在一些问题：

1. 管理体制上呈现“多头管理”现象

对互联网服务营业场所的管理，文化、公安、工商等部门都有管理职能，但事实上“多头管理，难司其职”，因为“各管一段”，各自司政，难以长效管理并形成合力，且往往是“紧一时松一时、松一阵垮一阵”。在专项治理之后，随之而来的“黑心网吧”、“无证网吧”以及有证网吧违规活动的渐渐回潮。

2. 对未成年人的限制规定未完全落实

根据《互联网上网服务营业场所管理条例》的明确规定，不得接纳未成年人进入网吧，但现实情况是，相当部分未成年人不时现身其中，禁而不止。2010 年我院审理的 60 起外来未成年人犯罪中近五成被告人自述经常出入市郊结合部的“黑网吧”、“黑游戏机房”。

3. 管理措施不够全面

有关职能部门对网吧常规性监管一般仅限治安、消防、色情内容等方面，对于非法经营、未成年人用假身份证上网以及对一些网瘾症者的干预则缺乏有效防范措施。一些网吧业主“上有政策，下有对策”，往往“钻空子”经营，为此留下隐患。

（四）家庭和学校缺乏正确引导

不良的教养方式也是导致未成年人网瘾的一个重要因素。我院 2008 年至 2010 年来审理未成年人刑事案件的 380 人中，有 80% 的被告人存在脱管情况。他们中有的来自残缺家庭，有的过早辍学，有的在外打工，等等，于是上网成为他们一种心理需求。同时，家长和老师对网络的认识也存在误区，或将网络视为“毒蛇猛兽”，或对此一无所知。对待孩子上网，老师、家长大多持否定态度，怕上网影响学业。有的家长将允许孩子上网作为对孩子的一种奖励措施，但对孩子上网的内容不予监督或无力监督。另一方面，对于正处在求知欲望强烈、对新生事物充满向往的未成年人来说，网络知识量大、信息广、无阻碍交流的特性对未成年人具有强大的吸引力。由于有些家长和老师在教育观念、方法、知识等方面跟不上未成年人成长教育的需要，加之与未成年人之间沟通上存在代沟，无形中家长和老师教育的权威性、指导性与网络相比较呈现弱势，并形成家长和老师限制越严，网络的诱惑力就越大，孩子越要想方设法上网的逆反心理。因此，不少未成年人出现逃学、在外过夜等现象。现实案例证明，未成年人在无防备的情况下与网络接触的时间越长，就越有可能受到不良信息的影响，越可能沾染网瘾之症，个体危害性就越大。

五、防范措施或对策

网瘾属于精神病诊断范畴，① 但它不能成为犯罪免责的理由。面对网络的普及化和生活化，因噎废食并不可取。未成年人网瘾现象以及由此诱发的犯罪现象是一个集社会管理、心理医疗、教育甚至法律于一体的复杂社会问题，戒除网瘾、防范犯罪现象的发生也需要综合治理，通过法律法规的完善及其职能部门的有效监管，将网络所含的负面因素，尤其是网瘾的危害降到最低。

（一）严管网络产业，净化网络环境

互联网飞速发展，新问题层出不穷，现有法律、法规的滞后性给执法带来难度，为此管理部门要因地制宜地采取措施，对未成年人实施保护。一是强化网上文化活动的监管，依法打击网上下载、使用淫秽色情、凶杀、格调低俗等文化内容的违法活动，整治、净化网上视频、聊天室、论坛、博客等，消除文化安全隐患。二是开展网吧严格执法活动，坚持严管重罚，强化市场退出机制；奖优罚劣，创造优胜劣汰、公平竞争的政策环境和市场环境，使网吧成为一方文化、文明信息的传播地。严防“无证网吧”、严惩“黑心网吧”，在网吧设置录像监控和治安热线，禁止未成年人进入网吧，特别是加大对通宵营业网吧的监管，防治“问题青少年”以网吧为“家”。三是对为网络提供文化产品的单位，实施严格的市场准入制度。帮助有关软件企业落实保护青少年身心健康的社会责任，斩断不法利益链条，开发网络游戏产品身份认证和识别系统软件，并通过技术手段在网游软件中设置某些提醒或者限制功能，在满足未成年人娱乐需要的同时，也防止其对网络心理依赖症的出现。同时，对可能诱发网络游戏成瘾症的游戏规则进行技术改造，开发科学有效的网络防沉迷系统，控制网游开发商对游戏进行上瘾式设计，呼吁开发绿色网络游戏。

---

① 2008年11月8日，我国首部《网络成瘾诊断标准》通过专家论证，玩网络游戏成瘾被正式纳入精神病诊断范畴。

（二）加强心理干预，解除网络依赖

网瘾症是一种心理病症，心病还须心药治。在审理具有网瘾症或网瘾倾向的未成年被告人时，有必要建立心理援助机制，进行适度的心理干预。尤其是针对网瘾产生原因、危害程度的不同和个体心理差异，有选择地运用相应的方法进行心理疏导，可以有效帮助未成年被告人戒除网瘾，纠正他们的认知偏差，解除心理的困惑，逐渐解除对网络的依赖。同时这也是一种教育方式，寓教于审，提升教育、感化、挽救的质量，增加他们走向新路的信心和勇气。在审理中建立网瘾档案，记录其瘾症现象，心理教育的措施等内容，并将网瘾档案移交刑罚执刑机关，以便进行持续性的、有针对性的治疗和教育，使其真正摆脱网瘾。

（三）加强宣传教育，构筑预防体系

为了预防未成年人网瘾及引发的犯罪，就要加强相关宣传工作。首先，通过案例等形式给未成年人以警示教育，提高未成年人对网络的正确认识，有效辨别并远离网络有害信息，增强他们自我防护意识、自我控制意识以及自觉抵制不良风气和行为的能力，指导他们选择有益于身心健康、增长知识和开阔视野的网站。其次，建立绿色网站，利用网络进行宣传，吸引未成年人的浏览目光，多形式、多内容、多角度地阐释网瘾的危害以及戒防的方法，消除可能存在的网瘾隐患。第三，针对案件中发现的脱管、漏管的现象，通过司法建议等方式，帮助有关行政执法部门或职能部门对网络经营者和上网服务营业场所依法严格进行管理，堵漏建制，防微杜渐，提高监管的有效性。

（四）开展延伸工作，合力控制网瘾

发挥少年审判“社会一条龙”工作机制的功效，将防范体系延伸至学校、家庭、社区等角落。加强与青少年保护组织、社区组织等方面的合作，通过回访、帮教等方式，给予监外执行、假释、刑满释放的网瘾少年延伸性的关怀，关注他们的心理变化，防止再次出现网瘾及其它并发现象。同时，发挥社会防范功能，由家庭和学校组织起最前沿的防线，在努力为青少年提供良好上网环境和条件的同时，也要培养良好的上网习惯，养成健康的心理品质，戒除网瘾症。此外，应增加未成年人的文体活动，丰富学生的课余生活，使其兴趣点从网络的空虚中解脱出来。

未成年人直接参与民事诉讼特别程序之构建

曹玉生 程 乐*

未成年人合法权益的保护在近年来逐渐成为社会关注的焦点，涉及未成年人的民事案件审判工作也因此成为维护未成年人合法权益的重要途径，由于未成年人行为能力的限制，其相关的民事诉讼多由其法定代理人代为进行。然而，值得推敲的是，法定代理人的行为能否从最大限度保护未成年人的利益角度出发？是否能够完全代表未成年人的意愿？不仅如此，在涉及未成年人的抚养关系、探视权等婚姻家庭案件中，尽管是围绕未成年人利益进行的诉讼，但未成年人不是案件的当事人，且往往因被认为不具备足够的认知和判断能力而被排除在与其相关的决策过程之外，他们参与诉讼的权利被弱化，其权益甚至成为成年当事人争夺利益的筹码。那么，未成年人如何维护自己的权益？

一、问题提出：未成年人较少参与民事诉讼的现状及原因

以某基层法院少年庭近4年受理未成年人民事案件为例：

	抚养费纠纷	变更抚养关系纠纷	探望权纠纷	生命权、健康权、身体权	所有权及相关权利纠纷	继承纠纷	其他	未成年人直接参加诉讼	总数
2006	39	50	4	23	15	4	7	1	142
2007	37	44	5	21	12	3	16	2	138
2008	38	47	5	30	16	4	15	6	155
2009	42	52	6	44	5	6	6	8	161

* 作者单位：北京市西城区人民法院。

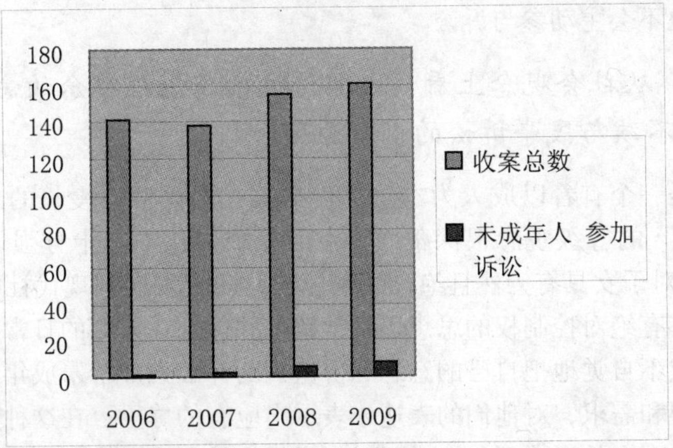

从上述数据可以看出，未成年人直接参与诉讼案件的绝对数量逐年上升，在当年新收案件中所占比重也由最初的0.7%上升到4.9%。但是未成年人直接参与诉讼的案件最多也没有超过案件总数的5%，且涉及的案由主要集中在变更抚养关系纠纷和探望权纠纷中。涉及未成年人的民事案件是以维护未成年人的合法民事权益为目的而进行的诉讼，但是在这些诉讼中，未成年人出庭率低。其原因，笔者认为主要包括以下3个方面：

（一）从未成年人自身看，未成年人心智尚不成熟，缺乏独立主体意识和自我保护意识，是未成年人不参与民事诉讼的直接原因

未成年人生理状况和心智发育水平处于不成熟阶段，不具备完全民事行为能力，尚未取得独立的社会地位和经济地位，无法像成年人一样完全独立地行使其权利，因而未成年人对成年人有着很大的依赖性。中国传统文化对未成年人“顺从”的强调和教育，则加深了这种依赖性，也造成未成年人缺乏独立性和自我保护意识。现实生活中未成年人这种依赖、被保护的特点不仅在成年人的教育观念中存在着误区，也被未成年人自身所误解。未成年人认为自身的权利应由父母做主或老师包办，没有意识到自身应是被成人社会所确认的独立的个体，是在社会和家庭中应当享有积极、主动权利的主体，从而导致未成年人自我保护意识的缺失。① 正是由于生理和心理发育的不成熟及自我保护意识的缺失，造成了未成年人没有主动表达自己意见的意

① 唐静：《当前我国未成年人权益保护存在的问题分析及对策研究》，2007年6月华中师范大学硕士学位论文。

愿，因而也不会主动参与诉讼。

（二）从社会观念上看，中国传统亲属伦理观念的影响是造成未成年人不参与民事诉讼的根本原因

中国是一个有着以成人为本位的传统文化的国度，漫长的封建社会里“君臣父子”的等级观念根深蒂固，中国传统文化中亦十分强调“长者为尊”，父母对子女具有天然且绝对的掌控权，即使发展到现代社会，这种家长对子女享有绝对控制权的思想仍常常残存并体现在人们的日常生活中，成年人自觉或不自觉地把自己的意志和价值判断标准强加于未成年人，忽视其本身的愿望和需求，对他们的表达未表示出应有的尊重。在这种忽视未成年人自主性的观念的影响下，造成了对未成年人的态度以及教育、培养方式上的误区，对其过度保护、包办一切，剥夺了未成年人充分表达自我意愿和自我需求的机会，限制了能力发展，侵害了未成年人的发展权，甚至会导致在保护未成年人的名义下实际侵犯其合法权益。① 也正是在这种观念影响下，社会普遍认为父母所做的就是对子女最好的选择，子女没有参与诉讼的必要，在一定程度上导致了未成年人出庭率低，剥夺了其在诉讼过程中表达自身意愿的渠道。

（三）从现有法律规定上看，法律规定的原则性及缺乏可操作性是未成年人出庭率低、无法表达自己意愿的制度上的原因

未成年人保护的实体法散见于各个法律，且多为原则性的规定，缺乏可操作性和强制性。不仅如此，对于保护未成年人民事权益程序上的规定仍处于空白阶段。《最高人民法院关于人民法院审理离婚案件处理子女抚养问题的若干具体意见》第5条规定，“父母双方对十周岁以上的未成年子女随父或随母生活发生争执的，应考虑该子女的意见”。此外，《中华人民共和国未成年人保护法》等法律法规虽然也规定了在审理涉及未成年人的离婚、抚养等婚姻家庭案中应当尊重未成年人的意愿，但是对于未成年人如何出庭参加诉讼，表达自己的意愿却没有明确的、可操作性的规定。加上现有法律中诉讼主体多元化，呈现未成年人与成年人主体并存的格局，有些案件中未成年人利益只占很小份额，在程序和实体上均难实现未成年人利益最大

---

① 唐静：《当前我国未成年人权益保护存在的问题分析及对策研究》，2007年6月华中师范大学硕士学位论文。

化。① 这样，对于未成年人直接参与诉讼虽然有所规定，却难以发挥应有的作用，无法畅通未成年人的意愿表达渠道。

二、构建未成年人直接参与民事诉讼特别程序的必要性

（一）民事诉讼法现有规定无法全面维护未成年人的合法权益

我国民事诉讼法第十三条规定："当事人有权在法律规定的范围内处分自己的民事权利和诉讼权利。"这种处分权利是以当事人具有判断事物性质并将此判断明确表达出来的能力为基础的，而未成年人恰恰是尚不具备这种能力的法律主体，民法和民事诉讼法上关于未成年人在"行为能力"与"诉讼能力"上的限制性规定正是因此而设。② 法定代理人制度在一定程度上弥补了未成年人行为能力的不足。但是在涉及未成年人身份关系的诉讼中，如果基于民法上"身份行为不得代理"的规则，法定代理人不能代理未成年人做出如随父或随母生活的决定、表达被收养意愿等行为。那么在此类案件的审理中，无疑将使未成年人陷于既不能自主进行身份行为，又不能由法定代理人代其进行身份行为的尴尬境地。而在未成年人民事案件中却有相当部分，其审理是针对或涉及未成年人身份关系变动的，在这种情况下，设立未成年人参与诉讼的特别程序，由未成年人直接参与涉及身份关系的诉讼，不仅是解决了民事诉讼法处分原则与民法上"身份行为不得代理"原则的矛盾，也在最大程度上维护了未成年人的合法权益。

（二）未成年人的利益与其法定代理人的利益并非完全一致

未成年人是无民事行为能力人或者不完全民事行为能力人，不具有民事诉讼意义上的诉讼行为能力，不能亲自参与诉讼，其诉讼权利完全由其监护人行使。父母作为未成年人的法定监护人，其个人利益与未成年人的利益又并非完全一致，当二者相冲突时，无法表达自己意愿的未成年人的利益可能会成为父母利益冲突之间的牺牲品。在这种情况下，未成年人直接参与民事诉讼对于维护未成年人的合法权益具有很重要的意义。但是，普通民事案件的当事人出庭制度针对的是完全行为能力人，并不适应未成年人的需要，因此，针对不具备完全民事行为能力的未成年人设立特殊的出庭制度具有合

① 《全国部分法院涉少民事案件的特点、经验及问题》，北京法院网，2008 年 5 月 8 日 14 时 06 分访问。

② 陈历幸：《论我国未成年人民事诉讼特别程序的构建》，载《青少年犯罪问题》2008 年第 1 期，第 51 页。

理性。

（三）独立的出庭权是未成年人的重要权利内容，符合国际立法及我国少年审判发展趋势

就其他国家的未成年人的相关法律规定来看，未成年人有独立的出庭权是充分保护未成年人合法权益的重要表现。例如，澳大利亚的关于未成年人的法律规定，儿童法院必须确保该儿童或者青少年能有充分的机会发表意见以及参加诉讼。在与儿童或青少年有关的诉讼程序中，儿童法院可以要求该儿童或青少年及其父母到审理该诉讼的法院参加审理。儿童或青少年可以亲自出庭，且可以就与诉讼有关的事项询问或交叉询问证人。①

最高人民法院院长王胜俊指出，少年法庭工作只能加强，不能削弱。沈德咏副院长在少年法庭成立 25 周年的会议上讲话时强调，在办理未成年人民事案件时，要注意严格适用相关民事法律的原则和规定，并根据案件具体情况，充分体现未成年当事人程序和实体方面的特殊保护；要充分尊重和保障涉案未成年人参与诉讼的知情权和表达权。因此，建立未成年人直接参与民事诉讼的特别程序也是符合我国少年审判发展趋势的。

三、构建未成年人直接参与民事诉讼特别程序的可行性

（一）理论基础：从程序的价值和功能上看，设立未成年人直接参与民事诉讼特别程序，是在民事程序法上对未成年人民事权益保护缺陷的弥补

审判程序的本质使命在于有效且恰当地解决社会冲突，在解决纠纷过程中，不仅纠纷解决方案（决定）要得到当事人的认可，而且形成这一方案的过程也要获得当事人的认可。②《布莱克法律辞典》提出，“程序是使法律权利得以强制执行的步骤、方式，它有别于授予或界定权利的法律；它是法院通过程序来管理诉讼的法律；它是机器，而不是产品”。③程序之于实体类比形式与内容的关系，实体性的权利义务要通过程序来实现。实体法包含的价值，只有通过程序法规定的程序，才能得到实现。虽然法律上赋予了未成年人独立表达自己意愿的权利，但是如何表达自己意愿则需要合理的程

① 孙晓云、张美英主编：《当代未成年人法律译丛》（澳大利亚卷），中国检察出版社 2005 年版。

② 周孟炎：《民事审判程序研究》，2004 年 5 月中国政法大学博士学位论文。

③ Black’s Law Dictionary, West Publishing Co., Fifth Edition, p. 1083.

序来保障。维护未成年人合法权益要通过合理的程序来实现。

设立未成年人参与民事诉讼特别程序符合直接言词原则。直接言词原则实际上包含了两项内容，即直接审理原则和言词审理原则。直接审理原则要求作出裁判的法官必须直接对案件进行审理，自己判断证据，为此，诉讼当事人和其他证据提供者应直接到庭参加审理。言词审理原则要求法庭审理应通过参审人员的言词进行，不应以书面陈述代替出庭作证和质辩。这两项原则都具有共同的要求：参审人员应直接到庭，原则上不允许通过书面材料作间接审理并依此判决。[①] 未成年人尚不具备完全民事行为能力，现有的民事诉讼法无法适应未成年人案件审理的需要，为全面维护未成年人的合法权益，有必要设立特别程序畅通未成年人意愿的表达渠道。

（二）法律依据：设立未成年人直接参与民事诉讼特别程序，符合现有法律和相关政策的规定

从我国缔结的国际公约上看，全国人大常委会1991年批准的《儿童权利公约》第1部分第3条规定，有关儿童的一切行为，不论是由公私社会福利机构、法院、行政当局或立法机构执行，均应以儿童的最大利益为一种首要考虑。第12条规定了儿童参与权，具体内容是：

1. 缔约国应确保有主见能力的儿童有权对影响到其本人的一切事项自由发表自己的意见，对儿童的意见应按照其年龄和成熟程度给以适当的看待。

2. 为此目的，儿童特别应有机会在影响到儿童的任何司法和政策诉讼中，以符合国家法律的诉讼规则的方式，直接或者通过代表或适当机构陈述意见。

从我国现有法律规定上看，2006年我国修订的未成年人保护法第十四条规定，“父母或者其他监护人应当根据未成年人的年龄和智力发展状况，在作出与未成年人权益有关的决定时告知其本人，并听取他们的意见。”该法第五十二条第二款规定，“人民法院审理离婚案件，涉及未成年子女抚养问题的，应当听取有表达意愿能力的未成年子女的意见，根据保障子女权益的原则和双方具体情况依法处理。”《最高人民法院关于人民法院审理离婚案件处理子女抚养问题的若干具体意见》第5条规定，“父母双方对十周岁以上的未成年子女随父或随母生活发生争执的，应考虑该子女的意见”。《最高人民法院关于适用〈中华人民共和国婚姻法〉若干问题的解释

① 周孟炎：《民事审判程序研究》，2004年5月中国政法大学博士学位论文。

(一)》第26条规定:“未成年子女、直接抚养子女的父或母及其他对未成年子女负担抚养、教育义务的法定监护人,有权向人民法院提出中止探望权的请求。”

从我国相关政策上看,国务院2001年颁布的《中国儿童发展纲要(2001~2010年)》,其“主要目标与策略措施”部分之三“儿童与法律保护”中提到“完善和落实有关法律法规,依法保障儿童权益”“在诉讼中依法维护未成年人的合法权益”“保障未成年人参加诉讼和辩护的权利”;并且,在相关的“策略措施”中有“完善儿童权益保护的法律法规……认真执行……”①

从以上规定我们可以看出,为未成年人设立特别民事诉讼程序,让未成年人在案件审理中表达自己的意愿是符合现有法律和相关政策规定的。

(三)实践依据:设立未成年人直接参与民事诉讼特别程序,符合现阶段少年审判的实践需要

目前,全国部分基层法院和中级法院已设立少年审判综合庭,对涉少案件集中管辖、审理。上海市第一中级法院、成都市中级法院、三明市中级法院、洛阳市西工区法院、上海市黄浦区法院等已经实现民事、刑事、行政“三审合一”。少年综合审判庭的建立为适用特别程序审理涉及未成年人民事案件提供了组织基础。此外,已经有部分法院对未成年人直接参与民事诉讼问题进行了探索和实践。例如,成都市中级法院对不能到庭的未成年人采取“周末调查”的方式,听取他们的意见。黄埔区法院制定《广州市黄埔区人民法院未成年当事人亲自出庭规则》,规范未成年人出庭。北京市第二中级法院少年庭针对案件实际情况,开通周末法庭,方便未成年当事人到庭参加诉讼。

在案件审理方面,例如,在涉及未成年人的婚姻家庭案件中,未成年子女的抚养监护成为夫妻双方在离婚过程中获取更多经济利益的筹码,离婚后抚养费的金额亦将决定直接抚养方的经济负担。而且离婚父母常常误会较深,无法正常沟通,孩子的抚养问题可能会成为离婚后报复、纠缠对方最好的工具。可是,父母双方的收入状况、抚养能力,是否存在不利于未成年子女成长因素等情况的取证难度大,加上双方矛盾激化,给司法实践中认定基本事实造成了很大的阻碍。虽然“儿童利益最大化”原则被公认为此类纠

① 陈历幸:《论我国未成年人民事诉讼特别程序的构建》,载《青少年犯罪问题》2008年第1期,第51页。

纷的最高法则，但因该原则的不确定性、含糊性和随意性，使其运作主要依赖于法官的主观判断，自由裁量空间较大、随意性亦较大，加之每个案件的特殊性，法官需要因案而异、因人而异，更加剧了这类纠纷处理的不确定性和个别性。[①] 实践证明，法院在审理涉及未成年人的抚养权、探望权案件中，未成年人参与诉讼，表达自己的意愿，对于顺利解决案件能够起到非常重要的作用。

例如，在笔者曾经处理的一起变更子女抚养关系案件中，原告韩某和被告王某于2001年离婚，婚生女小瑶自2岁起就一直由父亲王某抚养。因为王某有时会打孩子，所以韩某起诉要求变更抚养权。在初次庭审中，王某情绪很激动，多次说谁要跟他抢孩子就抱着孩子跳楼。小瑶已年满10岁，笔者和她进行了谈话，并在庭审中将谈话笔录向双方当事人进行宣读。王某这才知道了女儿的真实想法，认识到自己没有站在女儿的角度考虑问题，对孩子了解太少。在此基础上，经过多次调解工作，王某和韩某达成了和解，原告撤诉了。在这件案件中，原告、被告之间的矛盾十分尖锐，被告与孩子沟通不够，不了解孩子的真实想法。通过孩子出庭让被告知道了自己所存在的认识上的错误，才顺利解决了案件。

四、未成年人直接参与民事诉讼的法律地位

随着社会的发展，未成年人的法律地位也不断发生着变化：从附属于家族，附属于父母到拥有独立的法律人格。当代各国都确立了儿童具有普遍、独立、平等的民事法律地位，作为民事主体的儿童，因为其身心尚未成熟，如果要真正获得平等的地位，则需要得到特殊的保护和照顾。不仅只是形式上的平等，而是必须践行“儿童最大利益”原则，贯彻儿童利益优先的理念，才能从实质上实现其平等的地位。[②]

从现有的民事诉讼法来说，未成年人可以成为民事诉讼主体，即原告、被告、第三人。对于未成年人是否能够成为证人，《最高人民法院关于民事诉讼证据的若干规定》第五十三条规定：“不能正确表达意志的人，不能作为证人。待证事实与其年龄、智力状况或者精神健康状况相适应的无民事行为能力人和限制民事行为能力人，可以作为证人。”也就是说，只要待证事实与其理解和表述能力相适应，未成年人就有证人资格。但是首先，未成年人不仅缺乏相关法律知识，而且对于艰涩的法律术语也会存在理解障碍；其

① 《加强对离异家庭未成年子女的保护》，江苏省苏州市中级人民法院对离婚父母抚养监护未成年子女的调研报告，载《人民法院报》2009年6月25日第5版。

② 吴用：《论儿童法律地位的演进》，载《中国青年研究》2008年第2期，第49～53页。

次，未成年人也难以接受证人能力检查和交叉询问；再次，未成年人情绪控制力较弱，可能难以承受法官和当事人的询问压力。未成年人无法适应成年证人的出庭程序，因此，有必要针对未成年证人设立特别出庭程序。

在涉及未成年人的抚养关系、探望权等案件中，未成年人并不是案件的当事人，但是与案件处理结果有着直接密切的关系，因此，未成年人在这些案件中属于利害关系人。在普通民事案件中，证人只是为了证明案件事实，与案件处理结果一般没有直接的利害关系。而且证人与案件当事人的关系会影响证人证言的效力。而在抚养关系、探望权案件中，未成年人与任何一方当事人均不是利益共同体，未成年人有着独立的利益，案件的审理也是围绕维护未成年人合法权益而进行的。在这种情况下，具备一定的判断能力、能够清楚表达自己意见的未成年人出庭陈述自己的意见，不仅是案件审理的需要，也更有利于维护未成年人的合法权益。

五、未成年人出庭参与民事诉讼的特别程序之构建

未成年人参与民事诉讼应考虑到其年龄和智力发展情况的限制。笔者认为，对于年满 10 周岁以上的未成年人应当认为其已有较好的表达能力，能够独立地表达自己的意愿。因此，可以出庭直接参与诉讼。但是对于 10 周岁以下的未成年人，法院可以根据案情及审理需要，发挥能动性，采用社会调查的方式，到未成年人所在家庭、学校，与未成年人接触，并向其同学、老师及未成年人同住亲属了解未成年人的真实想法。

1. 出庭启动程序上，应当根据未成年人在诉讼中所处法律地位的不同而有所区别。未成年人作为原告、被告、第三人时，有权直接参与民事案件的审理，并不需要向法院申请。未成年人作为证人时，可以由双方当事人申请其到庭参加诉讼。但是经询，未成年人本人或其监护人拒绝参加诉讼的除外。未成年人作为利害关系人时，可以依双方当事人申请出庭，也可以由人民法院依职权要求未成年人出庭表述自己的意愿。当事人申请的，应当向法院提交书面申请。法院认为案情审理需要，而当事人又拒绝未成年人出庭的情况下，法院有权依职权要求未成年人出庭；无正当理由，与未成年人同住之一方当事人仍拒绝未成年人到庭陈述自己的意愿的，就应当由该方当事人承担不利的法律后果。

2. 出庭方式灵活。在出庭方式上，经未成年人本人同意，未成年人可以直接参与庭审，接受法庭及双方当事人询问；未成年人不愿意直接参与庭审的，可以采用庭前谈话的形式，由法庭制作谈话笔录，并在庭审过程中将谈话笔录向双方当事人宣读。

《最高人民法院关于民事诉讼证据的若干规定》第五十六条第二款规定："对于证人不能出庭作证的情形，经人民法院许可，证人可以提交书面证言或者视听资料或者通过双向视听传输技术手段作证。"从以上规定可以看出，未成年人作为证人时，除了直接出庭外，还可以通过视听资料或者通过双向视听传输技术手段作证。

3. 中途退庭。未成年人直接参与庭审过程中，法庭认为其继续参与庭审可能会造成的心理伤害超过禁止其出庭的不利后果，则法庭可以随时指令案件所涉之未成年人在庭审过程中离开法庭。中途退庭主要是考虑到在离婚家庭中，很多当事人之间矛盾都十分尖锐，为了避免在庭审过程中因对某些特定事项的调查或辩论给未成年人造成不必要的刺激、伤害或其他消极影响，法院应当及时要求未成年人退庭，以减少诉讼带来的伤害。

4. 引导发问。在询问方式上，未成年人心理和判断力尚未成熟，且出庭可能会导致其承受较大的心理压力，因此，未成年人一般不宜接受双方当事人的交叉询问。在涉及未成年人的抚养关系、探望权案件中，双方当事人往往是出庭的未成年人的父母，如果交叉询问，孩子可能因为恐惧或其他因素不敢或不便回答父母的提问，从而隐瞒真实的想法。笔者认为，应采用法官引导式发问，由法官引导未成年人说出自己的真实想法。在未成年人愿意接受双方当事人询问时，法官应注意控制庭审，避免引导过度而导致诱导性发问。

5. 未成年人陈述之法律效力。在法律效力上，对于未成年证人及当事人的陈述，应当根据其智力发展情况和识别能力，并结合其他证据材料进行综合判断。对于未成年利害关系人的陈述，因为该陈述的内容并非对案件客观事实的陈述，而是未成年利害关系人为了维护自身的利益，对自己主观意见的陈述。因此，双方当事人并不就未成年利害关系人陈述的内容进行质证，而由法官综合考虑其的成长经历、生活环境、生理特点、本人意愿、其父母自身状况等因素进行全面衡量。

6. 裁判文书应体现出未成年人的参与。在关于未成年人裁判文书制作上，应当体现出未成年人所陈述的内容。案件是围绕保护未成年人合法权益进行的，且未成年人直接参与诉讼，其陈述可以作为裁决的依据之一，因此，在裁判文书的表述上应当载明未成年人的意愿与陈述内容，这也是对未成年人参与权的尊重。

六、结语

在中国的传统中，未成年人常因被认为不具备足够的认知和判断能力而被排除在与其相关的决策过程之外，他们参与诉讼的权利一向被弱化，甚至成为成年当事人争夺利益的筹码。涉及未成年人的婚姻家庭案件虽然是围绕未成年人的利益进行的诉讼，但是现有制度中具体、可操作规定的缺失，造成了忽视未成年人本人意愿的局面，损害了未成年人的参与权、知悉权和决定权，也在一定程度上违背了儿童利益最大化原则。在民事诉讼中，畅通未成年人意愿表达的渠道，彰显他们的意愿，有利于切实保障未成年人的合法权益，从而使“儿童利益最大化”原则得到充分体现。

【统计分析】

湖南省未成年人犯罪情况分析

湖南省高级人民法院课题组*

目前，我国18岁以下的未成年人大约有3.7亿，他们大部分是在校学生，也有少部分是辍学待业或提前就业的。“少年兴则国兴，少年强则国强”。然而未成年人犯罪问题的普遍存在、不断发生和日益升级，越来越困扰着家长、学校和社会，严重地影响了未成年人的生活环境，给社会治安带来了不安定因素，引起了全社会的普遍担忧。因此，探索未成年人犯罪的特点及其发生的主客观原因，探求预防、减少未成年人犯罪的对策，已成为越来越多人关注的社会热点问题。本文将以湖南省近年来未成年人犯罪司法统计数据为研究样本，探究未成年人犯罪。

一、表象审视：未成年人犯罪与罪犯的主要特点

（一）未成年人犯罪呈抛物线态势

2004～2006年，我省法院未成年人犯罪人数不断增长，2006年到达顶峰后，开始不断下降，但犯罪人数绝对数还比较大。（见图一）

* 湖南省高级人民法院主任科员、法官；刘纪春，湖南省高级人民法院审委会委员，副厅级干部，审管办主任。

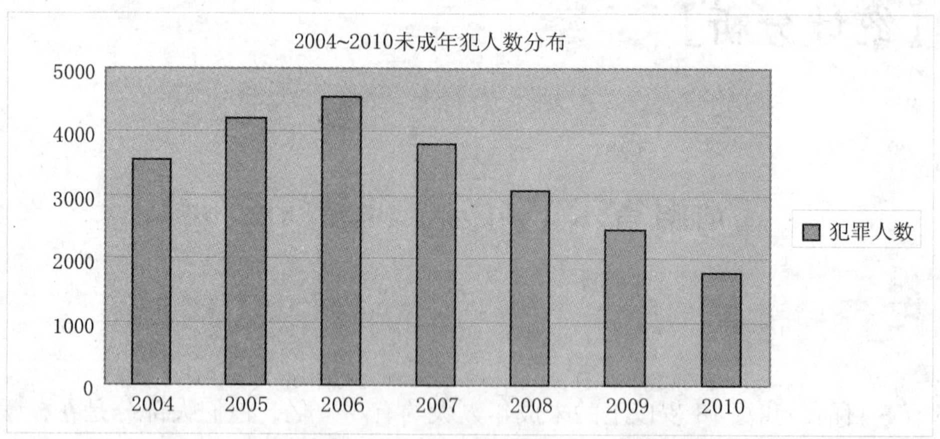

图一：2004～2010 年未成年人犯罪数量分布图

（二）未成年人犯罪率走势逐年递减

2004 年到 2010 年未成年犯罪人数占犯罪总人数的比例一直在下降，2004～2006 年下降缓慢，2006 年后下降较明显。（见图二）

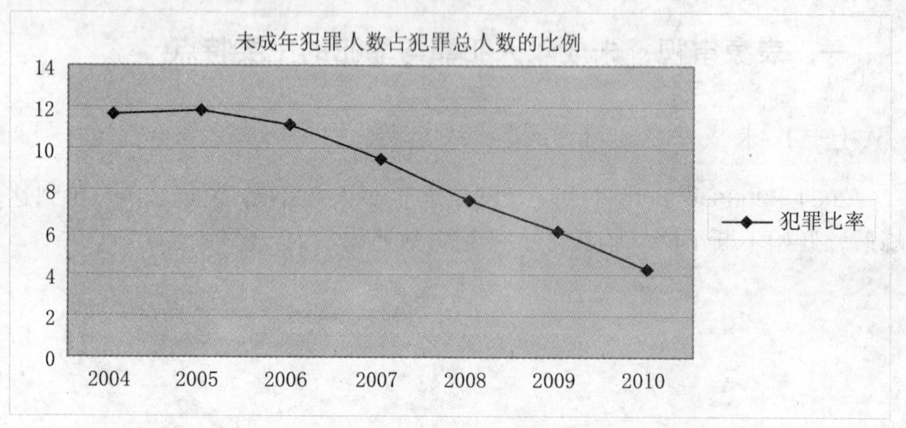

图二：2004～2010 未成年人犯罪占犯罪总人数比例

图一、图二表明：一方面，2006 年党的十六届六中全会确定的“宽严相济”的刑事政策以及鼓励对未成年人犯罪案件实行非犯罪化、非刑罚化处理方式，从宽掌握未成年人刑事案件定罪标准等一系列宽缓的刑事政策开始发挥作用；我省司法机关及政府相关部门，乃至社会各界共同进行的未成

年人犯罪预防及社会治安综合治理工作初见成效。另一方面，未成年人犯罪人数、犯罪率尽管有走低趋势，但未成年人犯罪高发的态势还会延续一个时期，未成年人犯罪形势依然严峻。

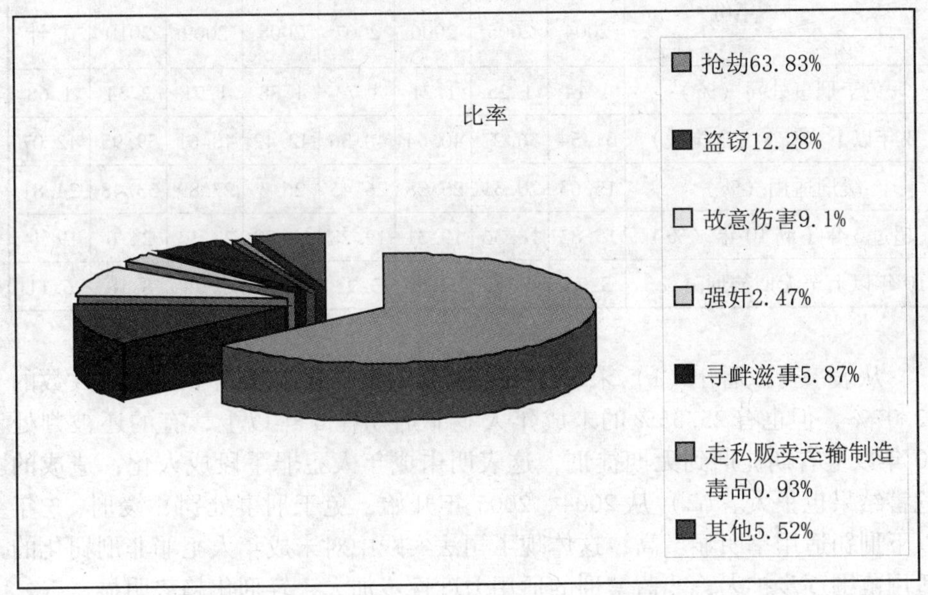

图三：2004～2010 年未成年人犯罪类型

说明："其他"包括投放危险物质罪、故意杀人罪、奸淫幼女罪、强制猥亵、侮辱妇女罪、猥亵儿童罪诈骗罪、敲诈勒索罪等。

（三）所涉罪名高度集中

图三表明：（1）未成年人犯罪暴力倾向明显，仅抢劫、故意伤害、强奸3种犯罪人数就占到了未成年人犯罪总数的75.4%。实际上未成年人犯寻衅滋事罪及"其他"犯罪中所涉罪都普遍以暴力为后盾。（2）未成年人犯罪客体多指向财产权利，仅抢劫和盗窃犯罪人数就占到了未成年人犯罪总人数的76.11%。（3）未成年人侵犯人身权利类型的犯罪比例也比较高，涉及的罪名包括故意伤害、强奸、奸淫幼女、故意杀人、强制猥亵侮辱妇女、猥亵儿童等犯罪。其中，性犯罪比较突出，占2.74%。（4）未成年人涉毒品犯罪亦不容忽视。

（四）刑期主要集中在3年以下

表一

内容＼年份	2004	2005	2006	2007	2008	2009	2010	总计
免于刑事处罚（%）	1.14	1.25	1.71	1.73	1.88	1.91	2.34	1.68
3年以下（%）（含拘役）	31.54	36.27	40.64	40.56	42.42	48.61	59.95	42.07
缓刑适用（%）	15.63	20.31	25.28	26.43	26.3	27.89	33.48	24.81
超过3年不满10年（%）	15.83	18.36	19.31	19.28	18.28	22.13	24.6	19.44
10年以上至无期徒刑（%）	5.26	5.26	5.76	5.91	5.94	7.08	8.18	6.11

从表一可以看出（1）未成年人犯罪刑期集中在3年以下，占总人数的42.07%，但也有25.55%的未成年人犯罪刑期在3年以上，有的还被判处10年以上有期徒刑到无期徒刑，这表明未成年人犯罪手段成人化，造成的危害结果也很大。（2）从2004、2005年开始，免于刑事处罚、缓刑、3年以下刑罚适用率明显增高，这体现了司法实践中对未成年人犯罪非刑罚化的适用范围逐步扩大，非监禁刑的适用力度逐步加大，轻刑化趋势明显。

（五）未成年罪犯闲散人员居多

表二

内容＼年份	2004	2005	2006	2007	2008	2009	2010	总计
无业、辍学人员（%）	39.06	39.2	40.32	38.85	36.71	32.16	35.46	37.99
农民（%）	34.83	37.85	39.33	41.6	45.45	50.94	42.73	41.11
学生（%）	17.54	17.7	15.28	10.94	10.42	8.12	11.94	13.71

从表二可以看出，（1）2004~2010年未成年犯中农民占据的比例最高。实际上统计为农民身份的未成年人大多是在城市务工的流动人员，他们有时也处于无业、闲散状态，经济收入低且不稳定。（2）无业闲散人员比例占居其次。失学、无业、闲散是这类人员的身份特点，他们较早辍学浪迹社会，没有经济来源，整日无所事事，经常聚集一起。从表中还可以看出农民犯罪在2007年开始农民比无业、辍学人员多，这和受金融危机影响，大量农民工返乡，农民收入骤减有关。（3）在校学生犯罪占了部分比例，整体

上有下降的趋势。

表二表明未成年人罪犯基本上没有固定经济收入或收入很少，这与图三反映未成年人犯罪以财产型犯罪为主是一致的。

（六）犯罪的主要年龄阶段为16~18岁

表三

年份 内容	2004	2005	2006	2007	2008	2009	2010	总计
已满14不满16（%）	18.95	19.67	15.11	11.29	10.36	13.88	17.3	15.29
已满16不满18（%）	81.05	80.33	84.99	88.71	89.64	86.12	82.7	84.71

从表三看未成年人犯罪人员中，已满16周岁不满18岁的占未成年人犯罪总数的84.71%，是未成年人犯罪的主要年龄阶段。

（七）未成年罪犯受教育程度偏低

表四

年份 内容	2004	2005	2006	2007	2008	2009	2010	总计
小学（%）	16.33	16.68	17.95	15.87	13.82	19.35	19.30	16.84
初中（%）	71.71	71.36	69.72	70.81	74.55	72.78	71.25	71.57
高中（%）	10.27	10.92	9.67	11.23	9.49	7.14	8.38	9.85
大专以上（%）	0.9	0.5	1.19	0.6	0.49	0.24	0.28	0.67

表四表明，绝大部分未成年人罪犯学历为小学或初中，接近总人数的90%，未成年罪犯大多受教育程度偏低。

（八）未成年犯多为初犯

表五

年份 内容	2004	2005	2006	2007	2008	2009	2010	总计
曾犯罪人员占犯罪总人数比例（%）	2.27	2.02	2.42	1.6	1.23	1.63	1.87	1.91
累犯占犯罪人员比例（%）	1.16	1.14	1.06	0.81	0.42	0.49	0.96	0.9

表五反映出未成年人再犯罪率为1.91%，未成年人累犯占曾犯罪人员的47.12%，占犯罪总人数的0.9%，由此可以看出未成年人犯罪绝大多数是初次犯罪。

二、症结所在：未成年人犯罪的原因分析

未成年人犯罪的原因是多方面的，既有家庭、学校、社会等客观因素，也有未成年人自身方面的主观因素。

（一）家庭因素

家庭是人成长的第一课堂，父母是孩子的第一任老师。家庭的不良影响和父母教育失当是导致未成年人犯罪的重要原因，也是其成年后进行犯罪活动的重要根源。

1. 家庭结构不完整

大量个案表明，家庭结构不完整，其子女犯罪率远远高于正常家庭。家庭结构不完整包括父母一方或双方死亡、离异、判刑、劳改、患精神病等等。同时在现代社会中，由于经济发展不平衡出现了大量的留守儿童。生活在这种不稳定的家庭环境中，孩子缺少温暖和关爱，容易形成自卑、孤僻、偏执、怪异等缺陷性格，遇到不良影响，极易误入歧途。

2. 父母行为或家庭教育失当

父母行为和家庭教育失当是未成年人不良意识形成的主要原因。父母自身有不良恶习者，易给子女消极暗示，导致其模仿大人的不良行为行事，并有认同感，在心中埋下违法犯罪的种子。父母关系不和睦，经常吵架甚至厮打，孩子长期处于忧虑、恐惧之中，易形成心理障碍，而具有较强攻击性。还有些父母教育失当甚至缺少教育能力。表现为对孩子溺爱，孩子要什么就给什么，孩子做错了事，也一味迁就，孩子易形成任性、自私等不良心理，有的还形成霸道强权的处世观念。或只关心孩子的衣食住行、学习成绩，缺少与孩子的沟通，忽视其心理需求和品格教育，导致子女是非不明、社会责任心不清、道德观念淡薄。或对待孩子粗暴生硬，不尊重孩子的人格，动辄打骂，在这种“高压”下，孩子易对暴力认同，好斗、暴戾。

（二）学校因素

在校学习阶段是未成年人社会化的关键时期。学校既是未成年人接受文化教育的场所，同时学校教育对学生人生观、价值观、世界观的培养和形成影响深远。而目前学校的教育和管理中还存在不少问题，学校教育引导不利

或管理疏漏，也是未成年人犯罪的重要原因。

1. 教育引导不利

主要体现在偏重应试教育，忽视德育和法制教育。尽管素质教育已倡导和实行多年，但整个教育机制还是以应试教育为主导，许多学校仍热衷于片面追求升学率，放松思想教育，忽略学生德育、体育、美育的全面发展。学校里不管是老师还是同学都以成绩决定喜好，“差生”受到嫌弃、歧视，有的甚至被勒令退学，开除学籍，家庭的宠儿变成学校的弃儿，极易产生强烈的逆反心理和报复心理，引发寻衅滋事以及暴力犯罪。一些成绩好的学生经常被褒奖有加，思想上缺少正确引导，名利欲、表现欲膨胀，当其欲望和要求得不到满足时，也易偏离正确轨道。

此外，尽管现在大部分学校都有法制教育课，有些还聘请了法制校长，并开始侧重刑法教育，但多为禁止性内容，很少从权利、义务的角度进行教育，有些还片面强调刑法对未成年犯罪人员权益的保护，学生易对法律误读，认为自己是未成年人，即便违法、犯罪也没事；形式上还是“我讲你听”的单向交流模式，缺乏针对性。内容和形式的单一，使得法制教育达不到预期效果，法律意识未深植未成年人心中。

2. 监督管理缺位

在现有体制下，中小学校的主要精力都放在提高升学率、保证教学质量等方面，对学生日常行为的监督管理较为薄弱，对学生之间拉帮结派、寻衅打架、和校外不良人员交往等等，未引起足够关注。一些职业学校和中等专业技术学校管理更差。这类学校学生毕业后就业前景不乐观，往往毕业后便无业，大部分学生对学业没有兴趣，校内攀比、早恋风气蔓延，不良学生横行校区。教育产业化，学校为保生源，不敢管；老师责任感不强，不愿管。这些都助长了在校学生犯罪行为的发生。

（三）社会因素

社会环境对其成员的思维方式、行为模式起关键作用，未成年人社会化进程中，其作用更是举足重轻。目前我国仍处于社会转型时期，一方面，社会经济快速发展，媒体呈现多元化，各种思想与信息传播迅速，其中不免夹杂不良思想意识，也传播影响到学校；另一方面，经济发展不均衡，社会成员流动性加大，部分未成年人提早进入社会，受到不良意识的渗透；同时转型时期新旧体制并存，社会冲突交替，法律制度、行政管理职能都不尽完善，社会控制能力与社会发展需求还有差距。对未成年人的保护措施尚显不足，部分环节仍有缺失。

1. 社会不良环境的影响

社会上普遍存在逐利、拜金、攀比、骄奢等不良风气。成年人没有节制地追逐利益、贪图享受，未成年人耳濡目染，逐渐形成好逸恶劳的心理。这是未成年人犯罪高度集中在“贪利性”犯罪，如抢劫罪、盗窃罪等最主要的原因。同时不良文化充斥影视、书报、互联网，无限制无管理的宣传暴力、黑帮、淫秽等不健康内容，腐蚀与教唆正在成长的未成年人，使他们产生拳头可以解决一切问题的意识，模仿影视中的情节，校内外称王称霸，拉帮结派，向同学索要财物，替朋友出头出气等，引发暴力犯罪；有的受色情文化影响，对性向往和好奇，产生想试试的心理，引发强奸、猥亵等性侵犯方面的犯罪。这是未成年人犯罪团伙化、成人化的重要原因。

2. 综合治理部分环节的缺失

我国对于未成年人的立法保护日益增强的同时，未成年人犯罪现象仍呈持续高位运行态势，导致这种情况出现的主要原因是社会综合治理的缺失。轻缓的刑事政策是现代化法治社会发展的趋势，我国近年来，对于未成年人犯罪处理轻缓化的力度是很大的，特别是2006年后未成年人犯罪人数、犯罪率都有较大幅度下降，主要是因为司法机关对相当部分的未成年犯罪嫌疑人、被告人做出了不起诉处理或者非监禁刑处理，未成年人构成犯罪的门槛大大提高了。这些在实践中都是有成效和值得肯定的，但是问题在于对于这些违法犯罪的未成年人，在受到轻缓处理之后，我们现有的社会帮教、矫治机制却相对落后，尤其是对于未受到刑事处罚的未成年人，后续工作几乎是空白，这样就给这些未成年人和受到他们不法侵害的被害人及其他未成年人形成误导，把国家对未成年违法犯罪人员的挽救误解为国家法律的软弱，甚至是对违法犯罪行为的宽纵。加上未成年犯在监禁中受到的“交叉感染”也是未成年人再犯罪的重要原因。

（四）主观因素

外因通过内因起作用，未成年人犯罪的年龄跨度在14周岁至18周岁之间，是一个被犯罪学家称为“危险年龄”的时期，对犯罪有独特的影响，这一阶段的未成年人处于青春发育期，生理、心理不成熟、不稳定，是未成年人犯罪发生的主观原因。

1. 认知能力浅薄

这一时间段的未成年人其认知结构处于成形阶段，但认知能力比较浅薄，他们通过观察成年人以及其他外部认知途径如网络、影视等，对社会产生初步认知，但对社会的认知朦胧、浅显、片面，当其缺乏正确引导时，容易受到阴暗世界观、病态人生观、扭曲道德观和淡泊法纪观的侵袭，从而形成犯罪心理，引发犯罪行为。

2. 自控能力较差

自控能力是指人对自己的身体和行为进行自我调节与控制的内在能力。未成年阶段是一个人由附属个体向社会个体转化的过渡性阶段，一方面，产生了作为社会独立个体的自觉，另一方面，受自身能力和社会观念的制约，在经济上和精神上仍依赖父母。未成年人向成年人的转化只是形式上的，并未完成实质转化，自控能力仍较为脆弱，自制能力较差，这使得他们处于心理成长敏感期，容易产生矛盾、焦虑、烦躁、抑郁等青春期不良情绪，难以压抑个人欲望，缺乏抵抗诱惑的意志力，无法在法律、道德、与自身行为之间建立有效连接，而处于失控状态，促成犯罪行为的发生。

3. 自我中心意识过分膨胀

在现代家庭中，许多未成年人都是独生子女，他们在亲人和社会主流意识的引导之下，具有极强的个人中心意识，有些甚至“唯我独尊”，个体需要不被拒绝与束缚已经深深植根与他们的性格之中。当面临正当的拒绝与束缚时，具有过分以自我为中心性格的未成年人就极易选择如何最大限度满足自身需要，而置理智、道德、法律于不顾。

三、对症下药：未成年人犯罪的防控对策

减少未成年人犯罪，预防工作是治本措施。家庭、学校、社会是保护未成年人的“三道防线”，只有同时筑牢这“三道防线”，未成年人才能得到安全的呵护，健康成长。做好未成年犯的帮教转化工作也至关重要，能有效防止未成年人再犯。将预防和转化紧密结合，切实地解决未成年人犯罪问题。

（一）改善家庭环境

家庭是预防未成年人犯罪的基石。没有教不好的孩子，只有不会教的父母。马克思也说过：“法官的行业是法律，传教士的行业是宗教，家长的行业是教育子女。”家长要把教育子女作为天职，主动学习，掌握正确的教育常识和方法，树立“亲子平等，理解沟通”的科学教育理念，提高家庭教育的质量。父母要建立美满幸福的生活，还要作为孩子的朋友，时常与孩子交流，倾听孩子的心声，营造宽松和谐的家庭环境。对处于青春期的孩子，家长要加强沟通、及时疏导，保持其心理健康。家长还要加强文化、德育和法律知识的学习，不断提高自身的科学文化素质，加强道德和法律规范素

养，用自己健全的人格和正确的行为去影响和引导孩子。

（二）完善学校教育

学校应成为预防未成年人犯罪的关键主体。现阶段我国应试教育为主导的传统教育机制还不可能得到根本改变，但学校在强化智育的同时，也应高度重视德育和法制教育，并加强管理。学校要充分运用其教育资源、有利条件，帮助引导未成年人抵制社会不良因素的影响，弥补家庭教育的不足，成为未成年人健康安全地从家庭走向社会的桥梁。

1. 转化教育理念，改进教育方法

对学校教育的理解不能停留在得高分上，把教育只看作谋生的手段，这是对教育低层次的认识。教育的目的是促进人的身心全面和谐发展，教育还应注重学生人格的形成，情感的发展，尊重并保护未成年人的自尊心，及时鼓励，肯定，不要动辄批评、惩罚，要营造积极向上的学校氛围。对于所谓的“双差生”（学习差、表现差），不应歧视，更不能轻易劝其退学或将他们开除推向社会，要加强帮教工作，积极做好转化工作，鼓励他们努力上进，回到正常学生群体中来。对于寄读的外地务工人员子女应一视同仁，对于家庭经济困难或家庭结构不完整的学生，要特别关爱，加强教育和管理，避免这部分未成年人过早流入社会。

2. 关注学生心理健康，加强犯罪自我预防

学校要重视学生成长过程中面对的各种心理压力和社会不良影响，经常性、多渠道地开展心理辅导和法制教育活动。要设立心理咨询室，为学生提供专职心理辅导老师，密切关注学生心理波动，主动进行心理辅导，避免学生通过不正当途径宣泄压力。还要教会学生掌握有效的心理控制、心理调节方式，拥有反省自我的能力，保持心理的平衡和健康。要坚持法制副校长制度，拓展其工作范围、领域。除举行法律知识讲座外，还可以通过旁听庭审、模拟法庭、法律知识竞赛等生动多样的教育方式，增强学生对法律观念的感性认识，培养学生真正理解法律的意义和违法、犯罪的后果，加强犯罪自我预防。

3. 加强学校日常管理，强化校园安全意识

学校要不断完善内部管理机制，严肃校纪校规。要明确教师或辅导员的职责，保证教师与学生定期有效的接触，选任责任心强、工作认真负责的老师定期对学生指导、帮助，对重点学生重点管理。学校还要提高安全保卫工作认识，加强校区安全管理工作，制定安全保卫制度，安排专人进行管理，通过实行值班和巡查制度、外来进校人员登记制度等防患于未然。

（三）社会各部门共同参与

预防未成年人犯罪是一项系统性工程，需要协调社会各方力量，强化综合治理工作。

1. 净化社会环境

社会各界要把关心下一代工作摆在重要议事日程，不应唯“利益至上”。文化传播媒体制作、编写影视、书报，要首先考虑是否有不利于青少年健康成长的有害因素，要下大力气消除诱导青少年违法犯罪的网络环境；公安、工商、文化等部门应加强沟通，联手行动，规范和严格公共娱乐场所管理，严格落实限制未成年人进入不适宜其进入的公共娱乐场所的制度。同时，政府和各级社会要大举兴办各种文体场所，组织开展多种健康有益的文体活动，满足未成年人业余文化生活的需要，陶冶他们的情操，减少诱发未成年人犯罪的客观因素。

2. 加强社区预防

未成年人生活的范围主要是家庭、学校和社区。以社区为载体，建立家庭、学校、社区的协同教育机制，营造健康大环境，可使未成年人顺利与家庭、学校社会建立巩固而密切的联系，形成健康人格。依托社区，可以及时发现、帮助和矫正问题少年，抑制其违法犯罪的诱因。加强社区预防工作是预防未成年人犯罪的一个重要环节。

社区要建立健全未成年人管理机制，政府应设立专项保障资金用于各项管理、帮教活动支出。社区可以聘请一些企业、机关离退休人员或有一定专长的社会志愿者从事未成年人的管理和教育工作，建立社区家长学校，给为人父母补上如何进行家庭教育的必要一课，进行法律、心理常识的教育，特别是对于单亲、离异家庭及外地务工未成年人的家长，要作必要要求，参加学习；建立未成年人活动站（室）、家长联谊会等，加强未成年人之间、未成年人和家长之间、家长与家长之间的沟通、交流。

（四）做好帮教转化工作

防止未成年人犯罪，不仅要做好预防工作，还要做好对于已经犯罪的未成年人的帮教转化工作，从而有效避免未成年犯再犯罪。

1. 做好未成年犯的司法保护。对于未成年犯检察机关应该严格把握逮捕条件，尽量做到不捕、少捕，对未成年犯实现非诉讼化和非监禁化的处理方式，这样能有效防止未成年犯和不良行为人由于监禁而受到“污点遭遇”和“交叉感染”。建立对未成年嫌疑犯的特殊审查制度，教育、感化和挽救未成年犯。构建我国未成年犯罪人前科消灭制度，抛弃“犯罪标签”，使未成年犯在以后的生活中不再犯，更好地贯彻我国关于未成年犯“教育为主，惩罚为辅”的审判原则。

2. 社区不应只发挥预防未成年犯罪的作用，还要建立和强化社区矫正制度，对于实施了较轻犯罪或存在违法犯罪行为的不在学、无职业的未成年人，可以借鉴国外的社区服务处罚做法，实施社区矫正。让他们参加力所能及的一些公益劳动，不对其实行任何形式的禁闭，不影响正常的学习生活，培养他们的社会责任感，从而使他们更容易克服恶习，回归社会。与此相配套的还应建立社会未成年人专门机构（未成年人委员会）、学校和社区、家庭所组成的三级帮教机制，明确分工，职责到人，统一协调，紧密配合，使社区矫正制度得以顺利开展和落实。与此同时，还要落实社区帮教工作，除继续矫正他们的不良行为外，还要通过帮助他们重返学校、进行技能培训、安置就业等措施，让他们继续远离犯罪。

参考文献：

1. 康树华：《青少年犯罪研究十年》，重庆出版社 1994 年版。

2. 吴鹏森：《犯罪社会学》，中国社会出版社、中国审计出版社 2001 年版。

3. 于伟：《家庭教育对未成年人犯罪的影响与改良探究》，载《法治与社会》2010 年第 11 期。

4. 毛乃佳：《少年犯罪与学校教育影响因素研究》，载《当代教育与文化》2009 年第 2 期。

5. 吴丹茹：《完善对未成年人司法保护的几点设想》，载《商品与质量》2010 年第 7 期。

6. 张忠斌．《当前开展社区矫正工作面临的困惑与对策》，载《犯罪与改造研究》2004 年第 3 期。

7. 钟黎、姚小丽：《建立未成年人前科消灭制度相关问题探讨》，载《法治与社会》2008 年第 24 期。

【典型案例】

原告贺某某要求被告广东省教育考试院、广东省教育厅履行法定职责行政纠纷案

（2009）天法少行初字第1号

甘正培* 刘丽萍** 孙玉波***

一、简要案情

原告贺某某，女，1991年11月17日出生，户籍地江西省莲花县，现住广东省广州市下塘西路90号702室。法定代理人贺某，男，系原告贺某某的父亲。法定代理人朱某某，女，系原告贺某某的母亲。

被告广东省教育考试院。

被告广东省教育厅。

原告贺某某及其法定代理人贺某原户籍地在江西省莲花县琴亭镇解放街104号。其法定代理人贺某自1997年8月份起受聘在广东大同律师事务所工作，并于2003年1月8日起续签3年的聘用合同。原告于2003年9月1日起在广东省广州市广园中学就读初中，自2006年9月起在广州市恒福中学就读高中。原告称其向恒福中学申请参加2009年高考，该校以原告的户籍不符合广东省教育考试院规定的报名条件为由，不接受原告报名。后原告的法定代理人贺某于2008年11月19日致信被告广东省教育考试院，请求在广州市报名参加2009年高考。被告广东省教育考试院于2008年12月10日书面回复告知：根据广东省《关于做好2009年普通高校招生考试报名和建档工作的通知（粤考院（2008）346号）》的规定，原告须回户口所在省（自治区、直辖市）招生委员会指定的地点报名参加高考。原告遂于2008年12月16日向本院提起行政诉讼。原告的父亲贺某曾于2007年1月6日购买位于佛山市禅城区卫国路73号宏丰大厦903号房，但因开发商迟延交

* 广东省广州市天河区人民法院党组书记、院长。
** 广东省广州市天河区人民法院少年庭庭长。
*** 广东省广州市天河区人民法院少年庭审判员。

房，原告于2009年2月24日才落户佛山市禅城区。

二、案件争点及调解背景

（一）案件的矛盾焦点

原告认为，根据《广东省流动人员管理条例》（简称《管理条例》）第十七条规定，“流动人员在同一市、县暂住五年以上，有合法就业或经营证明、计划生育证明的，其子女入托、入学等享受与常住人口同等待遇；连续暂住七年以上、有固定住所、合法就业或经营证明、计划生育证明、无犯罪记录的，可以按国家有关规定申请常住户口”，原告完全符合以上《管理条例》规定的“入学”条件，依法可以在广州市报名参加高考。被告广东省教育考试院于2008年11月6日发出的《关于做好2009年普通高校招生考试报名和建档工作的通知》（简称《招生通知》）并没有把广东省人大常委会的《管理条例》第十七条关于连续暂住5年以上并符合相关条件的子女可以享受与广州市常住人口同等待遇的规定列入其中。因此，《招生通知》无视省人大制定的法规，致使原告本应享受的合法权益，无形中被非法剥夺。原告认为，被告拒绝执行广东省人大制定的《管理条例》该条例有关条款的行为，侵犯和剥夺了原告以及广大流动人员的合法权益，因此，其行为依法已构成对原告的侵权。由于被告的书面答复延迟送达原告，致使原告也错过了回原籍报考的时间，造成不可弥补的损失。请求判令：1. 被告履行法定职责，准许其在广州市报名参加2009年高考；2. 赔偿因被告非法剥夺原告报考权利而导致原告丧失参加高考机会所造成的经济损失3万元。

被告广东省教育考试院①辩称：我院关于广东省2009年高考报名的通知符合国家关于考生在户籍地参加高考报名的政策，符合国家以及省的有关规定。《管理条例》第十七条规定的立法本意是为了便于解决在我省流动人口子女接受基础教育问题，因此，这里的“入学”仅指“在我省进入当地实施初等教育和普通中等教育的学校学习”，不包括高等学校招生。原告亦不符合我省引进人才人员子女报考的有关规定，不能以此为据在我省报名参加高考。此外，我院向原告的法定代理人作出的《回复》没有超过《信访

① 原广东省考试中心是根据省委、省政府决定、成立的副厅级事业单位法人，由省教育厅管理，省招生委员会、省自学考试委员会的日常工作由中心承担，其中包括承担高等、中专学校招生考试以及中学会考、中学其他统一考试的报名、命题、考试、评卷、录取的组织工作。2006年10月31日，原广东省考试中心更名为广东省教育考试院，具有独立的事业单位法人资格。被告广东省教育考试院称其与地市级考试中心及招生办是业务指导关系，没有隶属关系。

条例》规定的办理期限，不存在延迟答复的事实。原告不听从解释和指引，造成无法回户口所在地报考的结果，与我院没有因果关系，责任不在我院。因此，原告要求我院赔偿其丧失参加高考机会所造成的经济损失毫无事实和法律依据。请求法院依法驳回原告的诉讼请求。

被告广东省教育厅辩称：我厅不是原告所指的高考报名文件的制定和印发主体，也不是高考报名文件的具体实施者，我厅不具体组织和受理高考报名的有关工作，不存在剥夺原告在广州报名参加高考的事实。综上，我厅不是适格被告，不存在剥夺原告高考权利的事实。请求人民法院裁定驳回原告的起诉。

双方的争议围绕着被告广东省教育考试院的行政行为是否违反了广东省人大制定的《管理条例》中有关平等待遇条款，导致侵犯和剥夺了原告等外来人员参加高考的权益这一问题展开。

（二）调解的背景原因

1. 预见的判决结果

在本案的处理过程中，合议庭从法律的角度分析案件，存在如下两种均不利于原告顺利参加高考的意见：

一种意见认为应当驳回原告的起诉。根据《信访条例》第二条第一款规定，原告的父亲贺某通过书信的形式，向被告广东省教育考试院提出请求参加2009年高考的意见，其行为属于信访活动。根据《信访条例》第三十四条规定，行政机关根据《信访条例》的规定处理信访事项，信访人对行政机关作出的信访处理意见不服的，应按照上述规定的程序向相应的机关请求复查，对复查意见不服或复查机关不予复查的，可向有关机关申请复核或处理，而不是向人民法院提起行政诉讼。本案中，被告广东省教育考试院信访室根据《信访条例》的规定以书面的形式对原告作出的信访回复不是可诉的具体行政行为。原告对被告广东省教育考试院的答复意见不服，应根据《信访条例》的规定向被告的上一级行政主管部门申请复查，而不是向人民法院提起行政诉讼，原告的起诉不属于人民法院行政诉讼的受案范围，应依法不予受理。已经受理的，应裁定驳回起诉。因此，应当裁定驳回原告的起诉。

另一种意见认为应当驳回原告的诉讼请求，理由如下：

第一，广东省教育厅在本案中不具有诉讼主体资格，不是适格的被告。理由如下：（1）广东省教育考试院是经省政府批准成立的副厅级事业单位，其具有独立的机构、编制和经费，能独立地行使高等学校招生考试报名的组织工作的行政职权；（2）广东省教育厅并非教育部规定对高考报名具有行政职权的机构。对原告作出答复的机构是广东省教育考试院，并非广东省教育厅。被告广东省教育厅既不是作出被诉具体行政行为的行政机关，也不具有相应的行政职权，其不是本案的适格被告。

第二，被告广东省教育考试院的信访答复属具体行政行为。本案中，原告向被告广东省教育考试院申请参加 2009 年普通高考，被告广东省教育考试院根据其职责通过信访答复的形式告知原告应当返回户口所在省招生委员会指定的地点报名参加普通高考，表明其不接受原告在广东省参加 2009 年普通高考。该行政行为符合具体行政行为的特征，属具体行政行为。

第三，被告广东省教育考试院已履行法定职责。被告广东省教育考试院依职责对原告的是否符合高考报名条件作出判断，并书面告知原告须返回户口所在省（自治区、直辖市）招生委员会指定的地点报名参加普通高考。该告知行为已表明其在职权范围内作出了不接受原告申请的行政行为，因此被告广东省教育考试院已履行了法定职责，其不构成行政不作为。

第四，广东省教育考试院不接受原告高考报名申请的行为属合法的行政行为。理由如下：（1）被告广东省教育考试院在教育部《2009 年普通高等学校招生工作规定》发布之前对 2009 年的高考具体报名条件和报名办法予以规定，是基于历年来高考户籍制度的一贯性以及各省组织高考报名的现实要求作出的，被告广东省教育考试院的行为既不违反《中华人民共和国教育法》的规定，也不违反教育部《2009 年普通高等学校招生工作规定》的有关规定。（2）《中华人民共和国教育法》第十七条已对招生对象等事项授权国务院或者由国务院授权的教育行政部门予以规定，因法律已对该特定事项作出了规定，故本案中不应再适用《广东省流动人员管理条例》第十七条的规定。（3）被告广东省教育考试院在行政职权范围内制定《招生通知》并予以公布，符合法定程序，且通知的内容不违反法律、法规的规定，属于合法的行政行为。（4）原告在 2008 年 12 月 15 日前并不具有广东省常住户口，其不符合《招生通知》的报名条件，被告广东省教育考试院以原告不符合高考报名的规定，且不符合《广东省引进人才实行〈广东省居住证〉暂行办法》的规定为由，在法定期限内告知原告应返回户口所在省（自治区、直辖市）招生委员会指定的地点报名参加普通高考，该具体行政行为属合法的行政行为，并无不当。

综上，仅从法律层面考虑，原告的诉讼请求将不能得到法院的支持。然而，该案是全省首宗集高考制度、户籍制度及外来人口平等待遇三大焦点问题的少年行政案件，如果严格依法律规定简单下判，将不能取得良好的社会效果，无法实现案结事了。

2. 判决可能带来的不良效果

第一，对经过十年寒窗，准备参加当年高考的原告来讲，判决结果的作出将导致其无法参加当年的高考。(1) 原告在原户籍地已没有学籍，其原户籍地江西省无法接受其参加当年的高考报名，而且在判决作出前其已落户广东省佛山市，原告更无正当理由在江西省申请参加高考。(2) 原告虽有广东省的学籍，但其在高考报名期内未能取得广东省户籍，在判决结果作出后，广东省教育部门也会拒绝接受原告参加当年的高考。因此，法院的判决对于作为学生的原告来讲，必然导致其耽误一年宝贵的人生时光，甚至会因此改变其人生轨迹。

第二，判决结果的作出可能引起社会争议，导致人们将对外来人口平等待遇、户籍制度、高考移民等问题的不满，集中发泄到法院。(1) 现阶段外来人口是很多大城市经济发展的重要力量，但外来人员的平等待遇问题是每一个大城市都头痛的问题。由于现有户籍制度不健全，导致外来人口在大城市无法轻易获得与常住人口相同的医疗、教育等待遇，因此产生的投诉、信访、诉讼层出不穷。本案原告的父亲原系律师，其发现法律、法规与规章之间在外来人员平等待遇问题上存在规定上差异，进而主张平等权利，并扬言会引起媒体的关注，从而将社会对这一问题的矛盾集中到法院。(2) 高考移民问题亦是每年高考前后易引起社会关注的重大问题，高考移民的现象也是一个非常复杂的社会现象，这既是我国高等教育资源配置不均衡、基础教育发展不均衡等问题之间的矛盾在高考中的集中反映，也是我国高等教育改革与户籍改革相碰撞和交错而产生的矛盾。本案正是因户籍、学籍问题的不一致导致涉及高考移民问题，并在高考报名期间产生的纠纷，这一纠纷也极可能会引起众多高考参与者的重视，并受本案的启发将高考过程中教育部门无法解决的问题全部推向法院。

因此，法院不论如何判决，最后产生的社会效果必然是原告无法参加当年的高考，社会各界也因本案的判决对平等待遇、户籍制度、高考移民三大问题进行热议，甚至将争议的矛头指向法院，影响社会和谐和稳定，产生负面的社会效果。

三、调解工作的开展

司法是维护社会稳定、保障社会和谐的重要工具，“为大局服务、为人民司法”亦是人民法院的政治、法律和社会责任，因此在处理该案时，法院将案件的社会效果放在首位，从保护高考考生的合法权益、保护未成年人的权益出发，力求找到矛盾的解决方案，促成双方和解。

（一）调解难点

1. 原告的父亲对本案不惜争执到底。原告的父亲从事法律工作，认为该案具有重大的法律意义和社会价值，尤其是对该案可能引起社会关注的因素有充分的认识，并偏激地认为把问题闹大就有助于其实现诉求，因此对案件的调解工作不抱积极态度。

2. 被告对案件的判决结果有信心。两被告专门聘请了律师研究本案的法律问题，对其行政行为的合法性进行了分析，对胜诉有较大的把握。同时，被告也希望通过该案的判决，避免今后其他类似的考生提出不合理的请求，达到一劳永逸的效果。

3. 原、被告之间的矛盾已经扩大。原告的父亲在起诉前除通过信访的方式向两被告提出请求外，还情绪化地将矛头直接指向被告的负责人，多次写信给被告的主管领导，指责其故意刁难。甚至在本院的调解过程中，还写信以向有关部门投诉其行政不公的威胁口吻要挟被告的主管领导。原告父亲的不理智行为进一步激化了双方的矛盾，给调解工作制造了很大的困难。

（二）调解过程

1. 院领导全程关注并悉心指导调解工作。经办法官在意识以该案的特殊性后，及时向庭领导和院领导汇报。天河区法院党组书记、院长甘正培指示，该案是全省首宗集高考制度、户籍制度及外来人口平等待遇三大焦点问题的少年行政案件，经办法官要具有高度的政治敏感度和社会责任感，从维护法律效果与社会效果统一、保护未成年合法权益的角度出发，积极开展调解工作，加大调解工作力度，力争化解矛盾。在案件调解过程中，院领导坚定调解工作立场，鼓励经办法官克服困难，并在调解工作遇到阻碍时提出指导意见，和庭领导、经办法官一起研究制定调解方案，寻找调解的突破口。如在被告律师提出被告的领导不同意调解时，院领导果断指示庭领导及经办法官，直接与被告的主管领导沟通协调，在必要时，法院领导也可参与协调过程。

2. 准确把握案件利害关系，敏锐寻找调解突破口。经办法官仔细研究案情、分析双方当事人争议的焦点和利益关键点，并针对问题提出解决方案，从而找到双方可接受的调解方式。对原告一方来讲，高考在即，原告方内心相当焦灼，希望能够尽快落实高考报名，才能安心复习，顺利参加高考；对被告一方来讲，也希望减少案件对其造成的不利影响，尤其是防止因这一案件导致出现“一面倒”的舆论压力，影响广东省高考工作的顺利开展。经办法官准确把握双方当事人的心态，寻求双方的利益交集，坚持不懈地开展调解工作。

3. 法、情、理并重，用坚持和诚意打动双方。从案件审理一开始，经办法官就加强与原、被告的沟通和协调，少年庭庭长刘丽萍亲自参与案件的协调处理过程，引导双方正确认识本案可能产生的社会效果，从解决原告的实际困难入手，做双方的调解工作。但因双方在诉前已是前嫌重重，矛盾颇为激烈，原告法定代理人多次的信访、投诉和威胁，给案件的协调工作带来了相当大的难度。但是法官并未放弃努力，坚持从法、情、理角度出发，向双方坦陈本案判决的社会效果与法律效果。在被告的委托代理人及部门负责人拒绝协调情况下，法官主动与被告的主管领导联系，并亲自上门向被告主管领导坦陈本案的社会效果，从保护高考考生的合法权益出发，反复与其沟通；对于原告父亲曾因情绪激动，对被告的主管领导写信进行人身攻击和威胁的行为，经办法官进行了严厉地批评，并教育原告的父亲认识自身行为的错误性。通过做思想工作，原告父亲为其不理智行为向被告主管领导作出书面道歉。经过数十次的沟通协调，经办法官的努力和诚意最终打动了被告，被告同意帮助原告与其户籍地的教育部门进行协调，协助其返回原户籍所在地报名，接受其在本地参加高考，以使原告能顺利参加当年的高考，双方终于达成和解。

（三）调解效果

原告遂于2009年4月28日以原、被告双方已达成协议为由，向法院提出撤回起诉的申请。法院于2009年5月6日作出准予原告撤回起诉的民事裁定书。原告顺利参加2009年高考后，原告父亲多次致电感谢经办法官及庭领导，并主动反馈了原告已顺利考取大学的情况。该案最终得以圆满解决。

（四）调解心得

涉少行政纠纷往往会对未成年人的身份或学业等产生重大影响，因此以调解的方式来帮助未成年人及时、有效地解决遇到的实际问题，才能从根本上保护未成年人的合法权益，实现案结事了的诉讼目的。尤其对本案这种焦点问题集中、社会影响大的案件，以调解的方式解决能够实现判决不可能实现的社会效果。总结本案的调解工作，有如下几点心得：

1. 高度重视、多级别调解。本案是全省首宗集高考制度、户籍制度及外来人口平等待遇三大焦点问题的少年行政案件，从经办法官到庭长，甚至到院长都对本案高度重视，在院领导的支持下确定调解的目标、原则、方案和突破口，这为调解工作的顺利开展奠定了基础。对于本案被告这种行政级别相对较高的机构，经办法官、庭长、院长多级别的法官参与这一重点案件的调解工作，使得被告能清楚认识到法院开展调解工作的诚意，有利于当事人接受调解。

2. 采取“直击关键法”，针对关键问题、关键人物开展调解工作。(1) 本案原告诉求的关键问题是原告能在本地顺利参加高考。在调解中，以解决这一关键问题为出发点，法官与被告不断进行协调，在被告不违反高考报名政策的情况下，寻找一条能根本解决原告在本地参加高考这一关键问题的调解方案。(2) 对被告能够决定调解方案的关键人物开展调解工作。被告的代理人未获授权，被告的工作人员亦不能对调解方案做主，因此，与被告的主管领导这一关键人物进行沟通协调，是本案能够以调解方式解决的突破口，双方存在的深层矛盾也是通过关键人物化解的。

3. 运用“利益分析法”，正确分析双方利益的交集。通过不断与原、被告双方沟通，获取充分的背景信息，正确把握双方最关注的问题。原告在本案中最迫切希望解决的问题是顺利参加高考的问题，而被告在本案中最担心的问题是案件可能会引发的社会矛盾影响高考工作，两个问题的交集就是双方可能接受的调解空间，即原告参加高考而不引发社会矛盾，在这一交集的基础上做双方的调解工作并研究出可行的调解方案就容易获得双方的认同。

【地方规范性文件】

编者按

为贯彻落实全国法院未成年人案件综合审判庭试点工作座谈会会议精神，最高人民法院研究室少年法庭工作办公室对全国各地法院在少年法庭特色工作制度以及审判管理方面形成的规范性文件、指导性意见进行了收集汇总。从报送的总体情况看，近年来全国各级法院积极探索适合未成年人案件特点的审理、执行方式，完善少年审判工作机制，在规范工作、强化管理、建章立制等方面取得了重大进展。但各地开展此项工作并不平衡，少数地区相对滞后。为增进各地少年司法特色制度的交流和借鉴，推动少年法庭工作科学发展，本刊将分两期刊登符合少年法庭工作实际、具有典型性和代表意义的规范性文件、指导性意见，供大家学习参考。

未成年人审判配套体系规范性文件

天津市综治委预防青少年犯罪工作领导小组办公室
天津市高级人民法院　天津市人民检察院
天津市公安局　天津市司法局
共青团天津市委员会
关于下发《天津市高级人民法院、天津市人民检察院、天津市公安局、天津市司法局进一步建立和完善办理未成年人刑事案件配套工作的实施细则》的通知

2010年12月23日　　津综治委预青领联字〔2010〕1号

各区县综治委预防青少年犯罪工作领导小组、各级人民法院、各级人民检察院、各公安分局、市公安局有关直属单位、各区县司法局、各区县团委：

为进一步贯彻落实中央综治委预防青少年违法犯罪工作领导小组、最高人民法院、最高人民检察院、公安部、司法部、共青团中央的《关于进一步建立和完善办理未成年人刑事案件配套工作体系的若干意见》（综治委预青领联字［2010］1号）文件精神。天津市高级人民法院、天津市人民检察院、天津市公安局、天津市司法局分别制定了《关于进一步建立和完善办理未成年人刑事案件配套工作的实施细则》，现统一下发。请单位结合自身工作实际，认真学习、深刻领会，努力做好办理未成年人刑事案件相关工作。

附1：《天津市高级人民法院关于进一步建立和完善办理未成年人刑事案件配套工作的实施细则》

附2：《天津市人民检察院关于进一步建立和完善办理未成年人刑事案件配套工作的实施细则》

附3：《天津市公安局关于进一步建立和完善办理未成年人刑事案件配套工作的实施细则》

附4：《天津市司法局关于进一步建立和完善办理未成年人刑事案件配套工作的实施细则》

附1：

天津市高级人民法院
关于进一步建立和完善办理未成年人
刑事案件配套工作的实施细则

为进一步贯彻落实对违法犯罪未成年人“教育、感化、挽救”的方针及“教育为主，惩罚为辅”的原则，贯彻落实《中华人民共和国未成年人保护法》、《中华人民共和国预防未成年人犯罪法》和“宽严相济”的刑事政策，完善我国未成年人审判制度，就进一步建立和完善审理未成年人刑事案件相互配套工作体系的若干问题，制定如下细则。

一、组织机构

（一）少年法庭工作办公室职能暂由天津市高级人民法院研究室行使。

（二）天津市第一、第二中级人民法院指定专门合议庭审理未成年人犯罪案件，并继续推动独立建制的未成年人刑事案件审判庭建设。基层人民法院应当建立未成年人审判庭审理未成年人犯罪案件，条件不具备的，应当指定专门合议庭办理。

（三）各级人民法院应当选任政治、业务素质好，熟悉未成年人的特点，具有犯罪学、社会学、心理学、教育学等方面知识的人员审理未成年人刑事案件，并注重通过加强培训、指导，提高相关人员的专业水平。对审理未成年人刑事案件的专门人员应当根据具体工作内容采用不同于审理成年人刑事案件的工作绩效指标进行考核。

二、加强对涉案未成年人合法权益的保护

人民法院在审理未成年人刑事案件中，加强对涉案未成年人的保护，是维护人权、实现司法公正的客观要求，是保障刑事诉讼活动顺利进行的需要。各级人民法院应当在审理未成年人刑事案件的各个环节采取有效措施，尊重和维护涉案未成年人的合法权益。

（一）对未成年被告人合法权益的保护

1. 审理未成年人刑事案件，在不违反法律规定的前提下，应当按照最有利于未成年人和适合未成年人身心特点的方式进行，充分保障未成年人合法权益。

2. 审理未成年人刑事案件的过程中，应当注意保护未成年人的名誉；尊重未成年人的人格尊严，不向媒体、网络公开未成年被告人的姓名、住所、照片、图像以及可能推断出该未成年人的其他资料。

3. 审理未成年人刑事案件，应当在依照法定程序审理和保证审理案件质量的前提下，尽量迅速审理，减少刑事诉讼对未成年人的不利影响。

4. 未成年人与成年人共同犯罪的案件，一般应当分案审理；情况特殊不宜分案审理的案件，对未成年人应当采取适当的保护措施。

5. 在开庭审理未成年被告人时，应当通知其法定代理人到场。

法定代理人无法或不宜到场的，可以经未成年被告人同意或按其意愿通知其他关系密切的亲属朋友、社会工作者、教师、律师等合适成年人到场。

讯问未成年被告人，应当根据该未成年人的特点和案件情况，制定详细的讯问提纲，采取适宜该未成年人的方式进行，讯问用语应当准确易懂。讯问时，应当告知其依法享有的诉讼权利，告知其如实供述案件事实的法律规定和意义，核实其是否有自首、立功、检举揭发等表现，听取其有罪的供述或者无罪、罪轻的辩解。讯问女性未成年被告人，应当由女性审判人员进行或者有女性审判人员参加。讯问未成年被告人一般不得使用戒具，对于确有人身危险性，必须使用戒具的，在现实危险消除后，应当立即停止使用。

6. 审理未成年人刑事案件，应当结合对未成年被告人背景情况的社会调查，注意听取未成年人本人、法定代理人、辩护人、被害人等有关人员的意见。应当注意未成年被告人是否有被胁迫情节，是否存在成年人教唆犯罪、传授犯罪方法或者利用未成年人实施犯罪的情况。

7. 开庭时未满十八周岁的未成年被告人没有委托辩护人的，人民法院应当指定承担法律援助义务的律师为其提供辩护。

8. 对开庭时未满十六周岁的未成年人刑事案件，一律不公开审理。对开庭时已满十六周岁未满十八周岁的未成年人刑事案件，一般也不公开审理；如有必要公开审理的，必须经本级人民法院院长批准，并应适当限制旁听人数和范围。

（二）对未成年被害人、证人合法权益的保护

1. 审理未成年刑事案件，应当注重保护未成年被害人的合法权益，注意对未成年被害人进行心理疏导和自我保护教育。

2. 审理未成年人刑事案件，应当注意保护未成年被害人的名誉，尊重未成年被害人的人格尊严，不向媒体、网络公开未成年被害人的姓名、住所、照片、图像以及可能推断出该未成年人的其他资料。

3. 对未成年被害人、证人，特别是性犯罪被害人进行询问时，应当依法选择有利于未成年人的场所，采取和缓的询问方式进行，并通知法定代理人到场。

对性犯罪被害人进行询问，一般应当由女性审判人员进行或者有女性审判人员在场。

法定代理人无法或不宜到场的，可以经未成年被害人、证人同意或按其意愿通知有关成年人到场。应当注意避免因询问方式不当而可能对其身心产生的不利影响。

4. 审理未成年人刑事案件，应当告知未成年被害人及其法定代理人诉讼权利义务、参与诉讼方式。除有碍案件办理的情形外，应当告知未成年被害人及其法定代理人案件进展情况、案件处理结果，并对有关情况予以说明。

对于可能判处非监禁刑的未成年人刑事案件，应当听取被害人及其法定代理人的意见。

5. 案件审理期间，对未成年被害人及其法定代理人提出委托代理人意向，但因经济困难或者其他原因没有委托的，人民法院应当帮助其申请法律援助。

6. 未成年被害人、证人经人民法院准许的，一般可以不出庭作证；或者采取相应保护措施后出庭作证。

7. 人民法院在审理案件的同时，应当推动未成年被告人与被害人之间的和解，可以将未成年被告人及其家属赔偿被害人的经济损失、取得被害人谅解等情况作为酌情从轻处罚或者减刑、假释的依据。

三、与相关机关的协调配合工作

（一）对未成年被告人的社会调查

1. 人民法院审理未成年人刑事案件，应当综合考虑案件事实和社会调查报告的内容。

社会调查由未成年被告人户籍所在地或者居住地的司法行政机关社区矫正工作部门负责。

社会调查机关应当对未成年被告人的性格特点、家庭情况、社会交往、成长经历、是否具有有效监护条件或者社会帮教措施，以及涉嫌犯罪前后表现等情况进行调查，并作出书面报告。

对因未成年被告人不讲真实姓名、住址，身份不明，无法进行社会调查的，社会调查机关应当作出书面说明。

2. 人民法院审理未成年人刑事案件时，应当全面审查人民检察院移送的社会调查报告或者无法进行社会调查的书面说明、办案期间表现等材料，并将社会调查报告作为教育和量刑的参考。对于人民检察院没有随案移送上述材料的，人民法院可以要求人民检察院提供，人民检察院应当提供。

3. 人民法院可以委托司法行政机关社区矫正工作部门、共青团组织或者其他社会组织对未成年人的社会调查和社区矫正可行性进行评估。社会调查过程中，人民法院应当为社会调查员提供必要的便利条件。

（二）对未成年被告人年龄的查证与审核

人民法院对提起公诉的未成年人刑事案件进行审理时，应当着重审查未成年被告人的年龄证据。对于未成年被告人年龄证据缺失或者不充分，应当通知人民检察院补充提供或调查核实，人民检察院认为需要进一步补充侦查向人民法院提出建议的，人民法院依法可以延期审理。没有充分证据证明被告人实施被指控的犯罪时已经达到法定刑事责任年龄且确实无法查明的，人民法院应当依法作出有利于未成年被告人的认定和处理。

（三）对未成年被告人的教育、矫治

1. 人民法院在审理未成年人刑事案件时，应当结合具体案情，采取符合未成年人身心特点的方法，开展有针对性的教育、感化、挽救工作。

对于因犯罪情节轻微判处非监禁刑、免于刑事处罚的未成年人，人民法院应当视案件情况对未成年人予以训诫、责令具结悔过、赔礼道歉、责令赔偿等，并要求法定代理人或者其他监护人加强监管。同时，人民法院还应当配合有关部门落实社会帮教、就学就业和生活保障等事宜，并适时进行回访考察。

因不满刑事责任年龄不予刑事处罚的未成年人，应当责令法定代理人或者其他监护人加以管教，并落实就学事宜。学校、法定代理人或者其他监护人无力管教或者管教无效，适宜送专门学校的，可以按照有关规定将其送专门学校。必要时，可以根据有关法律对其收容教养。

2. 在审理未成年人刑事案件过程中，人民法院在法庭调查和辩论终结后，应当根据案件的具体情况组织到庭的诉讼参与人对未成年被告人进行教育。对于判处非监禁刑的未成年人，人民法院应当在判决生效后及时将有关法律文书送达未成年人户籍所在地或居住地的公安部门和司法行政机关社会矫正工作部门。

3. 未成年人刑事犯罪案件的卷宗档案应严格保密；人民法院将在部分法院试行轻罪记录消灭制度。非有法定事由，人民法院不得公开未成年人被刑事立案、采取刑事强制措施、不起诉或因轻微犯罪被判处刑罚的记录。

上海市综治委预防青少年违法犯罪工作领导小组
上海市高级人民法院　上海市人民检察院
上海市公安局　上海市司法局
共青团上海市委员会

上海市关于进一步建立、完善和规范办理未成年人刑事案件配套工作体系的若干意见

2011 年 2 月 14 日　　　　沪综治委预青领联字〔2011〕2 号

为进一步贯彻落实对违法犯罪未成年人“教育、感化、挽救”的方针及“教育为主，惩罚为辅”的原则，贯彻落实《中华人民共和国未成年人保护法》、《中华人民共和国预防未成年人犯罪法》和“宽严相济”的刑事政策，贯彻落实中央综治委预防青少年违法犯罪工作领导小组等《关于进一步建立和完善办理未成年人刑事案件配套工作体系的若干意见》（综治委预青领联字〔2010〕1 号）的工作要求，现就上海进一步建立、完善和规范办理未成年人刑事案件配套工作体系的若干问题，提出如下意见。

一、进一步建立、完善和规范办理未成年人刑事案件专门机构

建立健全办理未成年人刑事案件的专门机构，是做好未成年人司法保护，预防、矫治、减少未成年人违法犯罪工作的重要保障。本市各级公安机关、人民检察院、人民法院、司法行政机关应当充分重视，加强办理未成年人刑事案件专门机构和专门队伍建设。

1. 市公安局、区县公安机关应当指定相应机构负责指导办理未成年人刑事案件。区县公安机关应当在派出所和刑侦部门设立办理未成年人刑事案件的专门小组，未成年人刑事案件数量较少的，可以指定专人办理。

2. 市人民检察院及分院和区县人民检察院应当设立办理未成年人刑事案件的专门机构。

3. 市高级人民法院应当设立少年法庭指导机构，负责本辖区内少年法庭的日常指导工作；可以在刑事审判庭设未成年人案件合议庭。市中级人民法院应当设独立建制的未成年人案件综合审判庭（以下简称少年审判庭）。

有条件的基层人民法院可以根据中级人民法院指定管辖的规定，设独立建制的少年审判庭，集中审理指定管辖的未成年人刑事案件。

4. 市司法行政机关应当加强对办理未成年人刑事案件配套工作的指导，市和区县法律援助机构应当指定专人协调未成年人法律援助事务。司法行政机关社区矫正工作部门一般应当设立专门小组或指定专人负责未成年人的社区矫正工作。

5. 各级公安机关、人民检察院、人民法院、司法行政机关应当选任政治、业务素质好，熟悉未成年人特点，具有犯罪学、社会学、心理学、教育学等方面知识的人员办理未成年人刑事案件，并注意通过加强培训、指导，提高相关人员的专业水平。对办理未成年人刑事案件的专门人员应当根据具体工作内容采用不同于办理成年人刑事案件的工作绩效指标进行考核。

6. 有条件的区县，办理未成年人刑事案件的专门机构可以根据实际情况办理被害人系未成年人的刑事案件。

二、进一步加强对涉案未成年人合法权益的保护

在办理未成年人刑事案件中，加强对涉案未成年人的保护，是维护人权、实现司法公正的客观要求，是保障刑事诉讼活动顺利进行的需要。各级公安机关、人民检察院、人民法院、司法行政机关应当在办理未成年人刑事案件的各个阶段积极采取有效措施，尊重和维护涉案未成年人的合法权益。

（一）对未成年犯罪嫌疑人、被告人、罪犯合法权益的保护

1. 办理未成年人刑事案件，在不违反法律规定的前提下，应当按照最有利于未成年人和适合未成年人身心特点的方式进行，选择最有利于未成年人悔过自新和重返社会的处置方式，充分保障未成年人合法权益。

2. 办理未成年人刑事案件过程中，应当注意保护未成年人的名誉，尊重未成年人的人格尊严，新闻报道、影视节目、公开出版物、网络等不得公开或传播未成年人的姓名、住所、照片、图像以及可能推断出该未成年人的其他资料。

对违反此规定的单位，广播电视管理及新闻出版等部门应当提出处理意见，作出相应处理。

3. 办理未成年人刑事案件，应当在依照法定程序办案和保证办理案件质量的前提下，尽量迅速办理，减少刑事诉讼对未成年人的不利影响。公安机关、人民检察院、人民法院应共同建立未成年人刑事案件快速办理机制。

4. 未成年人与成年人共同犯罪的案件，一般应当分案起诉和审判；情况特殊不宜分案办理的案件，对未成年人应当采取适当的保护措施。

5. 在未成年犯罪嫌疑人、被告人被讯问或者开庭审理时，应当通知其法定代理人或合适成年人到场。看守所经核对身份无误后，应当允许法定代理人或合适成年人与办案人员共同进入讯问场所。

对未成年人采取拘留、逮捕等强制措施后，除有碍侦查或者无法通知的情形以外，应当在24小时以内通知其法定代理人或家属。

对法定代理人无法通知、有碍侦查、身份不明、已亡故或下落不明、监护能力丧失或不足、无法及时到场等情形的，经未成年犯罪嫌疑人、被告人同意，办案单位应通知专业社会工作者、学校教师、共青团干部、青保干部、“关心下一代工作委员会”工作人员或离退休干部等合适成年人到场，行使法定代理人的部分诉讼权利。未成年犯罪嫌疑人不同意合适成年人到场的，办案单位应当同意，并将情况记录在案。

讯问未成年犯罪嫌疑人、被告人，应当根据该未成年人的特点和案件情况，制定详细的讯问提纲，采取适宜该未成年人的方式进行，讯问用语应当准确易懂。讯问不需要逮捕、拘留的未成年犯罪嫌疑人、被告人，可以传唤到办案机关指定场所进行，一般不宜到其所在学校或工作单位进行讯问。讯问时，应当告知其依法享有的诉讼权利，告知其如实供述案件事实的法律规定和意义，核实其是否有自首、立功、检举揭发等表现，听取其有罪的供述或者无罪、罪轻的辩解。讯问女性未成年犯罪嫌疑人、被告人，应当由女性办案人员进行或者有女性办案人员参加。讯问未成年犯罪嫌疑人、被告人一般不得使用戒具，对于确有人身危险性，必须使用戒具的，在现实危险消除后，应当立即停止使用。

6. 办理未成年人刑事案件，应当结合对未成年犯罪嫌疑人背景情况的社会调查，注意听取未成年人本人、法定代理人、辩护人、被害人等有关人员的意见，分析未成年人犯罪的主客观原因。应当注意未成年犯罪嫌疑人、被告人是否有被胁迫情节，是否存在成年人教唆犯罪、传授犯罪方法或者利用未成年人实施犯罪的情况，依法打击操纵未成年人犯罪的成年人。

7. 公安机关办理未成年人刑事案件，对未成年人应进行风险评估，对未成年人应优先考虑适用非羁押性强制措施，加强有效监管；羁押性强制措施应依法慎用，比照成年人严格适用条件。对于经过考察，犯罪情节轻微不需要移送起诉的，可以不移送起诉，根据案件的不同情况，予以训诫或责令其悔过、赔礼道歉。公安机关提请批准逮捕未成年犯罪嫌疑人，应当提供证明该未成年人有逮捕必要的相关证据，并在相关法律文书中进行说明论证。办理未成年人刑事案件不以拘留率、逮捕率或起诉率作为工作考核指标。

对被羁押的未成年人应当与成年人分别关押、管理，有条件的看守所可以设立专门的未成年人监区。有条件的看守所可以对被羁押的未成年人区分被指控犯罪的轻重、类型分别关押、管理。

未成年犯罪嫌疑人、被告人入所后服从管理、依法变更强制措施不致危害社会，能够保证诉讼正常进行的，公安机关、人民检察院、人民法院应当及时变更强制措施；律师应提请有关办案部门办理其他非羁押性强制措施。

建立由市综治委牵头，相关职能部门参与协作的市区街镇三级涉罪未成年人观护帮教体制，对于来沪未成年犯罪嫌疑人、被告人，具备在沪有监护人、或有相对固定工作单位或就读学校、或有相对固定住所条件的，采用非羁押性强制措施不致危害社会，一般应当采取非羁押措施，确保诉讼顺利进行。

在第一次对未成年犯罪嫌疑人讯问时或自采取强制措施之日起，公安机关应当告知未成年人及其法定代理人有关诉讼权利和义务，在告知其有权委托辩护人的同时，应当告知其如果经济困难，可以向法律援助机构申请法律援助，并提供程序上的保障。

8. 人民检察院办理未成年人刑事案件，应当讯问未成年犯罪嫌疑人，坚持依法少捕慎诉，作好风险评估。审查逮捕未成年人，应当专门审查其逮捕必要性；审查起诉在押未成年人，应当审查其是否有必要继续羁押。对于犯罪情节轻微，依照刑法不需要判处刑罚或者免除刑罚的，在经过必要的考察教育后，可以作出不起诉决定。对于必须起诉的未成年人刑事案件，查明未成年被告人具有法定从轻、减轻情节及悔罪表现的，应当提出从轻或者减轻处罚的建议；符合法律规定的非监禁刑条件的，应当明确提出适用非监禁刑的量刑建议。办理未成年人刑事案件不以批捕率、起诉率等情况作为工作考核指标。

在审查批捕和审查起诉阶段，人民检察院应当告知未成年犯罪嫌疑人及其法定代理人有关诉讼权利和义务，在告知其有权委托辩护人的同时，应当告知其如果经济困难，可以向法律援助机构申请法律援助，并提供程序上的保障。

人民检察院应当加强对未成年人刑事案件侦查、审判、监管和刑罚执行活动的法律监督，建立长效监督机制，切实防止和纠正违法办案、侵害未成年人合法权益的行为。

9. 未成年犯罪嫌疑人及其法定代理人提出委托辩护人意向，但因经济困难没有委托的，公安机关、人民检察院应当依法在当地的法律援助机构为其申请法律援助提供帮助。

开庭时未满十八周岁的未成年被告人没有委托辩护人的，人民法院应当指定承担法律援助义务的律师为其提供辩护。

10. 对开庭审理时未满十六周岁的未成年人刑事案件，一律不公开审理。对开庭审理时已满十六周岁未满十八周岁的未成年人刑事案件，一般也不公开审理；如有必要公开审理的，必须经本级人民法院院长批准，并应适当限制旁听人数和范围。

11. 司法行政机关所属的未成年犯管教所和社区矫正工作部门应当了解服刑未成年人的身心特点，加强心理辅导，开展有益未成年人身心健康的活动，进行个别化教育矫治，比照成年人适当放宽报请减刑、假释等条件。

12. 对于未成年犯罪嫌疑人、被告人及其法定代理人的法律援助申请，法律援助机构应当优先审查；经审查符合条件的，应当提供法律援助。人民法院为未成年被告人指定辩护的，法律援助机构应当提供法律援助。

（二）未成年被害人、证人合法权益的保护

1. 办理未成年人刑事案件，应当注意保护未成年被害人的合法权益，注意对未成年被害人进行心理疏导和自我保护教育。

2. 办理未成年人刑事案件，应当注意保护未成年被害人的名誉，尊重未成年被害人的人格尊严，新闻报道、影视节目、公开出版物、网络等不得公开或传播该未成年被害人的姓名、住所、照片、图像以及可能推断出该未成年人的资料。

对违反此规定的单位，广播电视管理及新闻出版等部门应当提出处理意见，作出相应处理。

3. 对未成年被害人、证人，特别是性犯罪被害人进行询问时，应当依法选择有利于未成年人的时间和场所，采取和缓的询问方式进行，并通知法定代理人到场。

对性犯罪被害人进行询问，一般应当由女性办案人员进行或者有女性办案人员在场。

法定代理人无法或不宜到场的，可以经未成年被害人、证人同意或按其意愿通知有关合适成年人到场。应当注意避免因询问方式不当而可能对其身心产生的不利影响。

4. 办理未成年人刑事案件，应当告知未成年被害人及其法定代理人诉讼权利义务、参与诉讼方式。除有碍案件办理的情形外，应当告知未成年被害人及其法定代理人案件进展情况、案件处理结果，并对有关情况予以说明。

对于可能不立案或撤销案件、不起诉、判处非监禁刑的未成年人刑事案

件，应当听取未成年被害人及其法定代理人的意见。

5. 对未成年被害人及其法定代理人提出委托诉讼代理人意向，但因经济困难没有委托的，公安机关、人民检察院、人民法院应当帮助其申请法律援助，法律援助机构应当依法为其提供法律援助。

6. 未成年被害人、证人经人民法院准许的，一般可以不出庭作证，或在采取相应保护措施后出庭作证。

7. 公安机关、人民检察院、人民法院、司法行政机关应当推动未成年犯罪嫌疑人、被告人、罪犯与被害人之间的和解，可以将未成年犯罪嫌疑人、被告人、罪犯赔偿被害人的经济损失、取得被害人谅解等情况作为酌情从轻处理或减刑、假释的依据。

三、进一步加强公安机关、人民检察院、人民法院、司法行政机关的协调与配合

公安机关、人民检察院、人民法院、司法行政机关在办理未成年人刑事案件中建立的相互协调与配合的工作机制，是我国未成年人司法制度的重要内容，也是更好地维护未成年人合法权益、预防和减少未成年人违法犯罪的客观需要。为此，各级公安机关、人民检察院、人民法院、司法行政机关应当注意工作各环节的衔接和配合，进一步建立、健全配套工作制度。

（一）对未成年犯罪嫌疑人、被告人的社会调查

公安机关、人民检察院、人民法院、司法行政机关在办理未成年人刑事案件和执行刑罚时，应当综合考虑案件事实和社会调查报告的内容。

1. 社会调查由未成年犯罪嫌疑人、被告人户籍所在地或居住地的司法行政机关社区矫正工作部门负责。司法行政机关社区矫正工作部门可联合相关部门开展社会调查，或委托共青团组织以及其他社会组织协助调查。

社会调查机关应当对未成年犯罪嫌疑人的性格特点、家庭情况、社会交往、成长经历、是否具备有效监护条件或者社会帮教措施，以及涉嫌犯罪前后表现等情况进行调查，并作出书面报告。

对因犯罪嫌疑人不讲真实姓名、住址，身份不明，无法进行社会调查的，社会调查机关应当作出书面说明。

2. 公安机关在办理未成年人刑事案件时，应当收集有关犯罪嫌疑人办案期间表现或者具有逮捕必要性的证据，并及时通知司法行政机关社区矫正工作部门开展社会调查；在收到社会调查机关作出的社会调查报告后，应当认真审查，综合案情，作出是否提请批捕、移送起诉的决定。

公安机关提请人民检察院审查批捕或移送审查起诉的未成年人刑事案

件，应当将犯罪嫌疑人办案期间表现及平时表现等材料和经公安机关审查的社会调查报告等在公安机关规定的时限内随案移送人民检察院。社区矫正工作部门无法进行社会调查的或无法在规定期限内提供社会调查报告的书面说明等材料也应当随案移送人民检察院。

3. 人民检察院在办理未成年人刑事案件时，应当认真审查公安机关移送的社会调查报告或无法进行社会调查的书面说明、办案期间表现等材料，全面掌握案情和未成年人的身心特点，作为教育和办案的参考。对于公安机关没有随案移送上述材料的，人民检察院可以要求 公安机关提供，公安机关应当提供。人民检察院也可以另行委托有关部门或社会团体进行补充社会调查。

人民检察院提起公诉的未成年人刑事案件，社会调查报告、办案期间表现等材料应当随案移送人民法院。

4. 人民法院在办理未成年人刑事案件时，应当全面审查人民检察院移送的社会调查报告或无法进行社会调查的书面说明、办案期间表现等材料，并将社会调查报告作为教育和量刑的参考。对于人民检察院没有随案移送上述材料的，人民法院可以要求人民检察院提供，人民检察院应当提供。人民法院也可以另行委托有关部门或社会团体进行补充社会调查。

人民法院应当在判决生效后，及时将社会调查报告、办案期间表现等材料连同刑罚执行文书，送达执行机关。

5. 执行机关在执行刑罚时应当根据社会调查报告、办案期间表现等材料，对未成年罪犯进行个别化教育矫治。人民法院没有随案移送上述材料的，执行机关可以要求人民法院移送，人民法院应当移送。

6. 司法行政机关社区矫正工作部门、共青团组织或其他社会组织应当接受公安机关、人民检察院、人民法院的委托，承担对未成年人的社会调查和社区矫正可行性评估工作，及时完成并反馈调查评估结果。

社会调查过程中，公安机关、人民检察院、人民法院应为社会调查员提供必要的便利条件。对于需要进入羁押场所对未成年犯罪嫌疑人、被告人进行调查的，由公安机关、人民检察院、人民法院派员陪同社会调查员进入羁押场所。

（二）未成年犯罪嫌疑人、被告人年龄的查证与审核

1. 公安机关在办理未成年人刑事案件时，应当查清未成年犯罪嫌疑人作案时的实际年龄，注意农历年龄、户籍登记年龄与实际年龄等情况。调取未成年人户籍资料应当附照发函。讯问处于临界年龄的犯罪嫌疑人，应当问

明出生日期是否为农历及其生肖属相。特别是应当将未成年犯罪嫌疑人是否已满十四、十六、十八周岁的临界年龄，作为重要案件事实予以查清。

公安机关移送人民检察院审查批捕和审查起诉的未成年人刑事案件，应当附有未成年犯罪嫌疑人已达到刑事责任年龄的证据。对于没有充分证据证明未成年犯罪嫌疑人作案时已经达到法定刑事责任年龄且确实无法查清的，公安机关应当依法作出有利于未成年人的认定和处理。

2. 人民检察院在办理未成年人刑事案件时，如发现年龄证据缺失或者不充分，或者未成年犯罪嫌疑人及其法定代理人基于相关证据对年龄证据提出异议等情况，可能影响案件认定的，在审查批捕时，应当要求公安机关补充证据，公安机关不能提供充分证据的，应当作出不予批准逮捕的决定，并通知公安机关补充侦查；在审查起诉过程中，应当退回公安机关补充侦查或自行侦查。补充侦查仍不能证明未成年人作案时已达到法定刑事责任年龄的，人民检察院应当依法作出有利于未成年犯罪嫌疑人的认定和处理。

3. 人民法院对提起公诉的未成年人刑事案件进行审理时，应当着重审查未成年被告人的年龄证据。对于未成年被告人年龄证据缺失或者不充分，应当通知人民检察院补充提供或调查核实，人民检察院认为需要进一步补充侦查向人民法院提出建议的，人民法院依法可以延期审理。没有充分证据证明被告人实施被指控的犯罪时已经达到法定刑事责任年龄且确实无法查明的，人民法院应当依法作出有利于未成年被告人的认定和处理。

（三）对未成年犯罪嫌疑人、被告人的教育、矫治

1. 公安机关、人民检察院、人民法院、司法行政机关在办理未成年人刑事案件和执行刑罚时，应当结合具体案情，采取符合未成年人身心特点的方法，开展有针对性的教育、感化、挽救工作。

对于因犯罪情节轻微不立案、撤销案件、不起诉或判处非监禁刑、免予刑事处罚的未成年人，公安机关、人民检察院、人民法院应当视案件情况对未成年人予以训诫、责令具结悔过、赔礼道歉、责令赔偿等，并要求法定代理人或其他监护人加强监管。同时，公安机关、人民检察院、人民法院应当配合有关部门落实社会帮教、就学就业和生活保障等事宜，并适时进行回访考察。

因不满刑事责任年龄不予刑事处罚的未成年人，应当责令法定代理人或其他监护人加以管教，并落实就学事宜。学校、法定代理人或其他监护人无力管教或者管教无效，适宜送专门学校的，可以按照有关规定将其送专门学校。必要时，可以根据有关法律对其收容教养。

2. 公安机关应当配合司法行政机关社区矫正工作部门开展社区矫正工作，建立协作机制，切实做好未成年社区服刑人员的监督，对脱管、漏管等违反社区矫正管理规定的未成年社区服刑人员依法采取惩戒措施，对重新违法犯罪的未成年社区服刑人员及时依法处理。人民检察院依法对社区矫正活动实行监督。

3. 人民检察院派员出庭依法指控犯罪时，要适时对未成年被告人进行教育。

4. 在审理未成年人刑事案件过程中，人民法院在法庭调查和辩论终结后，应当根据案件的具体情况组织到庭公诉人员及其他的诉讼参与人对未成年被告人进行教育。对于判处非监禁刑的未成年人，人民法院应当在判决生效后及时将有关法律文书送达未成年人户籍所在地或居住地的司法行政机关社区矫正工作部门。

5. 未成年犯管教所可以进一步开展完善试工试学工作。对于决定暂予监外执行和假释的未成年犯，未成年犯管教所应当将社会调查报告、服刑期间表现等材料及时送达未成年人户籍所在地或居住地的司法行政机关社区矫正工作部门。

6. 司法行政机关社区矫正工作部门应当在公安机关配合和支持下负责未成年社区服刑人员的监督管理与教育矫治，做好对未成年社区服刑人员的日常矫治、行为考核和帮困扶助、刑罚执行建议等工作。

对未成年社区服刑人员应坚持教育矫正为主，并与成年人分开进行。

对于被撤销假释、缓刑的未成年社区服刑人员，司法行政机关社区矫正工作部门应当及时将未成年人社会调查报告、社区服刑期间表现等材料送达当地负责的公安机关和人民检察院。

7. 各级司法行政机关应当加大安置帮教工作力度，加强与社区、劳动和社会保障、教育、民政、共青团等部门、组织的联系与协作，切实做好刑满释放、解除劳动教养未成年人的教育、培训、就业、戒除恶习、适应社会生活及生活保障等工作。

8. 对未成年犯的档案应严格保密，建立档案的有效管理制度，与成年人的档案分开管理；对违法和轻微犯罪的涉罪未成年人，有条件的区县可以试行行政处罚和轻罪记录消灭制度。非有法定事由，不得公开未成年人的行政处罚记录和被刑事立案、采取刑事强制措施、不起诉或因轻微犯罪被判处刑罚的记录。

四、建立健全办理未成年人刑事案件配套工作的协调和监督机制

建立健全办理未成年人刑事案件配套工作的协调和监督机制，开展规范有序的协调监督工作，是促进未成年人司法配套工作体系建设，形成工作合力的重要举措。

1. 上海市综治委预防青少年违法犯罪工作领导小组是办理未成年人刑事案件配套工作的综合协调机构，应当定期主持召开未成年人司法工作联席会议，及时研究协调解决存在的问题和困难，总结推广成熟有效的工作经验。

2. 上海市综治委预防青少年违法犯罪工作领导小组应当协调有关部门和社会组织做好被帮教未成年人的就学、就业及生活保障等问题。

3. 上海市综治委预防青少年违法犯罪工作领导小组负责每年对公安机关、人民检察院、人民法院、司法行政机关执行《意见》及未成年人司法制度建设的情况进行考评，考评结果纳入平安建设、社会治安综合治理目标考核体系。对于在办理未成年人刑事案件过程中涌现出的先进集体和个人予以表彰。

重庆市社会治安综合治理委员会办公室
重庆市高级人民法院　重庆市人民检察院
重庆市公安局　重庆市司法局
共青团重庆市委员会

重庆市办理未成年人案件配套工作暂行办法

2011 年 6 月 29 日　　　　渝高法发〔2011〕243 号

第一章　总　　则

第一条　为进一步做好我市未成年人司法保护工作，根据《中华人民共和国刑事诉讼法》、《中华人民共和国刑法》、《中华人民共和国未成年人保护法》、《中华人民共和国预防未成年人犯罪法》以及中央综治委预防青少年违法犯罪工作领导小组、最高人民法院、最高人民检察院、公安部、司法部、共青团中央《关于进一步建立和完善办理未成年人刑事案件配套工作体系的若干意见》和有关司法解释的规定，结合我市未成年人司法保护工作实际，特制定本办法。

第二条　依照"教育、感化、挽救"的方针和"教育为主，惩罚为辅"的原则，各级公安机关、人民法院、人民检察院、司法行政机关在办理未成年人案件过程中，应当以"未成年人最佳利益为首要考虑"，加强沟通、协调、监督与配合。

第三条　办案过程中，各部门应当按照法律规定，执行法定程序，在法律的框架内积极探索创新，运用司法的职能，全面保护未成年人合法权益。

第二章　组织机构及职责

第四条　重庆市高级人民法院、重庆市人民检察院、重庆市公安局、重庆市司法局、共青团重庆市委员会分别组织实施，互相加强沟通配合。重庆市社会治安综合治理委员会办公室进行必要的指导、协调和督查。

第五条 重庆市高级人民法院、重庆市人民检察院、重庆市公安局、重庆市司法局应当分别成立指导办理未成年人刑事案件的专门机构或专门小组，负责未成年人案件办理工作以及对基层工作开展、探索创新进行指导。

第六条 各级公安机关应当设立办理未成年人刑事案件指导机构。派出所和刑侦治安部门可以设立办理未成年人刑事案件的专门机构或专门小组，条件不具备的，应当指定专人办理。

第七条 重庆市人民检察院应当设立指导办理未成年人刑事案件专门机构。各分院、区、县（自治县）人民检察院一般应当设立办理未成年人刑事案件的专门机构或专门小组，条件不具备的，应当指定专人办理。

第八条 重庆市高级人民法院应在已设立少年法庭指导小组基础上，在刑事审判庭内设立审理未成年人案件的专门机构，同时负责调研、指导全市法院少年法庭工作。市各中级人民法院和基层人民法院一般应当建立审理未成年人案件的专门机构。有条件的中、基层人民法院可以设立独立建制的未成年人案件综合审判庭或者未成年人刑事案件审判庭（以下简称少年审判庭），未设独立建制少年审判庭的，应当在刑事审判庭内设立未成年人案件合议庭。

第九条 各级司法行政机关法律援助中心、社区矫正部门应当设立专门小组，条件不具备的应当指定专人，负责办理未成年人法律援助事务和社区矫正工作。

第三章 涉案未成年人合法权益保护

第十条 公安机关、人民检察院、人民法院、司法行政机关办理未成年人刑事案件，应当加强同教育、民政、人力资源和劳动保障等政府部门、共青团、妇联、工会等人民团体以及未成年人保护组织等有关社会团体的联系，共同做好未成年犯罪嫌疑人、被告人和未成年罪犯的救助、教育、改造和回归社会的工作。

第十一条 办理未成年人刑事案件，应当注意保护未成年人的名誉，尊重未成年人的人格尊严，不得公开披露未成年被害人、证人、犯罪嫌疑人、被告人、罪犯的姓名、住所、照片、图像等以及可能推断出该未成年人的材料。

第十二条 公安机关、人民检察院、人民法院办理未成年人刑事案件，应当告知未成年犯罪嫌疑人、被告人及其法定代理人诉讼权利。

第十三条 公安机关办理未成年人刑事案件，应当坚持依法严格限制和尽量减少适用羁押强制措施，对具备监管条件的未成年犯罪嫌疑人，优先考虑适用非羁押强制措施并加强有效监管。

对属外来流动人口的未成年犯罪嫌疑人、被告人，如果犯罪情节较轻，没有社会危险性或社会危险性较小，在犯罪地有监护人或其他成年亲属，且监护人或该成年亲属有固定住所或经济收入，愿意担保并积极配合对涉案未成年人进行监管的，不予刑事拘留或者逮捕。

涉案未成年人是在校学生的，对羁押强制措施和监禁刑的适用，应该审慎，尽量使涉案未成年人能够继续留校学习。

对被羁押的未成年人应当坚持与成年人分开关押、管理，有条件的看守所可以设立专门的未成年人监区。

第十四条 未成年人与成年人共同犯罪的案件，一般应当分案办理。

人民法院对应当分案起诉而未分案起诉的未成年人和成年人共同犯罪的案件，可以向同级人民检察院提出分案起诉建议。

第十五条 办案单位在询问未成年被害人、证人时，应当通知其法定代理人到场。

到场的法定代理人认为办案人员在询问过程中侵犯未成年人合法权益的，可以提出意见。到场的法定代理人意见应当记入询问笔录。询问笔录应当交到场的法定代理人阅读或向其宣读。

询问遭受性侵害的未成年被害人，应当由同性工作人员进行。

第十六条 对于未成年人犯罪案件，在讯问和审判时，应当通知其法定代理人到场。

通知其法定代理人到场确有困难的，也可以通知“合适成年人”到场。到场的法定代理人或“合适成年人”认为办案人员在讯问、审判中侵犯未成年人合法权益的，可以提出意见。到场的法定代理人或“合适成年人”的意见应当记入讯问笔录、法庭审理笔录，笔录应当交给到场法定代理人或“合适成年人”阅读或者向其宣读。

第十七条 对未成年犯罪嫌疑人在第一次讯问时或自采取强制措施之日起，公安机关应当告知未成年人及其法定代理人有关诉讼权利和义务，在告知其可以聘请律师的同时，应当告知其如果经济困难，可以向法律援助机构申请法律援助，并提供程序上的保障。

第十八条 在审查批捕（审查起诉）阶段，人民检察院应当告知未成年犯罪嫌疑人及其法定代理人有关诉讼权利和义务，在告知其有权委托律师（辩护人）的同时，应当告知其如果经济困难，可以向法律援助机构申请法律援助，并提供程序上的保障。

第十九条 侦查阶段律师介入后，应当在检察机关批准逮捕以前，及时调查涉案未成年人的监管等情况，对涉案未成年人的人身危险性进行初步评价，形成《律师介入报告》提交检察机关。检察机关审查批捕时，综合律师的报告及案情，依据“可捕可不捕的不捕”的原则，慎重作出批准逮捕或不予批准逮捕决定。

第二十条 办理未成年人刑事案件，应当结合对未成年人背景情况的社会调查，注意听取法定代理人、律师、辩护人、被害人和合适成年人的意见。

第二十一条 对未成年犯罪嫌疑人、被告人原则上不得使用械具。有逃跑、行凶、自杀等情形以及其他现实危险，确有必要使用械具的，在上述情形或其他现实危险消除后，应当立即停止使用。

第二十二条 人民检察院审查起诉未成年人刑事案件，根据未成年犯罪嫌疑人涉案事实、主观恶性、监管条件等，综合衡量其社会危害性、再犯可能性，坚持依法“可诉可不诉的不诉”原则，慎重作出是否起诉的决定。

第二十三条 具备条件的人民检察院、人民法院可以根据案件的需要，对涉案未成年人开展心理咨询、心理辅导，进行心理分析及再犯可能性的评估，并形成书面报告。

第二十四条 人民检察院依法提起公诉的案件，应当在起诉书后附书面量刑意见书，并阐明量刑建议的理由。建议人民法院适用缓刑的，应当提供证实未成年被告人能够获得有效监护、帮教的书面材料。

第二十五条 人民法院审理未成年人刑事案件，应当谨慎定罪量刑，依法坚持“可定罪可不定罪的不定，可监禁可不监禁的不监禁”原则。

第二十六条 对于未成年罪犯减刑、假释案件，应当比照成年人放宽条件。对于具备社区监管、矫治条件的，应当加大假释适用的力度。

第二十七条 人民法院审理未成年人刑事案件，应当注重对未成年被告人的法庭教育。法庭教育的主要内容包括对相关法律法规的理解，未成年被告人实施被指控行为的原因剖析，应当吸取的教训，犯罪行为对社会、家庭、个人的危害和是否应当受刑罚处罚，如何正确对待人民法院的裁判，接受社区矫正或者在监管场所服刑应当注意的问题等。人民法院可以邀请有利于教育、感化、挽救未成年被告人的人员参加法庭教育。

检察机关派员出庭支持公诉的案件，出庭的检察人员应当在法庭的主持下参与法庭教育。

第二十八条 社会调查员、心理咨询师、特邀帮教人员因帮教矫治的需要，人民法院可以通知社会调查员、心理咨询师、特邀帮教人员到庭参加法庭教育。

第二十九条 人民法院审理未成年人刑事案件，对通过社会调查形成的反映未成年人性格特点、家庭情况、社会交往、成长经历以及实施被指控犯罪前后表现等情况的社会调查报告，应当进行庭审质证，认真听取控辩双方对调查报告的意见，量刑时予以综合考虑。

第三十条 人民法院审理未成年人刑事案件，根据未成年人的身心特点，对未成年被告人轻微犯罪或者过失犯罪，可以采取圆桌审判方式。

第三十一条 人民法院应当主要从共青团、妇联、工会、学校等组织的工作人员中选任审理未成年人案件的人民陪审员。审理未成年人案件的人民陪审员应当熟悉未成年人身心特点，具备一定的青少年教育学、心理学和社会学知识，并经过必要的培训。

第三十二条 人民法院审理未成年人刑事案件，在向未成年被告人及其法定代理人、辩护人送达起诉书副本的同时，应当向其送达检察机关的量刑建议书，并告知其可以在法庭上进行量刑答辩。

法庭辩论阶段，应当设置相对独立的量刑辩论程序，充分听取公诉人、辩护人、未成年被告人及其法定代理人的量刑意见，主持控辩双方进行量刑辩论。

决定适用简易程序开庭审理的，法官根据案件需要可以通知公诉人出庭，参与法庭教育和量刑辩论。公诉人收到出庭通知书后应当出庭。

人民法院判决应当对是否采纳人民检察院量刑建议和理由予以表述。

第三十三条 人民法院对于可能适用非监禁刑的未成年人刑事案件，应当征求未成年人住所地社区矫正组织的意见。

第三十四条 在未成年犯管教所服刑的未成年人没有完成义务教育的，未成年犯管教所应当对未成年人进行义务教育。在社区接受矫正的未成年社区服刑人员没有完成义务教育的，社区矫正部门应当积极联系教育部门，帮助落实复学和就学。

第三十五条 犯罪时未满十八周岁，被判处五年有期徒刑以下刑罚的，司法机关以及相关部门应当对相关犯罪记录予以封存。犯罪记录被封存的，除司法机关为办案和根据法律规定需要查询的以外，不得向任何机关、单位和个人提供。

犯罪记录被封存的人员，又实施故意犯罪行为的，对其犯罪记录应当解除封存。

第三十六条 人民法院对于审结的涉及未成年人权益保护的民事案件，视涉案未成年人权益维护的需要，可以要求人民检察院参与判后延伸观护。观护过程中发现未成年人权益受到侵害，应当及时支持起诉。

第四章　社会调查

第三十七条　公安机关在办理未成年人刑事案件时，认为有必要的，可以在侦查阶段委托司法行政机关对未成年犯罪嫌疑人的性格特点、家庭情况、社会交往、成长经历以及实施涉案行为前后表现等背景情况进行社会调查，作为采取或者变更强制措施的参考依据。社会调查报告应当随案移送至人民检察院。

第三十八条　人民检察院审查起诉阶段，应当认真审查公安机关移送的社会调查报告及其附属材料，全面掌握案情和未成年人的身心特点。对于公安机关未委托进行社会调查的，人民检察院应当及时委托司法行政机关进行社会调查。

社会调查报告及其附属材料应当连同案卷一并移送人民法院。

人民检察院没有随案移送上述材料，人民法院可以要求人民检察院提供。

第三十九条　各级人民法院在办理未成年人刑事案件时，应当全面审查社会调查报告及其附属材料，并将社会调查报告作为法庭教育和量刑的参考。

第四十条　二审法院应当及时审查一审是否具有社会调查报告。一审没有社会调查报告或者报告内容不全面的，二审法院可以根据情况自行决定委托司法行政机关进行社会调查或补充调查。

第四十一条　人民法院应当将社区矫正组织关于未成年被告人是否适合进行社区矫正的建议纳入社会调查报告，作为法官量刑时的参考。

第四十二条　社会调查报告中的客观内容应当在判决书中予以表述。

第四十三条　司法行政机关经公安机关、人民检察院、人民法院的委托，承担对涉案未成年人的社会调查和社区矫正可行性评估工作，及时完成并反馈调查评估结果。

户籍所在地或者经常居住地不在本市的，办案机关应当通过邮寄等方式委托异地司法行政机关，进行社会调查。

司法行政机关无法进行社会调查或者无法在规定期限内完成社会调查的，应当书面作出说明，办案机关对说明材料应随案移送。

第四十四条　判决生效后，人民法院应当及时将社会调查报告及其附属材料连同刑罚执行文书，送达执行机关。判处非监禁刑，还应当移送监外执行罪犯刑罚执行流程卡。

未成年罪犯住所地在本市的，人民法院应将上述材料直接送达住所地公安机关法制部门签收。公安机关与司法行政机关、司法所与社区服刑人员及其帮教责任人也应实行“双向签名”制度。未成年罪犯住所地不在本市的，人民法院可以采取邮寄等方式送达上述材料。

第五章　刑事和解

第四十五条　公安机关、人民检察院、人民法院、司法行政机关应当积极推动未成年犯罪嫌疑人、被告人、未成年罪犯与被害人的和解。

人民检察院在办理未成年人轻微刑事案件时，可以委托人民调解委员会进行调解。

通过和解取得被害人谅解的，可以作为从轻处理或减刑假释的依据之一。

诉讼中的和解应当记录在案并存入案卷。

第四十六条　适用刑事和解应当具备的条件，按照相关规定执行。

第六章　合适成年人

第四十七条　“合适成年人参与刑事诉讼”是指，公安机关、人民检察院、人民法院在讯问、审判时，涉案未成年当事人法定代理人无法或不宜到场的，依法由办案单位通知熟悉涉案未成年当事人的其他成年亲属、社区（村委会）工作人员、教师、社会工作者等，或者通知负有未成年人权益保护职责的群团机构、社会组织选派符合条件的成年代表，作为诉讼参与人到场，行使法定代理人的部分诉讼权利，维护涉案未成年当事人合法权益，并履行监督、沟通、抚慰、教育等职责。

第四十八条　合适成年人到场或者出庭，应当征得未成年犯罪嫌疑人、被告人同意。

第四十九条　合适成年人作为未成年被告人法定代理人缺位的补充，履行法定代理人的职责，但不具有上诉权。

第七章　帮教安置及社区矫正

第五十条　公安机关、人民检察院、人民法院、司法行政机关在办理未成年人刑事案件时，应当结合具体案情，采取符合未成年人身心特点的方法，开展有针对性的教育、感化、挽救工作。

对于不立案或撤销案件、不起诉、判处非监禁刑或免予刑事处罚的未成年人，公安机关、人民检察院、人民法院应当视案件情况对未成年人予以训诫、责令具结悔过、赔礼道歉、责令赔偿等措施，并要求监护人加强监管，协助落实社会帮教。

第五十一条 人民检察院对于轻微犯罪而决定不起诉的未成年犯罪嫌疑人，应当根据实际情况与其所在家庭、学校、社区（村委会）、单位积极配合，进行帮教管理。

第五十二条 人民法院对于适用非监禁刑或者免于刑事处罚的未成年罪犯，应当建立回访考察制度，定期或不定期进行回访考察，并协助社区矫正组织做好未成年罪犯的社会回归工作。

第五十三条 人民检察院对虽符合起诉条件，但犯罪情节相对轻微、社会危害性相对不大的未成年人犯罪案件，根据未成年犯罪嫌疑人的悔罪表现，可以决定不立即提起公诉，对其设置一定考察期，对在考察期内未成年犯罪嫌疑人全面履行附加条件的，作出不起诉决定，否则，依法提起公诉。

人民法院可以根据案件以及未成年被告人的具体情况，于开庭审理后宣判前设置考察期，在有关组织配合下，对未成年被告人的表现进行判前综合考察。考察期结束后，根据其在考察期中的表现，决定如何适用刑罚。

考察期间可以根据具体情况发出《社会服务建议书》，在有关组织的协助下，将未成年犯罪嫌疑人、被告人参与社会服务或者义务劳动的情况纳入考察的内容。参与社会服务或者义务劳动限于已经年满十六周岁的未成年犯罪嫌疑人、被告人。

第五十四条 公安机关应当配合司法行政机关社区矫正工作部门开展社区矫正工作，建立协作机制，切实做好未成年社区服刑人员的监督，对脱管、漏管等违反社区矫正管理规定的未成年社区服刑人员依法采取惩戒措施，对重新违法犯罪的未成年社区服刑人员及时依法处理。

人民检察院依法对社区矫正活动实行监督。

第五十五条 司法行政机关社区矫正工作部门应当在公安机关配合和支持下负责未成年社区服刑人员的监督管理与教育矫治，做好对未成年社区服刑人员的日常矫治、行为考核和帮困扶助、刑罚执行建议等工作。

对未成年社区服刑人员应坚持教育矫正为主，并与成年人分开进行。

对于被撤销假释、缓刑的未成年社区服刑人员，司法行政机关社区矫正工作部门应当及时将未成年人社会调查报告、社区服刑期间表现等材料送达当地负责的公安机关和人民检察院。

第五十六条 各级司法行政机关应当加大安置帮教工作力度，加强与社区、劳动和社会保障、教育、民政、共青团等部门、组织的联系与协作，切实做好刑满释放、解除劳动教养未成年人的教育、培训、就业、戒除恶习、适应社会生活及生活保障等工作。

第五十七条 人民法院可以根据人员配置的情况设置专职考察员，负责联系社区矫正组织，并协助社区矫正组织开展对未成年罪犯的回访、考察和帮教工作。

第八章 考核与奖惩

第五十八条 重庆市高级人民法院、重庆市人民检察院、重庆市公安局、重庆市司法局应当对办理未成年人案件配套工作进行部署，并在各自系统内建立和完善相关制度和规定，制定相应考核目标，建立奖励机制。

第五十九条 人民法院、人民检察院、公安机关、司法行政机关对办理未成年人案件的专门机构和人员，应当采用不同于办理普通案件的工作绩效指标进行考核。

第九章 附 则

第六十条 公安机关、人民检察院、人民法院、司法行政机关可以在同级社会治安综合治理部门的主持下，建立未成年人案件联席会议机制，加强跨部门合作。

第六十一条 本办法自2011年8月1日施行。

浙江省宁波市中级人民法院
浙江省宁波市人民检察院　浙江省宁波市公安局
浙江省宁波市司法局
关于审理未成年人刑事案件若干问题的指导意见

2011 年 4 月 26 日　　甬中法〔2011〕15 号

为正确审理未成年人刑事案件，进一步规范本市未成年人刑事案件审判活动，更好地贯彻“教育为主，惩罚为辅”原则，执行“教育、感化、挽救”方针，积极参与社会治安综合治理，根据《中华人民共和国刑法》、《中华人民共和国刑事诉讼法》和相关司法解释、规范性文件规定，结合本市未成年人刑事案件审判实践，制定本意见。

一、被告人年龄认定

（一）人民法院审理未成年人刑事案件时，应当着重审查未成年被告人的年龄证据。对证据缺失或者不充分的，公诉案件应当通知公诉机关补充提供或调查核实；自诉案件应当自行调查核实，并记录在案。

经查证，确实无法查明被告人真实年龄，而根据被告人自报年龄或者推定作出认定的，应在裁判文书中注明“自报”，或说明推定的理由。

（二）审理未成年人刑事案件，应当查明被告人实施被指控的犯罪时的年龄，并在裁判文书中明确写明被告人的出生年、月、日。

没有充分证据证明被告人实施被指控的犯罪时已经达到法定刑事责任年龄，且确实无法查明的，应当依法作出有利于未成年被告人的认定和处理。

（三）被告人年龄的认定，原则上应采信被告人户籍所在地公安机关出具的户籍证明。

对公诉机关仅以网载身份资料作为证明被告人身份情况证据举证的，特别是被告人系未成年，或者被告人刑事责任年龄节点认定存疑的，应要求公诉机关补充调查举证。但有其他证据（如照片）可以印证该资料所证被告人身份真实性的，可依据该系列证据予以认定。

骨龄鉴定是帮助审查判断被告人年龄的一种参考依据，一般不作为证据直接在裁判文书中采用。仅在经查证，确无证据可以证明被告人身份年龄时，可以作为推定被告人年龄的证据采用。

（四）被告人及其家属或者其他诉讼参与人，提供其他证明材料证明被告人真实年龄，经查证属实的，应予认定。

其他证据与户籍证明存在矛盾，应向出具户籍证明的公安机关核实，并对其他证据的合法性、真实性进行审查。经查证，其他证据的合法性和真实性没有明显瑕疵，但其证明效力难以与公安机关出具的户籍证明抗衡的，一般不予采信。

提供的其他证据相互矛盾，或者难以得到印证，证明效力明显低于公安机关出具的户籍证明的，不予采信。

涉案证据对涉及刑事责任年龄节点认定有矛盾，确实难以判定真伪的，可以作出有利于被告人的认定。

（五）对前述因被告人自报未成年，以及根据“有利于被告人”原则而就低认定被告人年龄的，在量刑中，应根据具体情况适当从严掌握从轻处罚的调节尺度，一般不予减轻处罚。

二、法定代理人出庭

（六）未成年人刑事案件立案后，公安机关应当及时查清未成年人法定代理人的情况和联系方式，通知其到场旁听审讯。相关工作情况应记录在案，并与调取的法定代理人身份资料一起随案移送。

法定代理人无法或不宜到场的，可以经未成年人同意或按其意愿通知其他关系密切的亲属朋友、社会工作者、教师、律师等合适成年人到场。

（七）人民法院在开庭审理前，应依法通知未成年被告人的法定代理人出庭参加诉讼。法定代理人无法出庭，或者明确表示不出庭，经书面通知仍未到庭的，可以通知有条件出庭的其他监护人或者其他成年近亲属出庭，代为行使法定代理人权责。通知及反馈情况，均应记录在案。

（八）经依法通知，未成年被告人的法定代理人以及其他可以担任法定代理人的人均未到庭的，人民法院除依法为未成年被告人指定辩护人外，可以邀请合适成年人参加诉讼，行使法定代理人的部分诉讼权利和义务，协助人民法院对未成年被告人开展帮教工作。

（九）刑事附带民事诉讼案件审理中，未成年被告人的法定代理人不到庭的，对已满十六周岁不满十八周岁，离开父母长期独立生活的被告人，可以视情认定为具有完全民事行为能力，劝导附带民事诉讼原告人撤销对被告人法定代理人的附带民事诉讼，劝导无效的，可以驳回起诉，但仍须为被告人指定辩护人。

对已满十四周岁未满十六周岁，以及依靠监护人生活的已满十六周岁未满十八周岁被告人，监护人不到庭的，人民法院应告知附带民事诉讼原告人。并告知附带民事诉讼原告人在诉状中，只须将未成年被告人的监护人列为“法定代理人”即可，无须列为“法定代理人暨附带民事诉讼被告人”或者“附带民事诉讼被告人”。但对法定代理人应承担的民事责任，应在裁判文书中予以阐明，并在判决主文中作出判定。

三、几种行为的定性及处理

（十）已满十四周岁不满十六周岁的人偶尔与幼女发生性行为，情节轻微、未造成严重后果的，不认为是犯罪。

已满十六周岁不满十八周岁的人，与幼女自愿发生性行为的，以强奸罪定罪处罚。犯罪情节较轻、未造成严重后果，且在案件审理阶段与被害方达成刑事和解的，可以认定为犯罪情节轻微，免予刑事处罚，或者在量刑调节尺度范围内予以较大幅度的从轻、减轻处罚。

（十一）已满十四周岁不满十六周岁的人使用轻微暴力或者威胁手段，强行索要未成年人随身携带的生活、学习用品或者数量不大的钱财，且未造成被害人轻微伤或者不敢正常到校学习、生活等危害后果的，不认为是犯罪。

（十二）已满十四周岁不满十六周岁的人以非法占有为目的，伙同他人共同使用暴力、胁迫手段，强行索取他人钱财的，以抢劫罪定罪处罚。在共同犯罪中作用较小，主观恶性不深，造成的危害后果不大，案发后能如实交代并积极退赃的，一般应予较大幅度的减轻处罚；其中盲目跟从、在共同犯罪中未对被害人实施客观加害行为、分赃较少的，可以认定为犯罪情节轻微，免予刑事处罚。

已满十六周岁不满十八周岁的人具有前款规定情形的，可在量刑调节尺度范围内予以较大幅度的从轻、减轻处罚。

（十三）已满十六周岁不满十八周岁的人出于以大欺小、以强凌弱或者寻求精神刺激，随意殴打他人、多次对人强拿硬要或者任意损毁公私财物，扰乱学校及其他公共场所秩序，情节严重的，以寻衅滋事罪定罪处罚。

非法占有、逞强争霸等多重主观犯意掺杂，以轻微暴力、威胁手段，多次强行索取他人钱财，符合寻衅滋事犯罪特征的，以寻衅滋事罪定罪处罚。但决定刑罚时应综合考虑，避免对其从轻处罚情节重复评价。

（十四）已满十六周岁不满十八周岁的人偶尔实施盗窃、抢夺、诈骗行为，作案数额虽达到较大以上，但在构罪数额标准一倍以内，情节轻微，案发后能如实供述全部作案事实并积极退赃的，可以认定为“情节显著轻微危害不大”，不认为是犯罪。

已满十六周岁不满十八周岁的人盗窃、抢夺、诈骗未遂或者中止的，可不认为是犯罪。

（十五）已满十六周岁不满十八周岁的人盗窃自己家庭、近亲属财物构成盗窃犯罪；或者盗窃其他亲属财物构成盗窃犯罪，但盗窃数额未达到巨大，被盗窃亲属要求不予追究的，可不按犯罪处理。

伙同其他已满十六周岁不满十八周岁的人实施上述行为，如共同盗窃中的其他未成年人起主要作用的，可对其他未成年人以盗窃罪定罪处罚；作用难以查清的，均可不按犯罪处理。

（十六）已满十四周岁不满十六周岁的人盗窃、诈骗、抢夺他人财物，为窝藏赃物、抗拒抓捕或者毁灭罪证，当场使用暴力，故意伤害致人重伤或者死亡，或者故意杀人的，应当分别以故意伤害罪或者故意杀人罪定罪处罚。

已满十六周岁不满十八周岁的人犯盗窃、诈骗、抢夺罪，为窝藏赃物、抗拒抓捕或者毁灭罪证，当场使用暴力或者以暴力相威胁的，应当依照刑法第二百六十九条的规定定罪处罚。但情节轻微，同时又不具有下列情形的，可不以抢劫罪定罪处罚：

1. 使用暴力致人轻微伤以上后果；

2. 使用凶器或以凶器相威胁；

3. 入户或在公共交通工具上盗窃、诈骗、抢夺后，在户外或公共交通工具外实施上述行为。

四、量刑

（十七）对未成年罪犯适用刑罚，应当充分考虑是否有利于未成年罪犯的教育和矫正，促使其早日回归社会。

对未成年罪犯量刑，在具体考虑其实施犯罪的动机和目的、犯罪性质、情节和社会危害程度的同时，还要充分考虑犯罪时的年龄、是否初次犯罪、犯罪后的悔罪表现、个人成长经历和一贯表现等因素。对符合管制、缓刑、单处罚金或者免予刑事处罚适用条件的未成年罪犯，应当依法、优先适用管制、缓刑、单处罚金或者免予刑事处罚。

（十八）行为人在达到法定刑事责任年龄前后均实施了犯罪行为，只能依法追究其达到法定刑事责任年龄后实施的犯罪行为的刑事责任。

行为人在年满十八周岁前后实施了不同种犯罪行为，对其年满十八周岁以前实施的犯罪应当依法从轻或者减轻处罚。

行为人在年满十八周岁前后实施了同种犯罪行为，在量刑时应当考虑对年满十八周岁以前实施的犯罪，适当给予从轻或者减轻处罚；主要犯罪是在年满十八周岁以前实施的，可对全案依法予以从轻、减轻处罚。

（十九）对未成年罪犯只有罪行极其严重，且无其他从轻、减轻处罚情节的，才可以适用无期徒刑。对已满十四周岁不满十六周岁的罪犯，一般不判处无期徒刑。

（二十）对于未成年罪犯，除刑法规定“应当”附加剥夺政治权利外，一般不判处附加剥夺政治权利。

如果对未成年罪犯判处附加剥夺政治权利的，应当依法从轻判处。

对实施被指控犯罪时未成年、审判时已成年的罪犯判处附加剥夺政治权利，适用前款的规定。

（二十一）对未成年罪犯实施刑法规定的“并处”没收财产或者罚金的犯罪，应当依法判处相应的财产刑，但一般不判处没收个人全部财产；对未成年罪犯实施刑法规定的“可以并处”没收财产或者罚金的犯罪，一般不判处财产刑。

对未成年罪犯实施刑法规定的“可以单处罚金”的犯罪，且有条件支付的，一般优先适用单处罚金。

对未成年罪犯判处罚金刑时，应当依法从轻或者减轻判处，并根据犯罪情节，综合考虑其缴纳罚金的能力，确定罚金数额。但罚金的最低数额不得少于五百元人民币。

对被判处罚金刑的未成年罪犯，本人暂时无力支付罚金，其监护人或者其他人自愿代为垫付的，应当允许，并酌情予以从宽处罚。

（二十二）对未成年罪犯符合刑法第七十二条第一款规定，积极退赃或者积极赔偿、取得被害方谅解，且具备监管、帮教条件的，应当适用缓刑。

（二十三）对罪行较轻，悔罪表现好，非惯犯或有前科，并具有下列情形之一的未成年罪犯，应当依照刑法第三十七条的规定免予刑事处罚，或者优先适用免予刑事处罚：

1. 又聋又哑的人或者盲人；
2. 系防卫过当或者避险过当的；
3. 犯罪预备、中止或者未遂的；
4. 共同犯罪中的从犯、胁从犯；
5. 犯罪后自首或者有立功表现的；
6. 其他犯罪情节轻微不需要判处刑罚的。

（二十四）对未成年人刑事附带民事诉讼案件，应着重调解，争取双方当事人及其亲属的配合，力求取得刑事和解。赔偿情况，应作为量刑的重要情节予以考虑。

五、非监禁刑的适用与执行

（二十五）进一步依法加大对未成年罪犯的非监禁刑适用。积极探索建立扩大外地籍未成年罪犯非监禁刑适用机制，适度放宽适用标准，着力化解“同案不同判”问题。

（二十六）公安机关在未成年人刑事案件立案后，应当及时通过司法系统内部联网信息平台或者以书面委托方式，委托未成年被告人户籍所在地或者暂住地司法行政机关社区矫正机构，对未成年被告人的家庭情况、社会交往、一贯表现，以及是否具备有效监护条件或者社会帮教措施等情况开展社会调查。社区矫正机构接受委托后，应当及时开展调查工作。除特殊情况外，应在十个工作日内完成社会调查，并将调查情况回复委托机关。

检察机关在办理未成年人刑事案件时，应认真审查公安机关是否随案移送社会调查报告或无法进行社会调查的书面说明、办案期间表现等材料。对未随案移送上述材料的，应要求公安机关提供，公安机关应当及时提供，或者就无法提供的情况进行书面说明。

检察机关提起公诉的未成年人刑事案件，应随案移送社会调查报告或无法进行社会调查的书面说明、办案期间表现等材料。其中，对本市户籍的未成年被告人，和移送起诉时未羁押的未成年被告人，除特殊情况外，应当随案移送社会调查报告。

（二十七）人民法院对被告人可能适用非监禁刑的未成年人刑事案件，应在庭审中将社会调查报告作为量刑依据进行质证，听取当事人及诉讼参与各方的意见，并作为教育和量刑的参考。

对社区矫正机构明确表示被调查未成年被告人不适合适用非监禁刑的，一般不再考虑适用。未成年被告人及其法定代理人对社会调查报告内容有异议，反映强烈的，或者公诉机关有异议的，可在休庭后，召集相关单位、人员以听证会方式对未成年被告人的个人情况及非监禁刑适用条件进行核查，或者由人民法院重新调查核实。人民法院根据核查情况作出是否适用非监禁刑的判决，但判决论理部分需要说明非监禁刑适用与否的理由。

（二十八）办理未成年人刑事案件，应当同时注意保护未成年被害人的合法权益。对被告人可能判决适用非监禁刑的未成年人刑事案件，应当听取被害人及其法定代理人的意见，尽可能促成未成年被告人与被害人之间的和解。

（二十九）对符合法定非监禁刑条件的外地籍未成年被告人，其父母或者其他直系亲属长期暂住本市，愿意对其承担监管责任，且暂住地社区矫正机构愿意接受帮助监管、帮教，并出具社会调查报告的，一般可适用非监禁刑。

具有非监禁刑适用条件的外地籍未成年被告人或者其亲属，向人民法院提交其户籍所在地派出所或者社区矫正机构出具的同意接受监管、帮教证明的，人民法院应要求其同时提供相关部门出具的社会调查报告，并自行或者委托当地法院对相关证明、报告的真实性予以核查。经调查，该外地籍未成年被告人户籍所在的监管机构确实能够履行监管、帮教责任的，在落实判后移送执行交接事项后，可以适用非监禁刑。

（三十）对可能适用非监禁刑的未成年被告人，人民法院在下判前，应帮助社区矫正机构做好该未成年被告人判后入学、就业和落实帮教单位等工作，协助相关责任单位和个人制定帮教措施，防止出现判后监管失控情况。

（三十一）人民法院作出适用非监禁刑判决的，在判决生效后，应及时在司法系统内部联网信息平台内，根据要求填写输入相关信息数据；并在规定期限内，将判决的适用非监禁刑罪犯及其相关文书资料，移交社区矫正机构，办理移送监管手续，并与非监禁刑执行组织签订共同帮教协议。

（三十二）人民法院应制定、落实未成年罪犯判后回访考察制度。对判决适用非监禁刑的未成年罪犯建立档案，定期或不定期进行跟踪回访考察，帮助社区矫正机构进行帮扶、教育，并将回访考察情况记录备案。回访考察原则上一年不得少于一次。

（三十三）本意见于下发之日起施行。

附

社会调查报告

<table>
<tr><td rowspan="3">被调查人</td><td rowspan="3">基本情况</td><td>姓名</td><td></td><td>曾用名</td><td></td><td>性别</td><td></td></tr>
<tr><td>出生年月</td><td></td><td>文化程度</td><td></td><td>职业</td><td></td></tr>
<tr><td>住址或暂住地</td><td colspan="5"></td></tr>
<tr><td colspan="2" rowspan="6">家庭基本情况</td><td>父亲姓名</td><td></td><td>出生年月</td><td></td><td>文化程度</td><td></td></tr>
<tr><td>工作单位及职务</td><td colspan="3"></td><td>电话</td><td></td></tr>
<tr><td>住址或暂住地</td><td colspan="5"></td></tr>
<tr><td>母亲姓名</td><td></td><td>出生年月</td><td></td><td>文化程度</td><td></td></tr>
<tr><td>工作单位及职务</td><td colspan="3"></td><td>电话</td><td></td></tr>
<tr><td>住址或暂住地</td><td colspan="5"></td></tr>
</table>

主要社会交往家庭状况及	
一贯表现个性特征	
犯罪原因	
家长以及所在村、居委会、就读学校、就业单位处理意见	监护人签名： 年 月 日
	村（居）委会盖章 年 月 日
	学校（单位）盖章 年 月 日

是否具有适用非监禁刑条件和愿意接受帮教	调查机构盖章 调查人签名： 年　月　日

说明：

1. 社会调查报告由办案机关（公安局、检察院、法院）委托涉案未成年犯罪嫌疑人、被告人户籍所在地、居住地或暂住地的司法行政机关社区矫正工作部门执行。调查部门可联合相关部门开展社会调查，或委托其他社会组织协助调查。

2. 调查部门在收到社会调查委托后，应就要求调查的内容，认真、细致地开展调查工作，实事求是地在报告中客观反映情况，并对被调查人是否具有适用非监禁刑的条件、调查部门是否具备接受帮教矫正条件和落实相关帮教措施、是否愿意接受对被调查人的帮教矫正，作出明确的、负责任的表态。

3. 社会调查报告一般应在接到委托后，十个工作日内完成，并及时反馈给委托调查机关。

4. 社会调查报告将作为法院对未成年被告人进行庭审教育和量刑的重要参考依据。如涉及诉讼各方对社会调查报告内容的真实性有重大争议，法院可以重新核查，或召开听证会就争议问题展开听证评议。调查人员和调查部门负责人应出席听证会，就出具的调查报告内容的依据和观点，作出说明。

5. 为体现报告的整体、简洁、便利的需要，社会调查报告一般要求正反面打印为一张。

6. 报告的“家庭状况”部分，应查明被调查人家庭的经济状况，家庭关系（如是否无家可归、父母离异、家庭关系紧张、家人是否有犯罪、残疾或精神障碍等），父母对被调查人的监护情况（如融洽、溺爱、粗暴、放任、太严厉、失管失教、监管不严等），被调查人对家人的态度（如尊敬、服从、依赖、独立、冷淡、敌视等）。“主要社会交往”部分，主要调查被调查人与谁经常住在一起，平时交往的对象有哪些，是否有对被调查人的思想经历具有较大影响力的人等。

7. 报告的“个性特征”部分，主要调查被调查人健康状况是否良好，是否有不良嗜好（如吸毒、卖淫、不当性行为、早熟等），心理上是否有不良倾向（如认为自己被歧视或不公正对待，对生活环境有较大的不满情绪，心理焦躁、多疑，有自我伤害、自杀倾向或行为，自卑、自闭或自负，曾有精神病史等)，思维及行为异常（如暴躁、易冲动，鲁莽、缺乏对自己行为后果的认识，心胸狭隘、报复心强，易受他人控制、缺乏主见等)，爱好和特长。“一贯表现”部分，主要调查被调查人的平时表现（如在学校、单位是否受过处分，是否曾被公安机关行政处罚，是否曾犯过罪等)。

8. 报告的“犯罪原因”部分，是指被调查人此次犯罪主观动机（如过失，报复，盲目参与、逞强逞能，有强烈的占有欲，不知道是犯罪，曾打算中止犯罪等）和客观原因（如犯罪未遂、有网瘾、酗酒、经常夜不归宿或打架斗殴等不良生活习惯，家庭经济困难，厌学、因被开除或劝退等原因而辍学，因家人或朋友犯罪而被带坏，没有稳定的工作、无所事事，因生活贫困所迫，受骗、被胁迫，受黄、赌、毒影响等)。可以客观表示了解到的情况，并说明信息来源。

9. 报告的“家长意见”，包括对被调查人的认识，对刑事判决的希望、态度，需要赔偿或判处罚金的，是否愿意承担责任，假如实施社区矫正愿意承担的责任和义务等。“学校或单位、村（居）委会的评估意见”，包括被调查人在学校、单位的一贯表现，对刑事判决的看法，如判处非监禁刑是否愿意接受并落实帮教措施等。

10. 报告的“帮教条件”，是指被调查人是否有稳定的住所、生活来源和就读、就业条件，是否可处于监护人和帮教组织、矫正机构的有效监督之下，是否有悔过自新的心理和环境基础；家长对被调查人的犯罪是否持正确的认识，并能积极配合政法部门工作，有能力并重视对被调查人的管教，父母等监护人品行端正；社区治安环境良好，社区基础设施完善，社区矫正机构能够对被调查人提供有效监督、教育，学校或单位愿意并有能力帮助被调查人。

11. 本社会调查报告及相关说明，由宁波市中级人民法院未成年人案件综合审判庭和宁波市司法局劳教管理处共同设制。如有疑问，请拨打电话 87848119 咨询。

未成年人审判规范性文件

江苏省高级人民法院
关于在审判工作中全面维护
未成年人合法权益的意见（试行）

2008 年 4 月 25 日　　　　　　　　　　苏高法审委〔2008〕10 号

为在审判工作中切实加强对未成年人合法权益的全面维护，根据《中华人民共和国未成年人保护法》、《中华人民共和国预防未成年人犯罪法》及其他相关法律、法规、司法解释的规定，结合我省少年法庭审判工作实际，制定本意见。

一、一般规定

第一条　人民法院应当充分发挥审判职能，从立案、刑事审判、民事审判、行政审判、执行、审判监督等方面全面维护未成年人的合法权益。

第二条　人民法院应当设置专门审判庭（包括未成年人案件综合审判庭、未成年人刑事案件审判庭）、专门合议庭或指定专人审理未成年人犯罪案件和涉及未成年人权益保护的案件。

根据案件具体情况，可以由从事共青团、妇联、教育、工会等工作，熟悉未成年人身心特点，并经地方人大任命的人民陪审员与审判人员组成合议庭审理未成年人犯罪案件和涉及未成年人权益保护的案件。

第三条　审理未成年人犯罪案件和涉及未成年人权益保护的案件，应当重视未成年人身心发展特点，特别保护他们的人格尊严。

第四条　正确处理诉讼效率与司法保护的关系，涉及未成年人权益保护案件应当按照优先立案、优先保全、优先审理、优先执行原则，依法快办快结。

第五条　审理涉及未成年人权益保护的案件，应当依法全面保护未成年人的诉讼权利，最大限度实现未成年人的合法权益。

第六条　审理涉及未成年当事人的案件，应当有针对性地进行教育和疏导工作，帮助未成年人增强自我保护的意识，提高维护自身合法权益的能力，正确应对法律纠纷。

第七条 审理涉及未成年人权益保护的案件，应当根据保护未成年人权益的需要，在必要时依据职权调查收集证据，进行法律释明。

第八条 对于符合法律援助、司法救助条件的未成年当事人，人民法院应当依法及时为其提供法律援助、司法救助。

第九条 人民法院应当加强与政府有关部门及共青团、妇联、未成年人保护组织等有关团体的联系，共同做好未成年人权益的保护工作。

第十条 人民法院应当适当宣传审判活动，扩大办案社会效果。可以通过报纸、电视、广播等新闻媒体进行预防未成年人犯罪、维护未成年人权益的法制宣传。

注意宣传方式、方法，避免对未成年被告人造成不良影响。不得披露未成年被告人的姓名、住所、照片、图像以及可能推断出未成年被告人身份的资料。

第十一条 诉讼当事人为已成年在校学生的，可以参照涉及未成年人权益保护案件的规定办理。

二、立案

第十二条 未成年人案件综合审判庭应当受理以下案件：

（一）刑事案件

1. 被告人为未成年人的案件；

2. 共同犯罪中未成年人为首犯、主犯或未成年被告人达到一半以上的案件；

3. 被害人为未成年人的刑事附带民事诉讼案件。

（二）民事案件

1. 当事人一方或双方为未成年人的民事案件；

2. 婚姻家庭纠纷中涉及未成年人权益的案件，一般包括：抚养关系纠纷、抚育费纠纷、监护权纠纷、探视子女权纠纷；生身父母确认纠纷、确认收养关系纠纷、解除收养关系纠纷、继父母子女关系纠纷；

3. 继承纠纷案件中涉及未成年人权益的案件；

4. 申请指定监护人案件，申请撤销监护人资格案件。

（三）当事人为未成年人的行政诉讼案件。

（四）未成年罪犯的减刑、假释案件。

其他涉及未成年人权益的案件，由所在法院根据机构设置、人员配备及案件数量等实际情况自行确定。

未成年人刑事案件审判庭受理案件范围适用第一款第（一）项规定。

第十三条 未成年人案件综合审判庭、未成年人刑事案件审判庭受理的案件应当单独编号，单独统计。

第十四条 立案工作中涉及未成年人权益保护的案件，应当充分体现依法、简便、高效和优先保障的原则。

第十五条 对涉及未成年人权益保护的案件，在收案、登记、审查等环节应由专人负责。符合法定受理条件的，应在立案登记表上注明属涉及未成年人权益保护的案件，并在当天立案。确有特殊情况的，应在收到起诉材料后的第二个工作日内立案并移送相关审判庭。

第十六条 加强对涉及未成年诉讼当事人的诉讼指导，告之其诉讼权利和义务以及诉讼风险，引导其正确行使诉讼权利。

三、刑事审判

第十七条 审理未成年人犯罪的刑事案件，应当坚持教育为主、惩罚为辅的原则，实行教育、感化、挽救方针。

第十八条 应当注意掌握未成年被告人的生理和心理特点，对于构成犯罪的未成年人，应当帮助其认识犯罪原因和犯罪行为的社会危害性，做到寓教于审，惩教结合。

第十九条 开庭审理时不满十六周岁的未成年人犯罪案件，一律不公开审理。

开庭时已满十六周岁不满十八周岁的未成年人犯罪案件，一般也不公开审理。如确有必要公开审理的，须经本院院长批准，并且适当限制旁听人数和范围。

第二十条 开庭审理时不满十八周岁的未成年被告人没有委托辩护人的，应当指定承担法律援助义务的律师为其辩护。

第二十一条 向未成年被告人送达起诉书副本时，应当向其释明相关法律条款，进行适当的疏导和教育。如有必要，可以安排未成年被告人的法定代理人、其他成年近亲属或者教师等人员会见。会见时，审判人员或者司法警察应当在场。

第二十二条 开庭审理前，应当通知未成年被告人的法定代理人出庭，并向法定代理人送达起诉书副本，告知其诉讼权利、诉讼义务和在开庭审判中应当注意的有关事项。

法定代理人无法出庭，或者推卸责任、不履行义务、不适宜出庭的，应另行通知其他监护人或者其他成年近亲属出庭。法定代理人、其他监护人或者其他成年近亲属经通知不到庭的，应当记录在卷。审判人员发现法定代理人对未成年被告人的成长有不利影响或教育方法不当的，应对其进行适当教育。

第二十三条 人民法院审理未成年人犯罪案件，对依法可能判处三年以下有期徒刑、拘役的，可以委托社区矫正工作机构，对未成年被告人的家庭背景、社会交往、成长经历、个性特点、帮教条件以及实施犯罪行为前后的表现进行审前调查。

调查评价报告可以作为确认是否符合缓刑条件的参考。

第二十四条 法庭上不得对未成年被告人使用戒具。

第二十五条 审判人员应当注意未成年被告人的智力发育程度和心理状态，要态度和蔼，用语准确易懂。开庭审理中要防止过分激烈的对抗，不得有对未成年被告人诱供、讽刺、训斥或者威胁的行为。

第二十六条 应根据查明的事实，组织到庭的诉讼参与人对未成年被告人进行法庭教育。判决未成年被告人有罪的，应当在宣判后对未成年罪犯进行教育。

如果未成年被告人的法定代理人以外的其他成年近亲属或者教师、公诉人、审前调查人员等参加有利于教育、感化未成年罪犯的，合议庭可以邀请参与宣判后的教育。

适用简易程序审理的案件，仍应当对未成年被告人进行法庭教育。

第二十七条 对未成年罪犯应当依照《中华人民共和国刑法》第六十一条和《最高人民法院关于审理未成年人刑事案件具体应用法律若干问题的解释》的规定，并充分考虑未成年人实施犯罪行为的动机和目的、犯罪时的年龄、是否初次犯罪、犯罪后的悔罪表现、个人成长经历和一贯表现等因素，按照有利于未成年罪犯的教育和改造的原则，决定适用刑罚。

第二十八条 人民法院可以通过多种形式与未成年罪犯服刑场所建立联系，适时对正在服刑的未成年罪犯进行回访考察，了解未成年罪犯的改造情况，协助做好帮教、改造工作。必要时，可以敦促被收监服刑的未成年罪犯的父母或者其他监护人履行探视和关爱职责。

第二十九条 人民法院可以适时回访被判处管制、宣告缓刑、免予刑事处罚的未成年罪犯及其家庭，了解对未成年罪犯的管理和教育情况，引导未成年罪犯的家庭正确地承担管教责任。

应当注意回访的方式方法，避免对未成年罪犯造成不利影响。

第三十条 未成年罪犯的减刑、假释标准可以比照成年罪犯依法从宽。

未成年罪犯在服刑期间已经成年的，可以适用前款规定。

第三十一条 人民法院应当依法严厉惩处残害未成年人、利用未成年人实施犯罪行为等严重侵犯未成年人权益的犯罪。

四、民事审判

第三十二条 审理涉及未成年人的民事案件，应当结合未成年人的生理、心理状况，从保护未成年人身心健康出发，充分保障未成年人民事合法权益。

第三十三条 在向未成年当事人的法定代理人送达受理案件通知书或应诉通知书时，应当告知相关的诉讼权利和义务，并根据需要了解未成年当事人的家庭背景情况。

第三十四条 一般不应传唤十六周岁以下的未成年人参加庭审或其他诉讼活动，法律另有规定或者案件需要的除外。

第三十五条 人民法院在审理离婚案件中涉及未成年人抚养纠纷的，应当依照《中华人民共和国婚姻法》的相关规定，按照有利于子女身心健康、保障子女合法权益原则，根据父母双方抚养能力和条件依法裁判。

第三十六条 人民法院在审理抚育费案件中，应根据未成年人的实际需要，父母双方的经济水平和当地的实际生活水平确定抚育费的数额。

第三十七条 人民法院在审理涉及年满十六周岁以上未满十八周岁未成年人的劳动合同纠纷案件，应当依照《中华人民共和国劳动法》的相关规定，保护未成年人的合法权益。对伤残未成年人的赔偿，应从有利于未成年人生活的方面考虑并征求未成年人的意见，采用一次性赔偿或分期赔偿。

第三十八条 人民法院在审理校园伤害案件中，应依照法律、地方性法规进行处理，注重社会效果。

第三十九条 人民法院在审理涉及未成年人探视权的案件中，要充分考虑有利于未成年人身心健康、学习成长。

第四十条 在审理涉及未成年人权益的民事案件中，应充分贯彻调解原则。必要时可邀请街道、社区等社会力量参与调解。调解不成的，应及时判决。

第四十一条 人民法院制作裁判文书应当注意措辞，综合考虑未成年人的心理承受能力，涉及隐私或与案件审理无关的事项不应在裁判文书中写明，避免对未成年人造成不必要的伤害。

五、行政审判

第四十二条 对涉及未成年人的行政案件，在坚持依法审查的前提下，根据当事人自愿的原则，尽可能对案件进行协调，及时妥善化解纠纷。

第四十三条 涉及十六周岁以下未成年人的治安处罚类行政案件，一律不公开审理。

第四十四条 对各方当事人表示认可，但可能侵犯未成年人合法权益的事实认定，人民法院可以责令当事人提供或者补充相关证据，或依职权向有关行政机关以及其他组织、公民调取证据。

对涉及未成年人合法权益且当事人未能提供证据证明的事实认定，人民法院应当依职权向有关行政机关以及其他组织、公民调取证据。

第四十五条 审理涉及未成年人的治安处罚类行政案件，要按照《中华人民共和国治安管理处罚法》等相关法律法规的规定，在对行政行为合法性进行审查的同时，本着教育为主、惩罚为辅的原则对行政行为的合理性进行审查。

第四十六条 审理涉及未成年人的劳动和社会保障类行政案件，要按照《禁止使用童工规定》等相关法律法规的规定，切实保护未成年人的身心健康，维护未成年人的合法权益。

发现存在重大用工问题的，应及时向行政主管部门反映或提出司法建议。发现有残害未成年人行为，可能构成犯罪的，应及时依法移交处理。

第四十七条 审理涉及未成年人的教育类行政案件，要按照《中华人民共和国义务教育法》等相关法律规范的规定，切实保障未成年人受教育的权利。

六、执行

第四十八条 未成年人为权利人的执行案件应坚持优先执行原则，严格执行流程和审限管理，及时发还执行款物。

第四十九条 未成年人为权利人的执行案件应在规定的办理期限内尽快执结。

第五十条 执行中对未成年当事人应当慎用强制措施。对必须采取强制措施的，应当事先全面了解其相关情况以及采取强制措施后的客观效果等，并制定具体的处置突发事件预案。

对未成年人的法定代理人采取强制措施时应当避免未成年人在场，防止对未成年人身心健康造成伤害。

第五十一条 未成年当事人是权利人的，执行中可以不通知其到执行现场。未成年当事人是义务人的，执行中应通知其法定代理人到场。

执行人员不得直接到学校和其他公共场所传唤未成年当事人。

第五十二条 对未成年人拘传不得使用戒具。禁止无关人员围观，切实保护未成年人隐私。

第五十三条 未成年人因急需学习、生活、医疗等费用申请执行的，对于其中符合先予执行条件的应当依法先予执行。对确实难以及时执行到位的，可以在执行款物到位前，从人民法院“执行救助专项资金”中酌情垫付部分或全部费用，以保障未成年人正常的学习生活。

第五十四条 各级法院应建立未成年人维权特困档案。对生活特别困难的未成年申请人进行定期回访，督促被执行人按期履行。

七、附则

第五十五条 本意见自下发之日起执行。如与新的法律、司法解释的规定不一致的，按新的法律、司法解释的规定执行。

第五十六条 本意见由江苏省高级人民法院审判委员会负责解释。

广东省高级人民法院
关于进一步加强未成年人刑事审判工作的指导意见

粤高法发［2011］118号

为了进一步发挥未成年人刑事审判的职能作用，不断开创我省未成年人刑事审判工作新局面，根据《中华人民共和国未成年人保护法》、《中华人民共和国预防未成年人犯罪法》等法律以及最高人民法院有关司法解释的精神，结合我省实际情况，经省法院党组讨论决定，对我省今后一个时期加强未成年刑事审判工作提出如下意见：

一、高度重视未成年人刑事审判工作

1. 未成年人是国家和民族的未来与希望，未成年人犯罪问题已成为影响我省和谐社会构建的一个不容忽视的因素。各级法院应当认识到维护未成年人合法权益，预防、矫治未成年人犯罪，保障未成年人健康成长，是人民法院的重要职责之一。当前和今后一个时期，各级法院应当增强能动司法意识，积极探索创新，不断加强未成年人刑事审判工作。

2. 各级法院应当从实践“三个至上”工作指导思想、落实科学发展观、建设和谐社会的高度，充分认识加强未成年人刑事审判工作的重要性和必要性，积极探索最有利于未成年人和适合未成年人身心特点的审判方式，依法、及时审理好未成年人刑事案件，切实保护未成年人的合法权益。

3. 各级法院要坚持“教育、感化、挽救”的方针和“教育为主，惩罚为辅”的基本原则，继续转变刑罚观念，摆脱片面的重刑思想，坚决走出“敢于依法从严，不敢依法从宽”的误区，克服担心未成年罪犯重新犯罪影响法院形象和权威而不敢适用非监禁刑的畏难思想。对未成年罪犯，可定罪可不定罪的，不定罪；可判处刑罚可不判处刑罚的，不判处刑罚；可适用监禁刑可适用非监禁刑的，适用非监禁刑。要解决好适用非监禁刑与审前羁押措施的关系，对于罪行较轻，符合非监禁刑适用条件但审前未取保候审的罪犯，应适用非监禁刑，不应用短期自由刑代替非监禁刑的适用。

4. 各级法院应当简化对未成年罪犯适用非监禁刑案件的审批程序，对未成年被告人适用非监禁刑的，应结合犯罪主体的年龄、性别、一贯表现、罪过形式、犯罪动机、手段、是否初犯、偶犯、有无悔罪表现以及社会认同程度等因素进行综合考量。

5. 全省法院对未成年人刑事案件，应当统一编“少刑”案号。有条件的法院可以根据实际情况由未成年人刑事审判机构审理被害人系未成年人的刑事案件。

二、逐步建立健全组织机构

6. 全省各级法院应当进一步加强对未成年人刑事审判工作的组织领导和业务指导，逐步建立健全未成年人刑事审判机构，为未成年人刑事审判工作全面、健康发展创造良好条件。

7. 广东省高级人民法院设未成年人刑事案件合议庭，在少年法庭指导小组指导下，集中审理本院受理的未成年人刑事上诉和复核案件，同时负责指导全省未成年人刑事审判工作。

8. 中级人民法院设“少年法庭指导小组”，组长由副院长担任，小组成员包括涉及未成年案件的相关审判庭和行政部门负责人。少年法庭指导小组下设“少年法庭工作办公室”，负责本辖区内未成年人刑事审判的日常指导工作，深入研究少年司法工作规律和理念，总结和推广未成年人刑事审判工作经验，探索加强未成年人刑事审判工作的新举措。

9. 中级人民法院、基层人民法院应当根据未成年人刑事案件的审判需要，逐步完善未成年人刑事案件审判机构建设，应建立独立建制的少年刑事审判庭或者建立专门合议庭。

10. 全省各级人民法院未成年人刑事审判机构的设立、变更情况，应当逐级报告广东省高级人民法院少年法庭工作办公室。

三、不断加强队伍建设

11. 各级法院应当加强未成年人刑事审判队伍建设，着力建立一支高素质稳定的未成年人刑事审判队伍，着重选拔政治素质高、业务能力强、熟悉未成年人身心特点和善于做未成年人思想教育工作的法官，负责审理未成年人刑事案件。同时加强未成年人刑事审判法官的培训工作，不断提升队伍的整体素质。

12. 各级法院应当邀请共青团、妇联、工会、关心下一代工作委员会、教育等单位和机构熟悉未成年人身心特点、热心未成年人工作、具备一定的青少年教育学和心理学知识的人员担任未成年人刑事案件的人民陪审员。

13. 各级法院应当制定科学全面的未成年人刑事审判绩效考核指标，根据本地区未成年人刑事审判工作实际，将庭审以外的延伸帮教、参与社会治安综合治理等工作纳入未成年人刑事审判法官绩效考核的范围。

四、进一步完善和创新各项工作制度

14. 建立和完善分案审理制度。各级法院对未成年人与成年人共同犯罪案件，一般应当分案审理，但是具有下列情形之一的，可以不分案审理：

（一）未成年人系犯罪集团的组织者或者其他共同犯罪中的主犯的；

（二）案件重大、疑难、复杂，分案起诉可能妨碍案件审理的；

（三）涉及刑事附带民事诉讼，分案起诉妨碍附带民事诉讼部分审理的；

（四）其他不宜分案起诉情形的。

对不宜分案审理的案件，对未成年被告人应当采取适当的保护措施。

15. 完善庭前社会调查制度。省内籍未成年罪犯的庭前社会调查工作由当地社区矫正工作部门负责。各级法院可以委托团委、妇联、工会等有关社会组织或个人对外省籍未成年罪犯进行庭前社会调查。对社区矫正工作部门或法院委托的社会组织或个人出具的社会调查报告，各级法院应当全面审查并进行庭审质证，作为法庭教育、量刑和判后跟踪帮教的参考。必要时法院可以自行调查。

16. 完善圆桌审判制度。各级法院应设立专门的圆桌法庭，以较宽松的形式取代审判席高高在上的法庭设置，专门用于审理未成年被告人轻微犯罪和过失犯罪案件，以缓和庭审气氛，减轻未成年被告人的心理压力，更加有效地开展庭审和法庭教育工作。积极探索采取变音设备、单面透视玻璃等设施，全面保护未成年人被告人、被害人和证人的合法权益。

17. 完善法庭教育制度。各级法院应当在法庭调查和辩论终结后，组织未成年被告人近亲属、教师、社区帮教人员等有利于教育、感化、挽救未成年被告人的人员对未成年被告人进行法庭教育，注重剖析未成年被告人犯罪的原因、分析犯罪的社会危害性和是否应当受刑罚处罚，帮助未成年被告人认罪伏法、改过自新。

18. 完善判后跟踪帮教制度。各级法院对在未成年犯管教所服刑或者接受社区矫正的未成年罪犯，应当定时开展跟踪帮教工作。

19. 完善心理评估干预制度。各级法院应当对涉案未成年人进行心理疏导，帮助消除不良心理和情绪。具备条件的法院可以委托专业机构建立心理测评和辅导机制，提出专业评估意见，为正确适用非监禁刑和对未成年罪犯进行个性化矫治提供科学参考。

20. 完善未成年人案件“绿色通道”制度。各级法院应努力提高办理未成年人刑事案件的效率，对未成年人案件实行优先立案、优先排期开庭和优先审理，快审快结，缩短各个诉讼环节的工作时间，尽可能减少刑事诉讼对未成年人的不利影响。

21. 探索建立合适成年人制度。对未成年被告人法定代理人无法或不宜参加庭审或讯问的，可以经未成年被告人同意或按其意愿通知其他关系密切的亲属朋友、社会工作者、教师、律师等合适成年人参加庭审或讯问，以缓解我省未成年被告人法定代理人出庭率较低的问题，增强庭审教育效果。

22. 探索建立前科消灭制度。各级法院对未成年罪犯的档案应严格保密，非经主管副院长审批不得查阅；对轻微犯罪的未成年人，可与公安、检察、司法和政法委等部门联合试行轻罪记录消灭制度，尽量减少犯罪对未成年罪犯就学和就业的影响。

五、努力构建未成年人刑事审判配套工作机制

23. 各级法院应当加强与同级预防青少年违法犯罪工作领导小组、公安机关、人民检察院、司法行政机关的沟通和配合，积极建立和完善“政法一条龙”工作机制，形成有效预防、矫治和减少未成年人违法犯罪的合力。

24. 各级法院应当加强与当地公安、检察机关的沟通和配合，积极采取有效措施，提高诉前对可能适用非监禁刑的未成年犯罪嫌疑人，采取取保候审、监视居住等非羁押强制措施的比例，为扩大适用非监禁刑奠定基础。

25. 各级法院应当加强与司法行政机关的沟通和配合，推动社区矫正工作部门逐步扩大社区矫正对象的范围，将在本地具备一定监管条件的外地籍犯罪嫌疑人、被告人、罪犯纳入社区矫正范围，可以联合社区矫正工作部门探索采用电子监控装置对外地籍非监禁刑罪犯进行监管，为扩大非监禁刑适用创造条件。

26. 各级法院应当在党委政法委的领导、协调下，加强与有关职能部门、社会组织和团体的协调配合，推动制定本地区关于未成年罪犯，特别是外地未成年罪犯的社会调查、心理干预、复学安置、非监禁刑判后帮教监管等问题的规范性文件。

六、其他

27. 各级法院对外地籍未成年罪犯应当平等地适用非监禁刑，采取尽可能的办法通知其法定代理人到庭，对在我省有经常居住地，或者有学校愿意

接受就学和协助监管的，或者有社区、街道或法人愿意接收和协助监管的，或者犯罪地建有监管基地可以接收监管的，或者提供保证人进行担保的外地籍被告人，应当视为具备监管条件，依法适用非监禁刑。

28. 各级法院应当大力推动未成年人刑事案件和解工作。对于自诉案件和侵犯公民个人权利、可能被判处三年有期徒刑以下刑罚的公诉案件，要充分调动被告人、被害人所在单位、社区基层组织、辩护人、诉讼代理人等各方力量促进和解，引导双方以赔礼道歉、赔偿物质损失、履行特定义务等多种形式达成谅解，以加强刑事和解工作，扩大对未成年罪犯适用非监禁刑。

29. 各级法院应当大力推动未成年人刑事案件被害人司法救助工作。对遭受犯罪行为侵害、无法及时获得有效赔偿、生活陷入困境的未成年人刑事案件被害人及其近亲属，各级法院应当及时给予适当经济资助，充分发挥刑事被害人司法救助对非监禁刑适用的积极作用。

30. 没有充分证据证明未成年被告人犯罪时已经达到刑事责任年龄的，应当依法作出有利于未成年被告人的认定和处理。

31. 对未成年人刑事案件的裁判文书，各级法院要采取易于为未成年人所理解和接受的用语。充分说理，体现对未成年人的关爱、教育；同时，应将庭前社会调查的情况写入裁判文书，在论述部分应当结合查明的未成年被告人的成长经历，剖析未成年被告人走上犯罪道路的主客观方面的原因。

32. 大力加强宣传工作。各级法院应当把加强未成年人刑事审判宣传工作作为提升人民法院形象的重要途径来抓，广泛宣传全省未成年人刑事审判的经验做法、典型案例和优秀法官事迹等，彰显未成年人刑事审判在保护未成年人合法权益、维护社会稳定、促进社会和谐方面的作用和成效，增进社会各界、人民群众对未成年人刑事审判的理解和支持，在全社会营造起共同保护未成年人合法权益的法制环境和氛围。

33. 设立未成年人刑事审判工作专项经费。各级法院应当为未成年人刑事审判的庭前社会调查、心理干预、司法救助、判后跟踪帮教、聘任人民陪审员、法制宣传教育和参与社会治安综合治理等工作提供经费保障。

贵阳市中级人民法院
审理未成年人刑事案件的实施细则

2007 年 4 月 25 日　　筑中法发（2007）18 号

为贯彻中共中央《关于司法体制和工作机制改革的初步意见》、最高人民法院第五次全国法院少年法庭工作会议和贵州省高级人民法院《关于进一步加强少年法庭工作的意见》精神，进一步加强少年法庭工作，搞好我市未成年人刑事案件指定管辖的试点，切实维护未成年人的合法权益，关心未成年人的健康成长，依法惩罚和教育未成年人罪犯，根据《中华人民共和国未成年人保护法》、《中华人民共和国预防未成年人犯罪法》、《中华人民共和国刑事诉讼法》及最高人民法院《关于审理未成年人刑事案件的若干规定》等相关法律、司法解释的规定，结合我市办理未成年人刑事案件的司法实践，制定本细则。

第一章　审判原则

第一条　审理未年年人刑事案件坚持惩罚与教育相结合的原则及教育、感化、挽救的方针。

第二条　审理未成年人刑事案件应依法执行不公开审理制度。

第三条　少年刑事审判庭应通知未成年人的法定代理人或监护人到庭参加诉讼，并依法保障未成年人的诉讼权益。

第四条　对未成年被告人坚持依法从宽的量刑原则，要结合未成年人犯罪案件的特点，科学地定罪量刑，坚持量刑上的个别化、轻刑化和非监禁化。对有适用非监禁刑条件的，一般应适用非监禁刑。

第五条　本细则所称的未成年人刑事案件是指：

（一）犯罪嫌疑人（被告人）涉嫌犯罪时不满十八周岁的案件；

（二）共同犯罪案件中，首要分子或者主犯涉嫌犯罪时不满十八周岁，或者有半数以上（含半数）的犯罪嫌疑人（被告人）涉嫌犯罪时不满十八周岁的案件；

（三）刑事自诉案件中自诉人、被告人双方或一方不满十八周岁的案件。

第二章　审判组织

第六条　贵阳市中级人民法院设立少年刑事审判庭，审理未成年人刑事案件，并担负对基层人民法院审理未成年人刑事案件的监督、指导工作。

第七条　在我市试点开展未成年人刑事案件指定管辖工作。试点开展指定管辖的南明区人民法院、云岩区人民法院设立少年刑事审判庭，审理本辖区内的未成年人犯罪一审案件和贵阳市中级人民法院指定管辖的未成年人犯罪一审案件。

第八条　少年刑事审判庭组成人员中，应有女性成员。少年刑事审判庭根据个案特点，可以聘任人民陪审员组成合议庭，审理未成年人刑事案件。

第三章　审判管辖

第九条　贵阳市中级人民法院少年刑事审判庭审理在本辖区内有重大影响的未成年人犯罪一审案件和不服基层法院判决提出上诉或抗诉二审未成年人犯罪案件。

第十条　自 2007 年 7 月 1 日起，贵阳市中级人民法院指定云岩区人民法院审理白云区、修文县、开阳县、息烽县辖区内的未成年人犯罪一审案件；指定南明区人民法院审理花溪区、乌当区、小河区、清镇市辖区内的未成年人犯罪一审案件。

第四章　案件受理

第十一条　公安机关侦查未成年人刑事案件，应通过学校、家庭等了解未成年被告人的家庭情况、成长经历及生活环境，了解未成年被告人的心理特点及导致其犯罪的综合因素。

第十二条　公安机关侦查终结，对需移送起诉的案件，应当移送有指定管辖权的人民法院所在地的同级人民检察院审查起诉。

第十三条　涉及未成年人犯罪的刑事自诉案件，自诉人可以直接向有指定管辖权的人民法院起诉；自诉人向当地人民法院提起诉讼的，经审查不属当地人民法院管辖的，该法院应告之其到有指定管辖权的人民法院起诉；自诉人坚持向当地人民法院起诉的，该法院可先予受理后再将案件移送有指定管辖权的人民法院审理，并书面通知当事人。

第五章　审判程序

第十四条　案件承办人庭审前应会见。未成年被告人，对其进行教育，消除其对法庭的恐惧心理。必要时，可通知未成年被告人的法定代理人或老师到场，配合法庭做好庭前教育。

第十五条 审理未成年人刑事案件，一般应在“圆桌式”的审判法庭进行，不得使用械具。

第十六条 对未成年被告人进行讯问时，应采用疏导的方法，语言要通俗易懂。

第十七条 教育应贯穿于庭审过程的始终，法庭辩论结束后，应对未成年被告人进行法制教育。

第十八条 在审判中应加大调解工作的力度，通过说理教育最大限度地化解矛盾，有利于未成年人的健康成长，促进社会和谐。

第十九条 对未成年被告人宣判后，可允许其近亲属或老师会见。

第六章　审判延伸

第二十条 少年刑事审判庭应注重对未成年罪犯的回访考查。

第二十一条 加强同少管所的联系，配合管教部门对未成年罪犯进行改造；对于判处非监禁刑的未成年罪犯，要加强同当地公安机关及罪犯所在学校或居委会、社区的联系，及时考察了解其表现情况。

第二十二条 对未成年被告人判处管制、宣告缓刑或者判处有期徒刑、拘役实刑并在交付执行时决定暂予监外执行的，应在宣判或作出决定前，对户籍地或固定居住地在南明区、云岩区的，应向公安派出所核实其居住地址。

第二十三条 对判处管制、宣告缓刑或者判处有期徒刑、拘役并在交付执行时决定暂予监外执行的，应在宣告生效判决、裁定或决定的同时，向其告知有接受社区矫正的义务，送达《社区矫正告知书》，制作告知笔录，并将《执行通知书》、判决（裁定）书、社区矫正告知笔录（复印件）、暂予监外执行决定书，送达罪犯固定居住地的县级公安机关和司法行政机关。

第二十四条 建立未成年罪犯档案，加强对未成年人犯罪的研究。

第二十五条 少年刑事审判庭在学校建立法制教育基地，利用典型案例进行宣传教育。

第二十六条 不定期开办家长学校，提高家长法律意识，抓好对未成年人的法制教育。

第七章　附　　则

第二十七条 本意见自 2007 年 7 月 1 日起施行，施行以前各区、县（市）人民法院已受理的案件不适用本意见。

贵阳市中级人民法院
关于审理未成年人民事案件的指导意见

2011年1月30日　　　　　　　　　　　　　筑中法发（2011）10号

未成年人是社会发展的基础，是国家和民族的未来，党和国家高度重视对未成年人的保护。依法及时、公正、妥善审理好未成年人民事案件，切实维护未成年人合法权益，是人民法院开展未成年人保护工作的重要手段。未成年人的生理、心理尚处于发展阶段，心智尚不成熟，这一特殊主体，理应得到特别、优先、全面、及时的司法保护。为促进全市法院积极探索适应未成年人身心特点的民事审判方式，最大化地保护未成年人合法权益，保障未成年人健康成长，结合我市未成年人民事审判实际，特制定如下指导意见。

第一章　指导思想和工作原则

第一条　审理未成年人民事案件，应遵从联合国《儿童权利公约》的精神，严格执行《中华人民共和国民法通则》、《中华人民共和国未成年人保护法》、《中华人民共和国婚姻法》、《中华人民共和国民事诉讼法》等法律法规以及相关司法解释的规定，探索一条有别于普通民事案件审理方式的，符合未成年人保护特殊需要和未成年人身心特点的审判模式，为建立、完善中国特色社会主义少年司法制度而不懈努力。

第二条　审理未成年人民事案件，应确保未成年当事人充分行使诉讼权利，查明事实，分清是非，正确适用法律，公正、快速、妥善处理未成年人民事纠纷，维护未成年人的合法权益，制裁侵犯未成年人权益的民事违法行为，教育公民及社会组织自觉遵守法律，保护未成年人的健康成长。

人民法院审理未成年人民事案件，应以未成年人的最大利益为首要考虑，全面贯彻未成年人利益最大化原则。

第三条　审理未成年人民事案件，应树立对未成年人"优先保护"的理念。在平等原则下，保障程序设置和实体处理优先考虑最有利于未成年人权益的维护和健康成长，在诉讼全过程以及案件实体处理中予以优先保护，快速立案、快速审结。

第四条　审理未成年人民事案件，应树立对未成年人"特别保护"的理念。根据未成年人身心发展特点给予特殊保护，保障未成年人的合法权益不受侵犯。

第五条 审理未成年人民事案件，应树立对未成年人“共同保护”的理念。延伸司法功能，主动接受人民检察院的法律监督，加强与教育、卫生、劳动、民政等政府有关部门以及共青团、妇联、工会、学校、社区等单位和社会团体的联系，完善对未成年人共同保护的“政法一条龙”、“社会一条龙”联动机制。

第六条 人民法院审理未成年人民事案件，应着重调解，将调解贯穿与诉讼活动的全过程；应遵循自愿和合法的原则，在事实清楚的基础上，分清是非，实行调解优先，调判结合。

调解未成年人民事案件，合议庭、独任审判员应当认真听取未成年当事人的意见。调解协议涉及未成年人利益的，应当认真审查协议内容，协议内容违反法律规定、损害未成年人合法权益的，依法不予确认。

人民法院可设立专门的未成年人案件调解室用于调解未成年人民事案件。公开调解可能有损未成年人权益的，开展调解工作时可以不公开。

人民法院调解未成年人民事案件，可以结合案件实际，邀请共青团、妇联、工会、学校、社区等有关单位、社会团体和相关个人的协助。

第七条 民事诉讼全过程均应保障涉案未成年人的知情权、参与权。合议庭、独任审判员应主动听取其意见，尊重其意愿表达，妥善实施未成年当事人出庭制度。

第八条 人民法院审理未成年人民事案件，除涉及国家秘密、个人隐私或者法律另有规定的以外，应当公开审理。

对涉及未成年人的人格权纠纷、特殊侵权纠纷、监护权纠纷、变更扶养关系纠纷、收养关系纠纷等案件，一般不公开审理；未成年人的法定代理人认为上述案件涉及隐私，提出不公开审理申请的，应当不公开审理；人民法院认为公开审理有利于保护未成年人合法权益，未成年人的法定代理人提出公开审理要求的，应当公开审理。

第二章 案件范围

第九条 本指导意见所指的未成年人民事案件是：

（一）未成年人为侵权人或直接被侵权人的民事侵权案件，一般包括：人格权纠纷、特殊类型的侵权纠纷等案件（知识产权侵权纠纷及我市环境保护审判部门受理的涉及环境保护的侵权纠纷案件除外）；

（二）婚姻家庭纠纷案件中涉及未成年人权益的以下案件：抚养费纠

纷、变更抚养关系纠纷案件，监护权纠纷、探望权纠纷、收养关系纠纷案件；

（三）继承纠纷案件一方当事人均为未成年人的案件；

（四）申请指定或撤销未成年人监护人的案件；

（五）人民法院院长根据未成年人审判实际决定的其他涉及未成年人权益保护的民事案件。

第三章　审判组织

第十条　各基层人民法院要在民事审判部门内设立专门的合议庭或者指定专职审判人员负责未成年人民事案件的审理工作；有条件的基层人民法院可以根据未成年人案件审判实际，设立未成年人案件审判机构。对未成年人民事案件可以进行独立编号，如（20××）×少民初字第××号。

贵阳市中级人民法院少年审判庭作为未成年人刑事、民事、行政案件综合审判部门，审理中级人民法院管辖的我市第一审未成年人民事案件以及当事人不服各基层人民法院判决、裁定的第二审未成年人民事案件；对未成年人民事案件独立编号，即（20××）筑少民初字第××号、（20××）筑少民终字第××号。

第十一条　人民法院审理未成年人民事案件的合议庭组成人员、独任审判员，应当选调民事审判业务经验丰富、熟悉未成年人身心特点、具备一定的青少年教育学和心理学知识、善于做未成年人思想教育工作、热心未成年人权益保护和未成年人审判工作的人担任。

人民法院要积极发挥人民陪审员在未成年人民事案件审理中的职能作用，从共青团、妇联、工会、社区、居民委员会、村民委员会、未成年人保护组织等单位、社会组织的工作人员以及学校的教育工作者、心理咨询师中选任人民陪审员参加未成年人民事案件的审判，并定期对人民陪审员进行培训。

第四章　立案受理

第十二条　人民法院在立案部门设立“未成年人民事案件绿色通道”，为未成年人民事维权提供法律咨询和帮助，对未成年人民事案件实行优先立案，开展立案阶段的调解工作。

未成年人民事案件的起诉符合条件的，立案部门应当日立案，最迟应在收到起诉状或者口头起诉后的三个工作日内作出立案决定；认为不符合起诉条件的，应在裁定不予受理前进行释法说理工作，同时提供合理的法律建议，并将上述工作记入笔录。

第十三条 未成年人系民事案件当事人的，其监护人作为法定代理人代为诉讼，法定代理人之间互相推诿代理责任的，由人民法院指定其中一人代为诉讼。

未成年人认为自身合法权益受到侵害，因监护人怠于履行监护职责、不承担法定代理人代为诉讼义务，导致未成年人直接或通过监护人以外的人、其他组织向人民法院提起民事诉讼，人民法院在告知其监护人应承担的法定职责后，监护人仍拒绝承担诉讼义务的，可以指定《中华人民共和国民法通则》第十六条其他顺序的有监护能力的人担任法定代理人提起诉讼；未成年人没有《中华人民共和国民法通则》第十六条第一、二款规定的监护人或其他顺序监护人拒绝代为诉讼的，人民法院可以指定该法第十六条第四款规定的有关组织以及未成年人保护组织担任法定代理人，提起并代为诉讼。

监护人不履行监护职责或者侵害被监护的未成年人合法权益的，该监护人以外的《中华人民共和国民法通则》第十六条第一、二款规定的人，可以作为法定代理人直接向人民法院提起民事诉讼；未成年人没有《中华人民共和国民法通则》第十六条第一、二款规定的监护人以外的其他人的或上述人员拒绝代为诉讼的，《中华人民共和国民法通则》第十六条第四款规定的有关组织及未成年人保护机构可以作为法定代理人直接向人民法院提起并代为诉讼。

第十四条 原告认为自己的合法权益受到未成年人侵害而向人民法院提起诉讼的，应当以未成年人及其监护人作为共同被告，监护人同时作为未成年人的法定代理人参加诉讼。

第十五条 未成年当事人或其监护人交纳诉讼费用确有困难的，人民法院应依法向其提供诉讼费用免交、减交或者缓交的司法救助。

第十六条 人民法院应告知未成年当事人及其监护人，可以按照《法律援助条例》的规定向法律援助机构申请法律援助，并为其申请法律援助提供法律帮助。

第十七条 未成年人民事案件立案受理后，人民法院要采取向未成年案件当事人、法定代理人发放《人民法院民事诉讼风险提示书》、《权利义务告知书》、《举证通知书》等措施，全面告知诉讼程序和诉讼权利、义务，并在案件移交审判部门前有针对性地做好诉讼权利行使、举证责任承担的指导工作。

第五章　案件的审理

第十八条　未成年人民事案件可以采取圆桌审判方式，在专门的未成年人案件圆桌审判法庭进行庭审工作。

圆桌审判法庭用圆形或椭圆形的审判桌代替传统审判台，审判人员、未成年民事案件当事人及其他诉讼参与人在庭审中共处同一桌面进行开庭审理，做到“寓教于审”。

庭审中，合议庭、独任审判员应关注未成年当事人的心智程度和心理状态，采取缓和的语气、对话式的方式，创造和缓、亲切的庭审气氛，避免加重未成年人心理负担，尊重其人格尊严，保护其名誉，减少其诉讼压力，尽可能使其在宽松的环境中参与诉讼，向其传递司法关怀。

第十九条　未成年人民事案件的审理要采取适应未成年人的身心发展特点的审判模式，通过“课堂式”的审判方法，以通俗易懂的用语阐述案件争议焦点，阐述未成年人权益保护的法律规定，消除未成年当事人的紧张情绪，实现庭审与法制教育、法制宣传相结合。

第二十条　未成年人民事案件审理过程中，合议庭、独任审判员要根据未成年被告人及其法定代理人的文化水平、心智成熟程度，能动司法，积极开展诉讼释明工作，告知当事人诉讼风险，引导当事人恰当行使诉讼权利，客观预期诉讼结果，强化举证指导，保障未成年人诉讼权利的正确行使。

第二十一条　为弥补未成年当事人在诉讼能力上的不足，可适当扩大少年民事案件人民法院调查取证的范围，在必要限度内依法依职权调取证据，尽快查明案件事实。

第二十二条　审理未成年人民事案件，合议庭、独任审判员确定开庭时间时应充分考虑未成年当事人出庭并听取其意见的必要性。如果未成年当事人因学习或身体健康遭受侵害，不能在正常工作日出庭参加诉讼的，要根据未成年人权益保护和案件审理的需要，确定包括节假日在内的合适时间进行开庭。

对不满 7 周岁的未成年当事人，可以采取社会调查工作等方式收集有关单位或个人的参考意见，弥补未成年当事人因年龄、智力水平导致意愿表达无力的不足；对已满 7 周岁不满 10 周岁的未成年当事人，可以直接听取其对案件处理的意见；对已满 10 周岁不满 14 周岁的未成年当事人，应直接听取其意见，在征得其同意后，可以通知其出庭参加诉讼；对已满 14 周岁不满 18 周岁的未成年当事人，以其出庭参加诉讼为原则。

未成年当事人出庭参加诉讼不利于其身心健康的案件，人民法院不应主动要求其出庭参加诉讼。未成年当事人可以不参加全部庭审活动，只在需要表达其意愿时出庭，表达完毕以后，征得本人同意，即可退庭。

第二十三条 未成年人民事案件审判机构、专门合议庭、专职法官要建成“未成年人民事案件巡回法庭”，采取“巡回审判”方式开展庭审、进行法制宣传。对发生在校园、社区的未成年人民事侵权案件以及探望权纠纷、抚养纠纷案等件，可到未成年人所在学校、社区、街道开庭，就地展开社会调查。

第二十四条 审理未成年人变更扶养关系纠纷、收养关系纠纷、探望权纠纷、监护权纠纷、抚养费纠纷等涉及未成年人重大利益的案件时，人民法院根据庭审情况及案件审理需要，可以开展社会调查工作，向未成年人及其监护人所在单位、学校、社区、村民委员会以及关系密切的亲属了解情况，听取未成年人的意见。

第二十五条 未成年人民事案件审理中应强调庭前调解和合议庭、独任审判员主导下的适度社会化诉讼调解模式。可邀请社会团体、未成年人保护组织等相关部门参与案件的调解，做到立案与庭前、当庭与庭后、诉讼与社会多层次调解的结合，多调少判，实现案结事了。

第二十六条 法庭辩论结束后，合议庭、独任审判员应结合具体案情，围绕未成年人权益保护对当事人开展法制教育，阐明其应承担的法定义务。

第二十七条 未成年人变更扶养关系纠纷、收养关系纠纷、探望权纠纷、监护权纠纷、抚养费纠纷等民事案件的处理，应从未成年人利益最大化保护中去考虑以下因素，包括：（1）未成年人的意愿；（2）父母、其他监护人保护教养未成年人的意愿及态度；（3）父母、其他监护人具备的最优于未成年子女健康成长的条件；（4）其他监护人的意愿，以及其具备的最优于未成年人健康成长的条件；（5）未成年人的年龄、性别、品行、受教育以及健康状况；（6）父母、其他监护人的一贯表现、品行，有无刑事污点、吸毒、酗酒、虐待子女或他人及其他不良行为等；（7）未成年人与父母、其他监护人或者共同生活之人的关系和感情状况；（8）父母、其他监护人的工作、收入状况、文化程度；（9）未成年人生活环境的变化可能对其产生的影响；（10）应当考虑的其他因素。

上述内容，应有相关材料予以体现。

第二十八条 下列案件中确有特殊困难的未成年当事人提出给付之诉，符合法定条件的，人民法院应在接到当事人申请的两个工作日内作出裁定先予执行，并不因未成年当事人未提供担保而受影响：（1）未成年人追索医疗费的案件；（2）未成年人追索抚养费、抚恤金的案件；（3）未成年人因其他情况紧急需要先予执行的。

第二十九条 未成年人民事案件当事人自行协商后原告要求撤诉，经审查原告撤诉后可能对未成年当事人产生不利后果的，应当向原告释明其行为可能有损未成年人的健康成长；原告坚持撤诉的，人民法院可以裁定不予准许。

第三十条 合议庭、独任审判员可以结合案件的实际需要，对未成年当事人及其法定代理人引入心理疏导机制，邀请心理咨询人员开展必要的心理辅导工作。

第三十一条 人民法院在审理未成年人民事案件过程中，发现监护人侵犯未成年人合法权益的，应当通知民政部门或者未成年人保护机构。民政部门或者未成年人保护机构可向法院提出申请撤销监护人的监护资格。

人民法院在审理未成年人民事案件过程中，对未尽到未成年人教育、管理、保护、救助等职责，以及对未成年人权益保护工作开展不力的有关部门、单位，应根据查明的事实并结合法律规定，及时发出司法建议。

第三十二条 人民法院审理未成年人民事案件，应加快诉讼进程、尽量缩短诉讼周期、力争尽快结案，最大化地保护未成年人的合法权益，使未成年人尽快从诉讼中解脱出来，还原其平静生活和成长空间。

第三十三条 人民法院对审结的未成年人民事案件要登记建档，档案内容除涉及案件基本情况以外，还包括家长的基本情况、家庭经济状况、监护条件等，并开展必要的判后回访工作。

第六章　附　　则

第三十四条 全市法院要结合本指导意见，根据本地未成年人民事审判工作实际，积极探索、建立未成年人民事审判工作新机制和新措施，推进未成年人民事审判改革的不断深入。

第三十五条 本指导意见自我院审判委员会讨论通过之日起实行。本指导意见实行期间，与新的法律、法规、司法解释相抵触的，按新的法律、法规、司法解释的规定执行。

第三十六条 本指导意见由我院审判委员会负责解释并修订。

未成年人刑事案件量刑规范性文件

上海市高级人民法院
未成年人刑事案件量刑指导意见实施细则（试行）

2010 年 10 月 1 日

为进一步规范刑罚裁量权，贯彻落实宽严相济的刑事政策，体现“教育为主，惩罚为辅”的未成年人刑事案件审判原则，增强量刑的公开性，实现量刑均衡，维护司法公正，根据刑法、相关司法解释以及最高人民法院《人民法院量刑指导意见（试行）》的有关规定，结合本市未成年人刑事审判工作实际，制定本实施细则。

第一章　总　　则

第一节　量刑的基本原则

一、对未成年被告人的量刑应当以事实为根据，以法律为准绳，根据犯罪的事实、犯罪的性质、情节和对社会的危害程度，遵循“教育为主、惩罚为辅”的原则，充分考虑对未成年被告人教育、感化、挽救的需要。

二、对未成年被告人的量刑既要考虑所犯罪行的轻重，又要考虑应负刑事责任的大小，并结合未成年被告人实施犯罪行为的动机和目的、犯罪时的年龄、是否初次犯罪、犯罪后的悔罪表现、个人成长经历和一贯表现等因素，做到罪责刑相适应，实现惩罚和预防犯罪的目的。

对未成年被告人量刑时，应根据未成年被告人的经历以及社会调查报告、心理分析报告等材料，结合案件具体情况，从最有利于对未成年被告人教育、感化、挽救的需要出发，选择合适的起刑点和量刑调节幅度并确定应当判处的刑罚。

三、对未成年被告人的量刑应当贯彻宽严相济的刑事政策，做到该宽则宽，当严则严，宽严相济，罚当其罪，确保裁判法律效果和社会效果的统一。

四、对未成年被告人的量刑要客观、全面把握不同时期不同地区的经济社会发展和治安形势的变化，确保刑法任务的实现；对于同一地区同一时期，案情相近或相似的案件，所判处的刑罚应当基本均衡。

五、对未成年人和成年人共同犯罪案件的量刑，应当在对各被告人犯罪社会危害性进行依法评价的基础上，充分考虑未成年被告人犯罪的特殊性，并确保各被告人之间量刑的相对均衡。

对于依照有关规定分案审理的案件，应当加强沟通，确保前后判决之间量刑的相对均衡。

第二节　量刑的基本方法

一、量刑步骤

1. 根据基本犯罪构成事实在相应的法定刑幅度内确定量刑起点；

2. 根据其他影响犯罪构成的犯罪数额、犯罪次数、犯罪后果等犯罪事实，在量刑起点的基础上增加刑罚量确定基准刑；

3. 根据量刑情节调节基准刑，并综合考虑全案情况，依法确定宣告刑。

二、量刑情节调整基准刑的方法

1. 具有单个量刑情节的，根据量刑情节的调节比例直接对基准刑进行调节。

2. 具有多种量刑情节的，根据各个量刑情节的调节比例，采用同向相加、逆向相减的方法确定全部量刑情节的调节比例，再对基准刑进行调节。

3. 对于具有刑法总则规定的未成年人犯罪、限制行为能力的精神病人犯罪、又聋又哑的人或者盲人犯罪、防卫过当、避险过当、犯罪预备、犯罪未遂、犯罪中止、从犯、胁从犯和教唆犯等量刑情节的，先用该量刑情节对基准刑进行调节，在此基础上，再用其它量刑情节进行调节。

4. 被告人犯数罪，同时具有适用各个罪的立功、累犯等量刑情节的，先用各个量刑情节调节个罪的基准刑，确定个罪所应判处的刑罚，再依法实行数罪并罚，决定执行的刑罚。

5. 当同一行为或情况涉及本细则规定的不同量刑情节时，一般不得重复评价，应选择对被告人从重或者从轻幅度最大的情节适用。

6. 在数罪并罚的情况下，各罪一般不得相互作为从重处罚的情节，本细则另有规定的除外。

三、确定宣告刑的方法

1. 量刑情节对基准刑的调节结果在法定刑幅度内，且罪责刑相适应的，可以直接确定为宣告刑。

2. 量刑情节对基准刑的调节结果在法定最低刑以下，具有减轻处罚情节，且罪责刑相适应的，可以直接确定为宣告刑；只有从轻处罚情节的，可以确定法定最低刑为宣告刑。

3. 被告人有应当减轻处罚情节的，应当在法定最低刑以下确定宣告刑。如果按照本细则的规定，实际量刑结果未达到减轻处罚程度，可不受本细则规定的量刑调节幅度的限制，依法确定宣告刑。

如果减轻处罚后的量刑结果低于有期徒刑六个月的，可判处法条没有规定的管制、拘役或者单处附加刑。

4. 量刑情节对基准刑的调节结果在法定最高刑以上的，可以法定最高刑为宣告刑。

5. 根据案件具体情况，独任审判员或合议庭可以在10%的幅度内进行调整，调整后的结果仍然罪责刑不相适应的，分管副院长可以要求复议或提交审判委员会讨论决定宣告刑。

对情节一般的轻微刑事案件，如果双方当事人达成和解协议，经分管副院长审批或提交审判委员会讨论决定，从宽幅度可不受本细则限制。

四、综合全案犯罪事实和量刑情节，依法应当判处拘役、管制或者单处附加刑的，应当依法适用。

五、除刑法规定“应当”附加剥夺政治权利外，对未成年被告人一般不判处附加剥夺政治权利。

对未成年人被告人判处附加剥夺政治权利的，应当依法从轻判处。

对实施被指控犯罪时未成年、审判时已成年的被告人判处附加剥夺政治权利的，适用前款规定。

六、对未成年被告人实施刑法规定的“并处”没收财产或者罚金的犯罪，应当依法判处相应的财产刑；对未成年被告人实施刑法规定的“可以并处”没收财产或者罚金的犯罪，一般不判处财产刑。

对未成年被告人判处罚金刑时，应当依法从轻或者减轻判处，并根据犯罪情节，综合考虑其缴纳罚金的能力，确定罚金数额，但最低不得少于500元。

对于刑法规定并处罚金但没有明确规定罚金数额的，一般可按下列标准掌握，但单处罚金除外：

1. 对判处有期徒刑1年以下刑罚的犯罪，一般判处罚金人民币500元至1000元。

2. 对判处有期徒刑1年以上刑罚的犯罪，一般每增加1年有期徒刑增加罚金人民币300元至500元。

3. 对单纯财产性犯罪以及被判处管制、缓刑等非监禁刑罚的犯罪，可根据犯罪数额以及案件的具体情况，实事求是地确定罚金数额。

七、宣告刑为3年以下有期徒刑、拘役并符合缓刑适用条件的，可以依法宣告缓刑。

对于符合刑法第七十二条第一款规定，且家庭、单位或者社区具备监护、帮教条件的未成年被告人，一般应当适用缓刑。

对适用缓刑的未成年被告人，应当依法确定合适的缓刑考验期。

八、对于罪行较轻、认罪悔罪表现较好且无前科劣迹的未成年被告人，具有下列情形之一的，应当优先适用免除处罚：

1. 又聋又哑的人或者盲人；

2. 防卫过当或者避险过当；

3. 犯罪预备、中止或者未遂的；

4. 从犯、胁从犯；

5. 犯罪后自首或者有立功表现；

6. 其他犯罪情节轻微，不需要判处刑罚的。

九、量刑结果一般以年、月计算，不足一个月的，取整数计算。对判处十年以上有期徒刑的案件，一般应以 3 个月、6 个月、9 个月为单位取整数计算。

第三节　常见量刑情节的适用

对未成年被告人量刑时，要充分考虑各种法定和酌定量刑情节以及被告人自身的实际情况，按照“教育为主，惩罚为辅”的方针，根据案件的全部犯罪事实以及量刑情节的不同情形，依法确定量刑情节的适用及其调节比例。对未成年人犯严重暴力犯罪、黑社会性质组织犯罪、毒品犯罪，在确定从宽的幅度时，要适度从严掌握；对较轻的犯罪要充分体现从宽的政策。对以下常见量刑情节，可以在相应的幅度内确定具体调节比例，本细则另有规定的除外。对于本细则没有规定的量刑情节，可以参照最相类似的情节确定量刑调节幅度，并可在该最相类似的情节量刑调节幅度的基础上，一般按不超过10%的幅度进行调整。

一、法定量刑情节

（一）对于未成年人犯罪，应当综合考虑未成年人对犯罪的认识能力、实施犯罪行为的动机和目的、犯罪时的年龄、是否初犯、悔罪表现、个人成长经历和一贯表现等情况，确定适当的从宽幅度，一般可按下列标准掌握：

1. 已满十四周岁不满十六周岁的未成年人，犯故意杀人、故意伤害致人重伤或者死亡、强奸、抢劫、贩卖毒品、放火、爆炸、投放危险物质犯罪的，可以减少基准刑的 30%～60%；

2. 已满十六周岁不满十八周岁的未成年人犯罪，可以减少基准刑的

10%～50%；

3. 对跨年龄段（含跨十六周岁年龄段和十八周岁年龄段）的犯罪：

（1）被告人跨年龄段前后实施了不同种犯罪行为，按实施犯罪时所处年龄段确定从宽幅度。

（2）被告人跨年龄段前后实施了同种犯罪行为，依照实施主要犯罪时所处的年龄段酌情确定从宽幅度。如果无法区分主要犯罪事实，应综合考虑案件情况，从最有利于对未成年被告人教育、感化、挽救的需要出发，确定适当的从宽幅度。

（二）对于限制责任能力的人犯罪的，应当综合考虑行为人辨认和控制能力的缺陷程度、与犯罪发生的因果关系、实际的危害后果等情况，确定适当的从宽幅度，一般可按下列标准掌握：

1. 重度限制责任能力的人犯罪，可以减少基准刑的50%以下；

2. 中度限制责任能力的人犯罪，可以减少基准刑的30%以下；

3. 轻度限制责任能力的人犯罪，可以减少基准刑的20%以下。

（三）对于又聋又哑的人或者盲人犯罪的，应当综合考虑犯罪的性质、行为人本身的生理缺陷与犯罪之间的关系、行为人一贯表现等情况，确定适当的从宽幅度，一般可减少基准刑的10%～40%。

对于聋或哑或视力存在严重障碍的，可以减少基准刑的20%以下。

（四）对于防卫过当或紧急避险过当构成犯罪的，可以减少基准刑的50%以上。对造成特别严重后果的，可以减少基准刑的30%～60%。

（五）对于预备犯，应当综合考虑预备实施犯罪的性质、对社会可能造成的危害，预备的程度、未进一步实施犯罪的原因等情况，确定适当的从宽幅度，一般可按下列标准掌握：

1. 预备实施犯罪的，可以减少基准刑的40%～70%；

2. 预备实施犯罪，情节轻微，不需要判处刑罚的，可以依法免除处罚。

（六）对于未遂犯，应当综合考虑行为的实行程度、造成损害结果的大小、犯罪未得逞的原因等情况，比照既遂犯确定适当的从宽幅度，一般可按下列标准掌握：

1. 实行终了的未遂，可以减少基准刑的10%～30%；

2. 未实行终了的未遂，可以减少基准刑的20%～40%；

3. 不能犯未遂的，可以减少基准刑的30%～50%。

（七）对于中止犯，应当综合考虑行为的实行程度、实际造成的危害结果、放弃犯罪的原因等情况，确定适当的从宽幅度，一般可按下列标准掌握：

1. 犯罪过程中，自动放弃犯罪，可以减少基准刑的50%～70%；

2. 犯罪行为实施完毕后，自动有效地防止犯罪结果发生的，可以减少基准刑的40%～60%；

3. 犯罪中止，情节轻微且未造成损害后果的，可以依法免除处罚。

（八）对于共同犯罪，应当根据各被告人在共同犯罪中的地位、作用以及是否直接实施犯罪实行行为等情况，体现量刑轻重的相对合理性和协调性。一般情况下，未直接实施犯罪实行行为的要轻于直接实施了犯罪实行行为的；未直接造成危害后果的要轻于直接造成危害后果的。对共同犯罪的被告人在适用同一量刑情节时，应注意因基准刑长短不同而造成同一情节所对应的实际量刑幅度的差异，并通过合理选择量刑调节幅度，保持量刑相对均衡。

1. 对于作用相对较小的主犯，可以作用最大主犯的基准刑为参照，以10%为幅度递减，按其在共同犯罪中的地位作用等情况，酌情处罚，但一般不得低于作用最大主犯基准刑的80%；

2. 未区分主从犯，但作用较小的被告人，可以作用最大的被告人的基准刑为参照，以10%为幅度递减，按其在共同犯罪中的地位作用等情况，酌情从轻处罚，但一般不得低于作用最大的被告人的基准刑的70%；

3. 对于从犯，作用相对较小的，可以减少基准刑的30%～50%；作用相对较大的，可以减少基准刑的20%～40%；

4. 对于同一案件中有多个从犯，根据案件情况确需进行量刑平衡的，可依照其在犯罪中的地位、作用的大小，以10%为幅度，酌情确定不同的基准刑减少等次；

5. 对于胁从犯，可以根据犯罪性质、被胁迫的程度、在犯罪中的作用等情况，减少基准刑的40%～70%；作用较小或情节轻微，不需要判处刑罚的，可以依法免除处罚；

对于虽然不构成胁从犯，但确系受欺骗、引诱参与犯罪的，减少基准刑的20%以下；

6. 对于被教唆参与犯罪的，依照其在共同犯罪中的地位、作用，依照本条的有关规定处罚。

（九）对于自首，应当综合考虑投案的动机、时间、方式、罪行轻重、如实供述罪行的程度以及悔罪表现等情况，确定适当的从宽幅度，一般可按下列标准掌握：

1. 犯罪事实或者犯罪嫌疑人未被司法机关发觉，主动、直接投案构成自首的，可以减少基准刑的20%～40%；

2. 犯罪事实或者犯罪嫌疑人已被司法机关发觉，但犯罪嫌疑人尚未受到讯问、未被采取强制措施时，主动、直接投案构成自首的，可以减少基准刑的10% -30%；

3. 并非出于被告人主动，而是经亲友规劝、陪同投案的；公安机关通知犯罪嫌疑人的亲友或者亲友主动报案后，将犯罪嫌疑人送去投案的，可以减少基准刑的20%以下；

4. 罪行尚未被司法机关发觉，仅因形迹可疑，被有关组织盘问、教育后，主动交待罪行构成自首的，可以减少基准刑的20%以下；

5. 犯罪嫌疑人、被告人如实供述司法机关尚未掌握的罪行与司法机关已掌握或判决确定的罪行属不同种罪行，以自首论的，可以减少基准刑的20%以下；如实供述的罪行较重（依法应当判处十年以上有期徒刑）的，可以减少基准刑的10% ~30%；

6. 犯罪较轻又具有自首情节的，可以减少基准刑的40%以上或者依法免除处罚。

（十）对于立功，应当综合考虑立功的大小、次数、内容、来源、效果以及所犯罪行的轻重等情况，确定适当的从宽幅度，一般可按下列标准掌握：

1. 一般立功，可以减少基准刑的20%以下；

2. 重大立功，可以减少基准刑的20% ~50%；

3. 重大立功且所犯罪行较轻的，可以减少基准刑的50%以上或者依法免除处罚。

二、酌定情节

（一）对于被采取强制措施的犯罪嫌疑人、被告人和已宣判的罪犯，如实供述司法机关尚未掌握的罪行与司法机关已掌握或判决确定的罪行属同种罪行的，根据坦白罪行的轻重以及悔罪表现等情况，可以减少基准刑的20%以下。

坦白司法机关已掌握罪行并对案件侦破确有帮助作用的，可以减少基准刑的10%以下。

（二）对于当庭自愿认罪或者经过法庭教育认罪悔罪的，根据犯罪的性质、罪行的轻重、认罪程度以及悔罪表现等情况，可以减少基准刑的10%以下；依法认定自首、坦白的除外。

（三）对于被害人有过错或对矛盾激化负有责任的，综合考虑案发的原因、被告人的一贯表现、被害人过错程度以及责任大小等情况，可以减少基准刑的20%以下。

（四）在单纯财产型犯罪中积极退赃、退赔的，应当综合考虑犯罪性质，退赃、退赔的主动性及对损害结果所能弥补的程度等情况，确定适当的从宽幅度，一般可按下列标准掌握：

1. 积极退赃、退赔的，按比例减少基准刑的30%以下；

2. 积极配合办案机关追缴赃款、赃物，未给被害人造成经济损失或未造成较大经济损失的，可以减少基准刑的10%以下。

对于侵犯复杂客体的犯罪，被告人积极退赃、退赔或积极配合办案机关追赃的，可以根据案件情况，酌情减少基准刑的20%以下。

（五）在人身损害型犯罪中积极赔偿被害人经济损失的，综合考虑犯罪性质、赔偿数额、赔偿能力、被害人或其家属的谅解程度等情况，可以减少基准刑的30%以下。

对于积极赔偿被害人经济损失并取得被害人或其家属谅解的，可以在前款规定的幅度内酌情从宽掌握。

（六）对于取得被害人或其家属谅解的，综合考虑犯罪的性质、罪行轻重、谅解的原因以及认罪悔罪的程度等情况，可以减少基准刑的20%以下。

（七）对于一时冲动或因一念之差实施犯罪的，可以减少基准刑的10%以下。

（八）对于已满十六周岁不满十八周岁的人出于以大欺小、以强凌弱或者寻求精神刺激而对其他未成年人实施轻微犯罪，未造成严重后果或恶劣影响的，可以减少基准刑的20%以下。

（九）对于有犯罪前科的，综合考虑前科的性质、时间间隔长短、次数、处罚轻重等情况，可以增加基准刑的20%以下。

（十）对于黑社会性质组织犯罪、恶势力犯罪的，根据案件的具体情况，可以增加基准刑的20%以下。

（十一）对于犯罪对象为老年人、残疾人、孕妇等弱势人员的，综合考虑犯罪的性质、犯罪的严重程度等情况，可以增加基准刑的20%以下。

（十二）对于在重大自然灾害，预防、控制突发传染病疫情等灾害期间犯罪的，根据案件的具体情况，可以增加基准刑的20%以下。

第二章　分则

第一节　故意伤害罪

对故意伤害罪量刑时，应当综合考虑案发的原因、伤害后果的大小、手段的残忍程度、被告人赔偿及被害人谅解的程度等因素，依法确定应当判处的刑罚。

一、对故意伤害犯罪，应当按照下列标准确定量刑起点：

1. 犯罪情节一般，致一人轻伤的，量刑起点为有期徒刑6个月至1年。

2. 犯罪情节一般，致一人重伤的，量刑起点为有期徒刑3年至4年。

3. 以特别残忍手段致一人重伤，造成六级严重残疾的，量刑起点为有期徒刑10年至12年。

4. 故意伤害致一人死亡，量刑起点为有期徒刑10年至15年。

二、在量刑起点的基础上，可以根据伤亡后果、伤残等级、手段的残忍程度等其他影响犯罪构成的犯罪事实增加刑罚量，确定基准刑。一般可按下列标准掌握：

1. 每增加一人轻微伤，增加有期徒刑2个月；

2. 每增加一人轻伤，增加有期徒刑6个月；

3. 每增加一人重伤，增加有期徒刑1年6个月；

4. 每增加一级普通残疾（10到7级）的，增加有期徒刑3个月；每增加一级严重残疾（6到3级）的，增加有期徒刑1年；每增加一级特别严重残疾（1到2级）的，增加有期徒刑2年。

三、有下列情形之一的，可以增加基准刑20%以下：

1. 持管制刀具或斧、锤等凶器实施伤害行为，或有预谋地持其他凶器实施伤害行为的；

2. 雇用他人实施伤害行为的；

3. 因实施其他违法犯罪而伤害他人的。

四、有下列情形之一的，可以减少基准刑的20%以下：

1. 因婚姻家庭、邻里纠纷等民间矛盾激化引发的；

2. 犯罪后积极抢救被害人的；

3. 因义愤而伤害他人的。

第二节　抢劫罪

对抢劫犯罪量刑时，应当综合考虑抢劫的动机、次数、手段、后果等因素，依法确定应当判处的刑罚。

一、对抢劫犯罪，应当按照下列标准确定量刑起点：

1. 抢劫一次，致一人轻伤以下或者虽未造成人身伤害但劫得财物（2000元以下）的，量刑起点为有期徒刑3年至5年。

2. 有下列情形之一，量刑起点为有期徒刑10年至12年：入户抢劫；在公共交通工具上抢劫；抢劫银行或者其他金融机构；抢劫三次或者抢劫数额达到巨大起点的；抢劫致一人重伤，没有造成残疾的；冒充军警人员抢劫的；持枪抢劫的；抢劫军用物资或者抢险、救灾、救济物资的。

二、在量刑起点的基础上，可以根据抢劫致人伤亡的后果、次数、数额、手段等其他影响犯罪的构成的犯罪事实增加刑罚量，确定基准刑。一般可按下列标准掌握：

1. 每增加一次抢劫，增加有期徒刑 3 年；

2. 每增加一人轻微伤，增加有期徒刑 6 个月；

3. 每增加一人轻伤，增加有期徒刑 1 年；

4. 每增加一人重伤，增加有期徒刑 2 年；

5. 每增加一级普通残疾（10 到 7 级）的，增加 3 个月；每增加一级严重残疾（6 到 3 级）的，增加 1 年；每增加一级特别严重残疾（1 到 2 级）的，增加 2 年；

6. 抢劫数额每增加 3000 元，增加有期徒刑 1 年。

三、有下列情节之一的，可以增加基准刑的 20% 以下：

1. 持械抢劫的；

2. 有预谋抢劫或结伙抢劫的；

3. 因实施其他违法犯罪而抢劫的；

4. 抢劫多人但不构成多次抢劫的。

四、有下列情节之一的，可以减少基准刑：

1. 确因生活、学习、治病等急需而抢劫的，减少基准刑的 20% 以下；

2. 抢劫家庭成员或者近亲属财物的，减少基准刑的 20% 以下；

3. 未造成严重人身伤害（轻伤以下）且抢劫数额 500 元以下，减少基准刑的 20% 以下；

4. 转化型抢劫的，减少基准刑的 10% 以下。

第三节　盗窃罪

对盗窃犯罪量刑时，应当综合考虑盗窃的数额、次数、犯罪手段、犯罪对象、是否退缴赃款等因素，依法确定应当判处的刑罚。

一、一般盗窃应当按照下列标准确定量刑起点和基准刑：

（一）普通盗窃

1. 数额达到 2500 元以上不满 4000 元，量刑起点为拘役 3 个月至拘役 6 个月。

2. 数额达到 4000 元，量刑起点为有期徒刑 6 个月。

3. 数额为 4000 元以上不满 2 万元，每增加 550 元，增加有期徒刑 1

个月。

4. 数额达到 2 万元，量刑起点为有期徒刑 3 年。

5. 数额为 2 万元以上不满 10 万元，每增加 950 元，增加有期徒刑 1 个月。

6. 数额达到 10 万元，量刑起点为有期徒刑 10 年。

7. 数额为 10 万元以上，每增加 30 万元，增加有期徒刑 1 年。

（二）入户盗窃

1. 数额达到 1250 元以上不满 2000 元，或者 1 年内入户盗窃 3 次以上，量刑起点为拘役 3 个月至拘役 6 个月。

2. 数额达到 2000 元，量刑起点为有期徒刑 6 个月。

3. 数额为 2000 元以上不满 1 万元，每增加 280 元，增加有期徒刑 1 个月。

4. 数额达到 1 万元，量刑起点为有期徒刑 3 年。

5. 数额为 1 万元以上不满 5 万元，每增加 480 元，增加有期徒刑 1 个月。

6. 数额达到 5 万元，量刑起点为有期徒刑 10 年。

7. 数额为 5 万元以上，每增加 15 万元，增加有期徒刑 1 年。

（三）扒窃

1. 数额达到 1000 元以上不满 1500 元，或者 1 年内在公共场所扒窃 3 次以上，量刑起点为拘役 3 个月至拘役 6 个月。

2. 数额达到 1500 元，量刑起点为有期徒刑 6 个月。

3. 数额为 1500 元以上不满 8000 元，每增加 230 元，增加有期徒刑 1 个月。

4. 数额达到 8000 元，量刑起点为有期徒刑 3 年。

5. 数额为 8000 元以上不满 4 万元，每增加 380 元，增加有期徒刑 1 个月。

6. 数额达到 4 万元，量刑起点为有期徒刑 10 年。

7. 数额为 4 万元以上，每增加 12 万元，增加有期徒刑 1 年。

（四）其他规定

1. 普通盗窃数额分别达到 16000 元或者 8 万元，入户盗窃数额分别达到 8000 元或者 4 万元，扒窃数额分别达到 6000 元或者 3 万元，并具有下列情节之一的，可以分别认定为刑法第二百六十四条规定的“其他严重情节”或者“其他特别严重情节”，量刑起点分别为有期徒刑 3 年或者 10 年：

（1）犯罪集团的首要分子或者共同犯罪中情节严重的主犯；

（2）盗窃金融机构的；

（3）流窜作案，情节严重的；

（4）盗窃生产资料，严重影响生产的；

（5）盗窃救灾、抢险、防汛、优抚、扶贫、移民、救济、医疗款物，造成严重后果的；

（6）导致被害人死亡、精神失常或者其他严重后果的；

（7）造成其他重大损失的。

2. 既有普通盗窃，又有入户盗窃或者扒窃的，应当按照下列标准确定量刑起点：

（1）单独一种盗窃行为均没有达到定罪数额标准，但累计后达到轻度盗窃行为的定罪标准的，按照轻度盗窃行为确定量刑起点，重度盗窃行为作为酌定量刑情节考虑；

（2）重度盗窃行为达到定罪数额标准，轻度盗窃行为没有达到定罪数额标准的，以重度盗窃行为数额确定量刑起点，轻度盗窃行为作为酌定量刑情节考虑；

（3）重度盗窃行为和轻度盗窃行为均达到定罪数额标准，重度盗窃行为情节较为严重的，以重度盗窃行为数额确定量刑起点，轻度盗窃行为作为酌定量刑情节考虑；

（4）重度盗窃行为和轻度盗窃行为均达到定罪数额标准，轻度盗窃行为情节较为严重的，将重度盗窃行为和轻度盗窃行为数额累计后，按照轻度盗窃行为确定量刑起点，重度盗窃行为作为酌定量刑情节考虑；

（5）重度盗窃行为和轻度盗窃行为情节不相上下，应将重度盗窃行为和轻度盗窃行为数额累计后，按照轻度盗窃行为确定量刑起点，重度盗窃行为作为酌定量刑情节考虑。

二、有下列情形之一的，可增加基准刑：

1. 以破坏性手段盗窃造成公私财产损失的，增加基准刑的10%以下，造成公私财产损失较大的，增加基准刑的20%以下；

2. 盗窃优抚、扶贫、移民、救济、医疗等款物的，增加基准刑的20%以下；

3. 盗窃生产资料，未严重影响生产的，增加基准刑的10%以下，严重影响生产的，增加基准刑的10%～30%；

4. 为吸毒、赌博等违法犯罪活动而盗窃的，增加基准刑的10%以下；

5. 导致被害人死亡、精神失常或者其他严重后果的，增加基准刑的30%～40%；

6. 多次盗窃的，增加基准刑的10% ~20%；

7. 在重要的大型会展、运动会等公共活动场所盗窃的，增加基准刑的20%以下。

三、有下列情形之一的，可以减少基准刑：

1. 确因生活、学习、治病急需而盗窃的，减少基准刑的30%以下；

2. 在案发前自动将赃物放回原处或者归还被害人的，减少基准刑的40% ~60%；自动将部分赃物放回原处或者归还被害人的，可以按比例减少基准刑；

3. 盗窃近亲属财物的，一般不作为犯罪处理；确有追究刑事责任必要的，减少基准刑的40% ~60%。

第四节　抢夺罪

对抢夺犯罪量刑时，应当综合考虑犯罪数额、次数、犯罪动机、犯罪手段、造成的后果等因素，依法确定应当判处的刑罚。

一、对抢夺犯罪，应当按照下列标准确定量刑起点和基准刑：

1. 数额达到500元以上不满800元，量刑起点为拘役3个月至拘役6个月。

2. 数额达到800元，量刑起点为有期徒刑6个月。

3. 数额为800元以上不满5000元，每增加140元，增加有期徒刑1个月。

4. 数额达到5000元，量刑起点为有期徒刑3年。

5. 数额为5000元以上不满3万元，每增加300元，增加有期徒刑1个月。

6. 数额达到3万元，量刑起点为有期徒刑10年。

7. 数额为3万元以上，每增加10万元，增加有期徒刑1年。

二、抢夺数额分别达到4000元或者24000元，并具有下列情形之一的，可以分别认定为刑法第二百六十七条“其他严重情节”或者“其他特别严重情节”，量刑起点分别为有期徒刑3年或者10年：

1. 抢夺残疾人、老年人财物的；

2. 抢夺优抚、扶贫、移民、救济、医疗等款物的；

3. 一年内抢夺三次以上的；

4. 利用行驶的机动车、非机动车抢夺的；

5. 以银行、证券公司等金融机构取款人为抢夺目标的。

三、抢夺数额分别达到500元、5000元、3万元以上，并具有下列情形之一的，可以增加基准刑：

1. 抢夺优抚、扶贫、移民、救济、医疗等款物的，增加基准刑的20%以下；

2. 多次抢夺或抢夺多人的，增加基准刑的10%～20%；

3. 利用行驶的机动车、非机动车抢夺的，增加基准刑的20%以下；

4. 以银行、证券公司等金融机构取款人为抢夺目标的，增加基准刑的20%以下。

四、具有下列情形之一的，可以增加基准刑：

1. 为吸毒、赌博等违法犯罪活动而抢夺的，增加基准刑的10%以下；

2. 在重要的大型会展、运动会等公共活动场所抢夺的，增加基准刑的20%以下；

3. 因抢夺每增加一人轻微伤，增加2个月；每增加一人轻伤，增加有期徒刑6个月至1年。

五、有下列情形之一的，可以减少基准刑：

1. 确因生活、学习、治病等急需而抢夺的，减少基准刑的30%以下；

2. 案发前自动归还被害人财物的，减少基准刑的40%～60%；自动将部分赃物归还被害人的，可以按比例少基准刑。

第五节　敲诈勒索罪

对敲诈勒索犯罪量刑时，应当综合考虑案发的原因、犯罪数额、次数、犯罪手段、造成的后果等因素，依法确定应当判处的刑罚。

一、对于敲诈勒索犯罪，应当按照下列标准确定量刑起点和基准刑：

1. 数额达到3000元以上不满5000元，量刑起点为拘役3个月至拘役6个月。

2. 数额达到5000元，量刑起点为有期徒刑6个月。

3. 数额为5000元以上不满3万元，每增加830元，增加有期徒刑1个月。

4. 数额达到3万元，量刑起点为有期徒刑3年。

5. 数额为3万元以上，每增加3万元，增加有期徒刑1年。

二、敲诈勒索达到24000元，并具有下列情形之一的，可以认定为刑法第二百七十四条规定的“其他严重情节”，量刑起点为有期徒刑3年：

1. 一年内敲诈勒索3次以上，或者一次向3人以上敲诈勒索的；

2. 对残疾人、老年人、丧失劳动能力的人敲诈勒索的；

3. 导致被害人自杀、精神失常或造成其他严重后果的。

三、敲诈勒索分别达到3000元和3万元以上，并具有下列情形之一的，可以增加基准刑：

1. 一年内敲诈勒索3次以上，或者一次向3人以上敲诈勒索的，增加基准刑的10%～20%；

2. 导致被害人自杀、精神失常或造成其他严重后果的，增加基准刑的30%～40%；

3. 以非法手段获取他人隐私勒索他人财物的，增加基准刑的10%以下；

4. 以危险方法制造事端敲诈勒索的，增加基准刑的10%～30%；

5. 冒充国家机关工作人员敲诈勒索的，增加基准刑的10%～30%；

6. 为吸毒、赌博等违法犯罪活动而敲诈勒索的，增加基准刑的10%以下；

8. 每增加一人轻微伤，增加2个月；每增加一人轻伤，增加有期徒刑6个月至1年。

四、有下列情形之一的，可以减少基准刑：

1. 确因生活、学习、治病等急需而敲诈勒索的，减少基准刑的30%以下；

2. 敲诈勒索近亲属财物的，一般不作为犯罪处理；确有追究刑事责任必要的，减少基准刑的40%～60%。

第六节　聚众斗殴罪

对聚众斗殴犯罪量刑时，应当综合考虑聚众斗殴的起因、人数、次数、手段、后果及社会影响等因素，依法确定应当判处的刑罚。

一、对聚众斗殴犯罪，应当按照下列标准确定量刑起点和基准刑：

1. 聚众斗殴一次，犯罪情节一般，量刑起点为有期徒刑1年至1年6个月。每增加一人轻微伤，增加有期徒刑2个月；每增加一人轻伤，增加有期徒刑6个月；每增加一次聚众斗殴，增加有期徒刑6个月至1年。

2. 具有下列情形之一，量刑起点为有期徒刑3年至4年：

（1）多次聚众斗殴；

（2）聚众斗殴人数多、规模大；

（3）在公共场所或者交通要道聚众斗殴，造成社会秩序混乱的；

（4）持械聚众斗殴。

每增加上述一项情形或同种情形一次的，增加有期徒刑1年；每增加一人轻微伤，增加有期徒刑3个月；每增加一人轻伤，增加有期徒刑9个月；每增加一次聚众斗殴，增加有期徒刑1年6个月至2年。

二、有下列情形之一，可以增加基准刑的20%以下：

1. 社会影响恶劣的；

2. 造成公私财物较大损失的。

第七节　寻衅滋事罪

对寻衅滋事犯罪量刑时，应当综合考虑寻衅滋事次数、后果及造成的社会影响等因素，依法确定应当判处的刑罚。

一、寻衅滋事构成犯罪，需要判处自由刑的，量刑起点为有期徒刑6个月至1年。

二、在量刑起点的基础上，可以根据寻衅滋事次数、损害后果、强拿硬要他人财物或者任意损毁、占用公私财物数额等其他影响犯罪构成的犯罪事实增加刑罚量，确定基准刑。一般可按下列标准掌握：

1. 每增加一人轻微伤，增加有期徒刑2个月；

2. 每增加一人轻伤，增加有期徒刑6个月；

3. 每增加寻衅滋事一次，增加有期徒刑6个月；

4. 强拿硬要他人财物或者任意损毁、占用公私财物价值超过2000元，每增加500元，增加有期徒刑1个月。

三、有下列情形之一，可以增加基准刑的20%以下：

（1）持械滋事的；

（2）造成较大社会影响的。

第三章　附　　则

一、本细则所称的“以上”、“以下”，均包含本数，本细则另有规定的除外。

二、对于本实施细则中未规定的其他罪名，可按照《上海市高级人民法院〈人民法院量刑指导意见（试行）〉实施细则（试行）》的有关规定量刑。

三、本细则试行前，本院制定的有关量刑的指导性文件中与本细则有抵触的，按本细则的规定执行。

四、本细则下发试行后，如新的法律、司法解释或最高人民法院新的指导意见有不同规定的，按照新的规定执行。

河南省高级人民法院
未成年人犯罪量刑规范化指导意见（试行）

为了贯彻宽严相济的刑事政策和“教育、感化、挽救”的基本方针，规范法官的自由裁量权，统一未成年人刑事案件的量刑标准，维护司法公正，根据《中华人民共和国刑法》、《最高人民法院关于审理未成年人刑事案件具体应用法律若干问题的解释》和《人民法院量刑指导意见（试行）》等有关规定，结合审判实践，制定本意见。

一、量刑的指导原则

1. 人民法院在对未成年被告人量刑时，要贯彻“教育为主，惩罚为辅”的基本原则，坚持“教育、感化、挽救”的基本方针，体现对未成年人的特殊保护，对符合条件的未成年人依法适用非监禁刑。

2. 量刑应当以事实为根据，以法律为准绳，坚持罪刑法定、罪刑相适应的基本原则，根据犯罪事实、性质、情节和对社会的危害程度，决定对未成年被告人的刑罚。

3. 量刑应当贯彻宽严相济的刑事政策，做到该严则严，当宽则宽，宽严相济，罚当其罪，实现惩罚与预防犯罪的目的，实现法律效果与社会效果的统一。

4. 量刑要逐步实现规范化，遵循原则性和灵活性相结合原则，遵守量刑平衡机制，努力实现对同一时期、同一地区、案情相同或相似案件的未成年被告人量刑基本平衡。

二、量刑的基本方法

5. 量刑步骤

第一步：根据基本犯罪事实在法定刑幅度内确定基准刑；

第二步：根据量刑情节对基准刑的调节结果确定宣告刑。

6. 确定基准刑的方法和步骤

基准刑是在不考虑各种法定和酌定量刑情节的前提下，根据基本犯罪事实的既遂状态所应判处的刑罚。基本犯罪事实包括基本犯罪构成和其他影响犯罪构成的犯罪数额、犯罪次数、犯罪后果等犯罪事实。确定基准刑的步骤：

第一步：根据基本犯罪构成事实在相应的法定刑幅度内确定量刑起点；

第二步：根据其他影响犯罪构成的犯罪数额、犯罪次数、犯罪后果等犯罪事实，在量刑起点的基础上确定基准刑。

7. 量刑情节调节基准刑的方法

（1）多个量刑情节并存时，可以采用同向相加、逆向相减的方法确定对基准刑的调节比例。

（2）多个量刑情节与免除处罚情节并存时，应当综合考虑全案情况和法律规定，决定是否免除处罚。

（3）同一行为符合不同的量刑情节时，不得重复评价。

8. 确定宣告刑的方法

（1）在对未成年被告人减轻处罚时，一般应当在相应的法定最低刑以下的下一个法定刑幅度内处罚，但在下一个法定刑幅度处罚仍然过重的，可以在再下一个法定刑幅度处罚，但一般不得因具有数个减轻处罚情节而免除处罚。

（2）量刑情节对基准刑的调节结果在法定刑幅度范围内的，可以直接作为宣告刑。

（3）量刑情节对基准刑的调节结果高于法定最高刑的，不能加重处罚，可以法定最高刑为宣告刑。

（4）量刑情节对基准刑的调节结果在六个月以下的，可依法判处拘役、管制或者单处附加刑。

（5）量刑情节对基准刑的调节出现负数刑期时，如果依法不应当免予刑事处罚的，应当综合全案考虑，确定适当刑罚。

（6）综合全案考虑，量刑情节对基准刑的调节结果确属罪责刑不相适应的，可以提交审委会讨论决定宣告刑。

三、常见量刑情节的适用

9. 依法宣告缓刑的情形。对符合刑法第七十二条第一款规定的未成年被告人，可以宣告缓刑。如果同时具有下列情形之一，适用缓刑确实不致再危害社会的，应当宣告缓刑：初次犯罪的；积极退赃或赔偿被害人经济损失的；被告人为在校学生的；具备帮教、监护条件的。

10. 应当免予刑事处罚的情形。根据未成年被告人所犯罪行，可能被判处管制、拘役或三年以下有期徒刑，如果被告人确有悔罪表现，并符合下列情形之一的，应当依照刑法第三十七条的规定免予刑事处罚：又聋又哑的人或盲人；防卫过当或避险过当；犯罪预备、中止或未遂；共同犯罪中的从犯、胁从犯；犯罪后自首或有立功表现；其他犯罪情节轻微，依法不需要判处刑罚的。

11. 未成年人犯罪的，除罪行极其严重的之外，一般不适用无期徒刑。

对已满十四周岁不满十六周岁的罪犯，一般不判处无期徒刑。

已满十四周岁不满十六周岁的未成年人犯故意杀人、故意伤害致人重伤或者死亡、抢劫、贩卖毒品、放火、爆炸、投放危险物质罪的，应当减少基准刑的30%～60%；已满十六周岁不满十八周岁的未成年人犯罪的，应当减少基准刑的20%～50%。

12. 未成年被告人确因家庭困难、生活所迫实施犯罪，且认罪悔罪的，应当减少基准刑的20%～30%。

因对法律认识错误而实施犯罪的，可以酌情减少基准刑的10%～20%。

未成年被告人没有犯罪预谋，因为一时冲动实施犯罪的，可以酌情减少基准刑的10%～30%。

13. 未成年被告人系受他人教唆实施犯罪的，可以减少基准刑的40%～60%。

14. 未成年被告人有自首情节的，应当综合考虑投案的动机、时间、方式、如实供述罪行的程度以及悔罪表现等情况确定从宽的幅度。

犯罪事实或者犯罪嫌疑人未被司法机关发觉，主动、直接投案构成自首的，可以减少基准刑的20%～50%；

犯罪事实或者犯罪嫌疑人已被司法机关发觉，但犯罪嫌疑人尚未受到讯问，未被采取强制措施时，主动、直接投案构成自首的，可以减少基准刑的10%～40%；

犯罪嫌疑人、被告人如实供述司法机关尚未掌握的罪行，与司法机关已掌握的或判决确定的罪行不同，以自首论，可以减少基准刑的10%～30%；

并非出于被告人主动，而是经亲友规劝、陪同投案，或者亲友送去投案等情形构成自首的，可以减少基准刑的10%～30%；

罪行尚未被司法机关发觉，仅因形迹可疑，被有关组织或司法机关盘问、教育后，主动交代自己罪行构成自首的，以及其他类型的自首，可以减少基准刑的5%～10%。

15. 未成年被告人有立功情节的，应当综合考虑立功的大小、次数、内容、来源、效果等情况，确定从宽的幅度。一般立功的，可以减少基准刑的10%～30%；重大立功的，可以减少基准刑的30%～70%，所犯罪行较轻的，可以减少基准刑的70%以上；犯罪后自首又有重大立功表现的，应当减少基准刑的70%以上。

16. 未成年被告人坦白司法机关尚未掌握的同种罪行的，可以减少基准刑的10%～30%；坦白司法机关已经掌握的罪行的，可以减少基准刑的20%以下。

对当庭自愿认罪，并适用简易程序或普通程序“简化审”的，可以减少基准刑的10%以下。

17. 对于未遂犯，应当综合考虑犯罪行为的实行程度、造成损害的大小、犯罪未得逞的原因等情况确定从宽的幅度。实行终了的未遂犯，可以减少基准刑的20%～40%；未实行终了的未遂犯可以减少基准刑的30%～50%。

18. 对于中止犯，应当综合考虑中止犯罪的阶段、是自动放弃犯罪还是自动有效防止犯罪结果的发生、自动放弃犯罪的原因以及造成的危害结果大小等情况确定从宽的幅度。自动放弃犯罪的，应当减少基准刑的60%～80%；自动有效防止犯罪结果发生的，应当减少基准刑的50%～70%；没有造成损害的，应当免除处罚。

19. 共同犯罪中，根据未成年被告人的地位、作用以及是否实施犯罪行为等情况确定相对于其他被告人从宽的幅度。对于在共同犯罪中作用相对较小的未成年主犯，可以减少基准刑的10%～20%；对处于从犯地位的未成年被告人，一般应当减少基准刑的30%～70%，犯罪较轻的，应当减少基准刑的70%以上；未区分主从犯，但作用相对较小的未成年被告人，可以减少基准刑的10%～30%。

20. 对于被害人有过错或对激化矛盾有责任的，应当综合考虑发案的原因、被害人过错的程度或责任的大小等情况确定从宽的幅度。被害人有严重过错或者对矛盾激化负有直接责任的，可以减少基准刑的20%～30%；被害人有一般过错或者对矛盾激化负有一定责任的，可以减少基准刑的20%以下。

21. 对于积极退赃、退赔的未成年被告人，应当综合犯罪性质、退赃、退赔行为对损害结果所能弥补的程度及退赃、退赔数额等情况确定从宽的幅度。全部退赃、退赔的，可以减少基准刑的20%～30%；部分退赃、退赔的，可以减少基准刑的20%以下；积极配合办案机关追缴赃款赃物，未给被害人造成经济损失或较大经济损失的，可以减少基准刑的10%以下。

22. 对于积极赔偿被害人经济损失的，应当综合犯罪性质、赔偿数额以及被害方的谅解程度确定从宽的幅度。除本意见规定应当判处缓刑的情形外，积极赔偿被害人经济损失并取得被害人及其亲属谅解的，可以减少基准刑的10%～40%；赔偿被害人全部经济损失的，可以减少基准刑的10%～30%；赔偿部分经济损失的，可以根据赔偿数额相应确定从宽幅度。

23. 未成年被告人有前科劣迹的，可以综合考虑前科劣迹的性质、处罚情况，确定从重处罚的幅度。有犯罪前科的，可以增加基准刑的20%以下；有被劳动教养等记录的，可以增加基准刑的10%以下。

24. 未成年被告人是累犯的，应当综合考虑前后犯罪的性质，刑罚执行完毕或赦免以后至再犯罪时间的长短以及前后罪罪行大小等情况从重处罚，增加基准刑的10%～40%。

25. 未成年被告人系团伙犯罪的组织者、领导者的，根据其所组织、领导的犯罪团伙实施犯罪的性质、造成的犯罪后果等情况从重处罚，增加基准刑的10%～20%。

26. 未成年被告人教唆其他未成年人实施犯罪的，根据其所教唆实施犯罪的性质、造成的后果等情况从重处罚，增加基准刑的10%～30%。

27. 未成年被告人系流窜作案的，可以根据作案的次数、间隔期限等情况从重处罚，增加基准刑的10%～20%。

28. 未成年被告人犯罪手段特别残忍的，可以根据其实施的犯罪性质、犯罪手段、造成的后果等情况从重处罚，增加基准刑的20%～40%。

29. 在社会调查过程中，学校、当地基层组织对未成年被告人评价恶劣的，可以增加基准刑的10%～20%。

30. 主刑被依法减轻时，附加刑原则上应当一并减轻，但适用原法定刑幅度中的附加刑实际上对未成年被告人有利的除外。

31. 除刑法规定"应当"附加剥夺政治权利外，对未成年被告人一般不附加判处剥夺政治权利，也不单独适用剥夺政治权利。对未成年被告人判处附加剥夺政治权利的，应当依法从轻处罚。

对实施被指控犯罪时未成年、审判时已成年的被告人判处附加剥夺政治权利，适用前款的规定。

32. 未成年被告人实施刑法分则规定"应当并处"没收财产或者罚金的罪名的，应当依法判处相应的财产刑。

未成年被告人实施刑法分则规定"可以并处"没收财产或者罚金的罪名的，一般不判处财产刑。

未成年被告人实施刑法分则规定"可以单处罚金"的罪名，罪行较轻且有支付条件的，一般优先适用单处罚金刑。对未成年被告人判处罚金刑时，应当依法从轻或者减轻判处，并根据犯罪情节，综合考虑其缴纳罚金的能力，确定罚金数额。但罚金的最低数额不得少于五百元人民币。被判处罚金刑的未成年被告人，其监护人或者其他人自愿代为垫付罚金的，应当允许。

四、附则

33. 在法庭调查阶段，为了查明未成年被告人的犯罪原因和人身危险性，应当由社会调查员就未成年被告人的成长经历、一贯表现以及特定品行发表调查报告，并要求控辩双方对此发表意见。

34. 在法庭辩论阶段，审判长应当注意引导控辩双方围绕有争议的量刑事实和未成年被告人的量刑问题发表意见。

35. 对具体犯罪的量刑规范，适用最高人民法院《人民法院量刑指导意见（试行）》。

36. 本意见所称以上、以下，均包括本数。

37. 本意见自发布之日起试行。

佳木斯市中级人民法院　佳木斯市人民检察院　佳木斯市公安局　佳木斯市国家安全局　佳木斯市司法局

关于加强协调配合积极推进量刑规范化改革的实施细则

2011年1月24日

"规范裁量权，将量刑纳入法庭审理程序"（以下简称量刑规范化改革）是中央确定的重要司法改革项目，也是人民法院三五改革纲要的重要内容。为认真贯彻落实中央的重大决策部署，积极推进量刑规范化改革，确保改革取得成效，在市委政法委牵头，市法院、检察院、公安局、国家安全局和司法局深入调研论证，并广泛征求各方面意见的基础上，根据《最高人民法院 最高人民检察院 公安部 国家安全部 司法部关于加强协调配合积极推进量刑规范化改革的通知》要求，制定本实施细则。

一、充分认识量刑规范化改革的重要意义，稳步推进量刑规范化改革工作

1. 量刑规范化改革是规范裁量权，实现量刑公正和均衡，提高执法公信力和权威的重要保证，是推动社会矛盾化解、完善社会管理创新、促进公正廉洁执法的重要举措；是中央针对新时期新形势，认真总结司法实践经验，倾听人民群众对司法公正的呼声所作出的重大决策部署。中央决定实施量刑规范化改革，是对时代呼唤、群众心声和社会现实需要的积极回应，事关人心向背，事关党的执政基础。此次改革的主要目的是进一步规范法官审理刑事案件的刑罚裁量权，通过将量刑纳入法庭审理程序，增强量刑的公开性和透明度，统一法律适用标准，更好地贯彻宽严相济的刑事政策，最终实现量刑的均衡与公正。这项改革的顺利施行，将更加有利于依法准确惩罚刑事犯罪，更加有利于依法保障公民的诉讼权力，更加有利于维护社会和谐稳定，更加有利于刑事司法工作的科学发展，意义十分重大。市法院、检察院、公安局、国家安全局和司法局，一定要从全局高度充分认识中央这一决

策部署的重大意义，进一步统一思想，提高认识，认真学习有关文件，准确把握改革内容，积极开展量刑规范化改革，确保取得良好的法律效果和社会效果。

二、切实更新执法理念，加大协调配合力度，将量刑规范化改革推向深入

2. 要更新刑事执法理念。量刑规范化改革是一项新的工作，对执法人员的执法理念、程序意识、执法能力都提出了新的更高的要求。市法院、检察院、公安局、国家安全局和司法局要通过深入开展社会主义法治理念教育，彻底清理和摈弃那些不符合、不适应社会主义法治理念要求的陈旧观念，牢固树立打击犯罪与保障人权并重、定罪与量刑并重、实体公正与程序公正并重的社会主义刑事执法理念，切实提高执法办案的能力和水平，实现办案法律效果和社会效果有机统一。

3. 要高度重视调查取证工作。侦查机关、检察机关不但要收集各种证明犯罪嫌疑人、被告人有罪、罪重的证据，而且要注重收集各种证明犯罪嫌疑人、被告人无罪、罪轻的证据；不但要注意收集各种法定量刑情节，包括是否为未成年人、共同犯罪中地位作用、累犯、自首、立功等11种；而且要注重查明各种酌定量刑情节，包括案件起因、被害人过错、退赃退赔、民事赔偿、一贯表现等11种，确保定罪量刑事实清楚、证据确实充分。为量刑规范化和公正量刑，以及做好调解工作、化解社会矛盾奠定基础。

4. 要进一步强化审查起诉工作。人民检察院审查案件，要客观全面审查案件证据，既要注重审查定罪证据，也要注重审查量刑证据；既要注重审查法定量刑情节，也要注重审查酌定量刑情节；既要注重审查从重量刑情节，也要注重审查从轻、减轻、免除处罚量刑情节。切实提高审查案件事实、情节、证据和定性的能力。在审查案件过程中，可以要求侦查机关提供法庭审判所必须的与量刑有关的各种证据材料，侦查机关应当及时提供。对于量刑证据材料的移送，依照有关规定进行。

5. 要全面执行刑事诉讼法规定的各种强制措施。在侦查活动中，对于罪行较轻，社会危害性较小的犯罪嫌疑人，如果符合取保候审、监视居住条件，要尽量适用取保候审、监视居住强制措施，减少羁押性强制措施的适用；检察院、法院在审查起诉、审判过程中，发现羁押期限可能超过所应判处刑罚的，可以根据案件情况变更强制措施，避免羁押超过判处的刑期，切实保障被告人的合法权益。

6. 要继续完善量刑建议制度。检察机关要坚持积极、慎重、稳妥的原

则，由易到难，边实践边总结，逐步扩大案件适用范围。要强化说理，依法规范提出量刑建议，注重量刑建议的质量和效果。提出量刑建议，一般应当制作量刑建议书。对于人民检察院不派员出席法庭的简易程序案件，应当制作量刑建议书。量刑建议一般应当具有一定的幅度，但对于敏感复杂的案件、社会关注的案件、涉及国家安全和严重影响局部地区稳定的案件等，可以不提出具体的量刑建议，而仅提出依法从重、从轻、减轻处罚等概括性建议。

7. 要加强律师辩护工作指导，加大法律援助工作力度。市司法局、律师协会要加强对律师辩护工作的指导，完善律师办理刑事案件业务规则，规范律师执业行为。律师办理刑事案件，要依法履行辩护职责，切实维护犯罪嫌疑人、被告人的合法权益。全市司法机关应当充分保护律师执业权利，重视辩护律师提出的量刑证据和量刑意见。市司法局要进一步扩大法律援助范围，加大法律援助投入，壮大法律援助队伍，尽可能地为那些不认罪或者对量刑建议有争议、因经济困难或者其他原因没有委托辩护人的被告人提供法律援助，更好地保护被告人的辩护权。

8. 要进一步提高法庭审理的质量和水平。在法庭审理中，应当保障量刑程序的相对独立性，要合理安排定罪量刑事实调查顺序和辩论重点，对于被告人对指控的犯罪事实和罪名没有异议的案件，可以主要围绕量刑和其他有争议的问题进行调查和辩论；对于被告人不认罪或者辩护人做无罪辩护的案件，应当先查明定罪事实和量刑事实，再围绕定罪和量刑问题进行辩论。公诉人、辩护人要积极参与法庭调查和法庭辩论。审判人员对量刑证据有疑问的，可以对证据事实进行调查核实，必要时也可以要求人民检察院补充调查核实。人民检察院应当补充调查核实有关证据，必要时可以要求侦查机关提供协助，侦查机关应积极予以配合。

三、强化组织协调，确保量刑规范化改革工作取得实效

9. 加强组织领导，形成工作合力。量刑规范化改革牵扯到政法工作全局，必须依靠市委领导、人大监督，以及政法各部门更积极主动的相互支持和相互配合，才能保证各项改革措施真正落到实处。市法院、检察院、公安局、国家安全局和司法局要高度重视，严格按照中央的部署要求，切实加强组织领导，成立由“一把手”任组长的组织机构，并认真抓好工作落实。建立完善工作联席机制，量刑规范化联席会议一般一个月召开一次，定于每月最后一日，遇节假日顺延。切实加强相关部门之间的沟通协调，形成工作合力，及时发现并协调研究解决量刑规范化改革过程中遇到的新问题和具体

困难，确保量刑规范化改革顺利进行。

10. 确定领导部门牵头人、联系人和相关单位的联络部门、联络员，提高全局沟通协调和迅速反应能力。

11. 加强业务培训，提高素质能力。量刑规范化改革对执法理念、调查取证、审查起诉、律师辩护、法律援助和法庭审理等诸多工作都提出了新的更高的要求。在全市统一培训的基础上，市法院、检察院、公安局、国家安全局和司法局都要根据各自工作实际，配齐配强侦查、公诉、辩护以及刑事审判力量。通过不同途径，采取不同方式，切实加强业务培训，覆盖所有相关部门和相关人员，确保刑事办案人员及相关领导都能正确理解量刑规范化改革的重要性和必要性，强化量刑程序意识，掌握科学量刑方法步骤，不断提高执法办案的能力和水平，确保刑事办案质量。

12. 加大宣传力度，不断总结提高。量刑规范化改革需要社会各界的理解和支持，要进一步加强宣传解释工作，积极传播量刑规范化改革的重要意义和实际成效，让人民群众充分感受到量刑规范化改革带来的成果。量刑规范化改革目前还处在试行阶段，需要有一个不断总结完善的过程。市法院、检察院、公安局、国家安全局和司法局都要及时总结经验，发现问题，加以改进。上级机关要加强对下级机关的监督指导，及时掌握工作进展情况，切实解决试行工作中存在的问题，不断提高量刑规范化工作水平。对于重大问题，要及时层报最高人民法院、最高人民检察院、公安部、国家安全部和司法部。将于上半年对全市量刑规范化改革试行工作情况进行阶段性检查总结，于年底对此项工作进行全面检查总结，修改完善相关文件，不断深化量刑规范化改革。

南京市中级人民法院　南京市人民检察院
南京市公安局　南京市司法局
关于未成年人刑事案件适用禁止令的实施意见（试行）

2011年6月1日　　宁中法〔2011〕155号

为加强对未成年人的特殊保护，全面预防和减少青少年犯罪，根据《中华人民共和国刑法》、《中华人民共和国刑事诉讼法》、《中华人民共和国刑法修正案（八）》及最高人民法院、最高人民检察院、公安部、司法部《关于对判处管制、宣告缓刑的犯罪分子适用禁止令有关问题的规定（试行）》，结合全市未成年人刑事诉讼活动及社区矫正工作实际，现对未成年人刑事案件适用禁止令提出如下实施意见。

第一条　对判处管制、宣告缓刑的未成年被告人，同时宣告、执行禁止令的，应坚持“教育为主，惩罚为辅”的原则，执行措施要有利于未成年犯罪人改造和重新回归社会。

第二条　以未成年人为适用对象的禁止令宣告由审判机关办理，执行由司法行政机关、公安机关组织实施，检察机关对禁止令宣告与执行实行法律监督。

第三条　检察机关在进行社会调查的基础上，可以在起诉时提出对未成年被告人宣告禁止令的建议，并移送审前调查材料。

第四条　审判机关拟对未成年被告人宣告禁止令的，应参考司法行政机关出具的审前调查报告。审前调查报告的内容包括该未成年被告人的生活环境、家庭情况、成长经历、社会交往、犯罪成因等。

第五条　法庭审理过程中，可就未成年被告人审前调查报告进行法庭质证，控辩双方可对是否宣告禁止令展开辩论。

第六条　审判机关宣告禁止令，应当根据未成年被告人的犯罪原因、个人一贯表现等情况，充分考虑与其所犯罪行的关联程度，针对性地决定禁止其在管制执行期间及缓刑考验期内“从事特定活动，进入特定区域、场所，接触特定的人”的一项或几项内容。

第七条　审判机关可以根据未成年人犯罪情况，禁止其在管制执行期间、缓刑考验期限内从事以下一项或者几项活动：

（一）禁止未成年人从事某项可能诱发实施犯罪的具体活动或职业；

（二）禁止无监护人监管或监护人监管不严的未成年人在未经社区矫正机构批准的情况下，在外留宿过夜；

（三）禁止因网络游戏诱发实施犯罪的未成年人玩非适龄网络游戏；

（四）禁止在附带民事赔偿义务及财产刑履行完毕以前进行高消费；

（五）其他确有必要禁止的活动。

第八条 审判机关可以根据未成年人犯罪情况，禁止其在管制执行期间、缓刑考验期限内进入以下一类或者几类区域或场所：

（一）禁止进入夜总会、歌舞厅、迪厅、酒吧、网吧、游戏机房、溜冰场等娱乐场所；

（二）禁止在未经执行机关批准的情况下进入大型公众活动场所；

（三）其他确有必要禁止进入的区域或场所。

第九条 审判机关可以根据未成年人犯罪情况，禁止其在管制执行期间、缓刑考验期限内接触以下一类或者几类人员：

（一）禁止接触可能影响其接受教育改造的同案犯；

（二）禁止接触具有不良嗜好及违法犯罪前科劣迹，并对未成年人行为产生不良影响的特定人；

（三）禁止在未经对方同意的情况下接触特定被害人、证人、控告人、批评人、举报人；

（四）禁止接触其他可能影响未成年人接受教育改造的人。

第十条 成年被告人犯罪侵害未成年人的，审判机关在对该被告人判处管制、宣告缓刑、宣告禁止令时，可以禁止其“从事特定活动，进入特定区域、场所，接触特定的人”的一项或者几项内容：

（一）禁止从事某项可能诱发实施侵害未成年人犯罪的职业；

（二）禁止进入中小学校区、幼儿园园区及周边地区，确因本人就学、居住等原因，经执行机关批准的除外；

（三）禁止在未经对方同意的情况下接触特定未成年被害人、证人、控告人、批评人、举报人及其法定代理人、近亲属；

（四）其他应当禁止的行为。

第十一条 审判机关对判处管制、宣告缓刑的被告人宣告禁止令的，应当在裁判文书主文部分单独作为一项予以宣告。

第十二条 禁止令自判决生效之日起同时生效。禁止令的执行期限，从管制、缓刑执行之日起计算。

第十三条 禁止令期限不应超过管制主刑期或缓刑考验期，但对管制刑犯宣告禁止令的，不应少于三个月，对缓刑犯宣告禁止令的，不应少于二个月。

判处管制的被告人因先期羁押，管制执行期限少于三个月的，禁止令的期限不受前款限制。

第十四条 审判机关宣告禁止令的，应于判决生效五日内将禁止令执行通知及相关材料抄送公安、检察和司法行政机关，上述机关应于五日内寄回送达回执。

第十五条 对未成年被告人宣告禁止令的，由司法行政机关对其进行统一监管，必要时可通过运用技术手段保障禁止令的执行。

第十六条 审判机关在判决生效后，应将禁止令执行通知送达未成年被告人的监护人。

监护人应签署禁止令执行保证书，协助司法行政机关执行对该未成年人的禁止令，并及时将该未成年人的禁止令执行情况向司法行政机关报告。

第十七条 被宣告禁止令的未成年人应严格执行禁止令规定的义务。

被宣告禁止令的未成年人应定期向司法机关报告禁止令执行情况。未成年人的监护人在特殊情况下，经司法行政机关批准，可以代为履行定期报告义务。

第十八条 公安机关、检察机关、审判机关和司法行政机关对被宣告禁止令的未成年人实行信息化管理，管理平台和信息要遵守保密规定。

禁止令的执行应符合未成年人前科封存制度的要求。

第十九条 被宣告禁止令的未成年犯在管制执行、缓刑考验期内表现一贯良好的，司法行政机关可以依职权向审判机关提出对其减刑，并同时撤销禁止令或减少禁止令执行期限的建议。

审判机关收到司法行政机关的建议后，对该未成年犯的行为进行综合评估，于十五日内裁定是否予以减刑及撤减禁止令。

第二十条 被宣告禁止令的管制刑未成年犯在执行期内违反禁止令，情节较轻的，司法行政机关可以对其予以口头警告，并责成其监护人履行监管义务。

违反禁止令情节严重的，司法行政机关可以向公安机关提起建议，由公安机关对其予以相应治安管理处罚。

第二十一条 被宣告禁止令的缓刑未成年犯在缓刑考验期内违反禁止令，情节较轻的，司法行政机关可以根据具体情况决定对其予以口头警告，责成其监护人履行监管义务，或者向公安机关提起建议，由公安机关对其予以相应治安管理处罚。

违反禁止令情节严重的，司法行政机关可以向原审判机关提出建议，审判机关可以依法对其撤销缓刑。原审判机关应当自收到撤销缓刑建议书之日起一个月内依法作出裁定。

第二十二条 被宣告禁止令的未成年犯违反禁止令，有以下情形之一的，属于本意见第二十、二十一条规定的“情节严重”：

（一）违反禁止令达三次以上；

（二）因违反禁止令被治安管理处罚后，再次违反禁止令的；

（三）因违反禁止令造成较为严重后果的；

（四）其他严重违反禁止令执行要求的情形。

第二十三条 检察机关认为宣告禁止令和执行禁止令违反法律规定或侵犯未成年人合法权益，以及对禁止令执行不力的，可以发出书面纠正意见监督改正。

第二十四条 本意见内容与法律法规、司法解释规定不一致的，以法律法规、司法解释的规定为准。

四川省成都市中级人民法院
关于对未成年人犯罪适用缓刑和禁止令的意见

《中华人民共和国刑法修正案（八）》对缓刑适用条件和缓刑执行方式进行了修改，为贯彻“教育、感化、挽救”方针和“教育为主、惩罚为辅”原则，根据《中华人民共和国刑法》和《最高人民法院关于审理未成年人刑事案件具体应用法律若干问题的解释》等相关法律规定，结合我市两级法院未成年人刑事审判实践，提出以下指导意见。

第一条 有下列情形之一的，可以认定为犯罪情节较轻：

（一）共同犯罪中的从犯；

（二）防卫过当或者避险过当的；

（三）犯罪预备、未遂、中止；

（四）被害方存有明显过错的；

（五）其他犯罪情节较轻的情形。

第二条 有以下情形之一的，可以认定为具有悔罪表现：

（一）有自首、立功等法定从宽处罚情节；

（二）认罪态度好，认识到自己行为的社会危害性，并真诚表示愿意悔改；

（三）积极退赃、赔偿被害人及亲属经济损失；

（四）有其他悔罪表现的情形。

第三条 是否存在再犯罪危险，应当综合考虑未成年被告人犯罪的原因、次数、参与程度、家庭背景、生活环境、生活习性、思想状况、有无违法犯罪记录以及监管条件等因素。

第四条 人民法院拟对未成年被告人判处缓刑的，可以通过社会调查了解其所居住社区的意见。

有以下情形之一的，可以认定为对其所居住社区有不良影响：

（一）以残疾、孤寡老人或者丧失劳动能力的人为侵害对象且造成恶劣社会影响的；

（二）因故意犯罪受过刑事处罚、被劳动教养两次以上、受过行政处罚三次以上的；

（三）盗抢公私财物数额巨大，且赃款主要用于吸毒、赌博等违法犯罪行为的；

（四）抢劫、抢夺未成年学生多次，造成当地学生不敢上学的；

（五）其他对所居住社区有不良影响的情形。

第五条 人民法院审理未成年人犯罪案件时，有以下几种情形的，可以对判处管制、缓刑的犯罪分子宣告禁制令。

（一）因迷恋上网而实施抢劫、抢夺、盗窃等侵害他人财产权利罪行的；

（二）因迷恋网络游戏、黄色影视而实施故意伤害、聚众斗殴、强奸等侵害他人人身权利罪行的；

（三）因与他人有矛盾纠纷而实施故意伤害、聚众斗殴的、非法拘禁等罪行的；

（四）因吸食毒品而实施抢劫、抢夺、盗窃以及走私、贩卖、运输毒品等罪行的；

（五）存在其他与犯罪有关联的不良行为的。

第六条 人民法院对判处管制、宣告缓刑的未成年被告人宣告禁制令的，应当在裁判文书中说明理由，并引用相关法律和司法解释条文，在裁判文书主文部分单独作为一项予以宣告。

第七条 人民法院宣判缓刑时，可以通知被告人所在地县级司法行政机关人员或社区矫正机构人员参加，并应以书面形式告知被判处缓刑的罪犯接受社区矫正，并告知其在接到判决书后3日内到居住地县级司法部门办理登记手续。

第八条 判决生效后，人民法院应当在3日内将刑事判决书、执行通知书、《社区矫正告知书》等文书材料送达罪犯户籍所在地司法局社区矫正办公室，并抄送同级人民检察院。

第九条 对依法实行社区矫正的缓刑人员，缓刑期满，应由社区矫正机构向犯罪分子及其所在单位、居住地居委会、村委会公开予以宣告，并书面告知人民法院。

第十条 本意见如与法律、司法解释、上级法院规定不一致的，应按照法律、司法解释、上级法院规定执行。

第十一条 本意见自下发之日起在全市两级法院试行。

未成年人案件审判绩效考核规范性文件

广西壮族自治区高级人民法院 2010年度未成年人刑事案件审判质量及相关工作量化考评标准

2010年6月12日　　　　桂高法〔2010〕214号

2010年度未成年人刑事案件审判质量及相关工作量化考评标准

考评内容		分值	考评标准	考评情况	加分	扣分	实得分
案件审理（80分）	一审法院开庭前向未成年被告人送达起诉书副本时，阐明被指控的罪行及有关法律条款，并告知诉讼程序及有关的诉讼权利、义务	6分	全部案件达到要求得6分，每低于1个百分点，扣0.1分。				
	落实未成年人的法定代理人或者其他监护人到庭制度并确保其诉讼权利	6分	全部案件达到要求得6分，未达到要求的，每件扣0.5分。				
	庭前开展社会调查	6分	计分标准：（开展社会调查的案件数÷未成年人刑事案件总数）×6分（分值计算至小数点后一位）				

考评内容		分值	考评标准	考评情况	加分	扣分	实得分
案件审理（80分）	对未成年被告人进行法庭教育	6分	全部案件达到要求得6分，未达到要求的，每件扣0.5分。				
	诉讼材料齐备，记录完整	6分	卷宗材料齐全；笔录、传票等文书制作规范得6分。不符合规定每处扣0.1分				
	按照最高法法办发〔2009〕25号通知文书样式要求制作裁判文书	6分	文书制作规范，说理性强，体现对未成年被告人进行社会调查、剖析其走上犯罪道路的主客观方面原因得6分，不符合规定每份文书扣0.5分				
	案件质量合格率	10分	因事实不清、适用法律错误或量刑不当被改判的案件，以及因事实不清，证据不足被发回重审的案件，每件扣1分（因二审有新事实或新证据，导致案件被改判或发回重审的除外）				
	刑事附带民事案件调撤率	6分	在所有刑事附带民事诉讼案件中。刑事附带民事案件调撤率达到全区平均值得3分，每增加一个百分点加0.2分，每减少一个百分点扣0.2分				

	考评内容	分值	考评标准	考评情况	加分	扣分	实得分
案件审理（80分）	审判程序合法	10分	全部案件达到要求得10分。有违反指定辩护制度、公开审判制度等程序违法情形的。每件扣1分				
	法定审限内结案	10分	案件无超审限得10分，超审限案件每件扣1分				
	将相关材料移送执行机关	3分	案件审结后依照有关规定及时将材料移送执行机关得3分，迟延移送每件扣0.1分				
	司法统计	5分	及时准确向上级法院报送有关未成年人刑事案件及相关工作的统计数据得5分，迟报、漏报、错报每次扣0.5分。瞒报或弄虚作假该项不得分。				
少年法庭建设及相关工作（20分）	有未成年人刑事审判庭、合议庭或指定专人审理	10分	机构健全，审判人员熟悉未成年人身心特点得10分。反之该项不得分。				
	少年法庭制度、档案齐全	5分	少年法庭各项审判制度、管理制度健全，日常工作档案齐备得5分，反之酌情扣分				
	对少审法官进行业务培训	5分	组织少审法官开展业务培训得5分				

考评内容		分值	考评标准	考评情况	加分	扣分	实得分
加、减分项目(40分)	圆桌审判	2分	设置圆桌审判法庭，对符合条件的未成年人刑事案件实行圆桌审判得2分。				
	对判处非监禁刑的未成年罪犯开展帮教工作，并建立跟踪帮教档案	2分	档案齐全，将未成年罪犯的基本情况、家属联系方式、犯罪事实、处理情况等资料详细登记在册，及时详细记载案件进展情况和回访教育的效果，信息准确、可靠，能够及时反馈未成年罪犯的改造状况，帮教工作落实到位得2分。				
	协助服刑场所做好帮教、改造工作或对正在服刑的未成年罪犯进行回访考察	2分	根据工作实际情况采取多种方式进行回访帮教，落实到位得2分。				
	到学校、社区等地开展未成年人法制教育，提供法律咨询	4分	每开展一次活动得1分。考评时根据学校、社区相关证明材料或媒体报道等书面材料确定活动次数。				
	辖区内未成年人重新犯罪率得到有效控制	2分	辖区内未成年人重新犯罪率与全区平均水平持平得1分，每低于0.1个百分点加0.1分				
	业务指导	3分	注重加强对下级法院的业务指导得3分。以业务指导中形成的书面材料作为考评依据。				

考评内容		分值	考评标准	考评情况	加分	扣分	实得分
	报送未成年人刑事案件典型案例	5分	向高院报送未成年人刑事案件典型案例，每篇得0.5分。所报送的典型案例被最高法或高院作为指导案例发布的，每篇加1分。				
	发表信息、简报	5分	在法院内部发表宣传少年法庭工作的信息、简报，每篇得0.5分。				
	调研成果	5分	对少年法庭工作开展专项调研并形成调研报告的，每篇得1分。获市级奖项的，每篇加1分，获自治区级奖项，每篇加2分，获国家级奖项的，每篇加3分				
	在报刊、杂志、网络等媒体发表宣传少年法庭工作先进经验及发表相关文章、案例宣传	5分	在市级媒体发表每篇得1分，自治区级媒体发表每篇得2分，在国家级媒体发表每篇得3分				
	少年法庭集体、个人获得市级、自治区或国家级荣誉	5分	获市级荣誉的，每项得2分。获自治区级荣誉的，每项得3分。获国家级荣誉的，得5分。				
	因处理案件不当导致赴邕上访造成不良影响，或导致进京上访、群体性事件	扣6分	发生因处理案件不当导致赴邕上访造成不良影响，或导致进京上访、群体性事件每件扣2分，以扣满6分为限。				
总分							

该项工作由广西区高级人民法院刑三庭负责考评。

有关考评指标说明：

1. 未成年人刑事案件质量及相关工作考评实行百分制和加减分制。

2. 考评标准中所列百分制项目为未成年人刑事案件及相关工作的基本要求。

3. 考评标准中所列加减分项目在百分制以外计分。

4. 考评标准按项目分解设置分值，根据考评内容和标准逐一评分。同一案件出现多种加分、扣分情形累计计算。

5. 考评标准中所列各项分值为该项最高分值。各项加分达到最高分值后不再累计加分；同时各项所列分值扣完为止，不计负分。

6. 案件质量考评每年进行一次，考评范围是上年 12 月 21 日至当年 12 月 20 日所办结的案件及相关少年法庭工作。

7. 考评名次按照所得总分高低排列。

8. 不按时报送年终总结、考评相关资料的，视为自动放弃参评资格。

苏州法院少年法庭工作考核细则

<table>
<tr><th>类别</th><th>序号</th><th colspan="3">考核内容</th><th>基本分</th><th>考核依据</th><th>评分标准</th><th>得分</th></tr>
<tr><td rowspan="4">基础建设5分</td><td>1</td><td colspan="3">组织机构建设</td><td>1</td><td>基层法院台账及案卷</td><td>1）领导重视，全年召开维权例会不少于一次，各部门协调配合，分工明确，发挥全面维权整体功能；（0.5分）2）涉少案件由少年庭或法庭专人审理，实行专人执行，由少年庭统一管理。（0.5分）。</td><td></td></tr>
<tr><td>2</td><td colspan="3">规范化、制度化建设</td><td>2</td><td>基层法院台账</td><td>1）年初有计划、年度抓落实、年末有总结；2）制订相应的工作制度和考核机制，考核中体现省院“关于办理少年案件如何折算工作量的意见”的精神；3）各类基础台账[1]齐全。</td><td></td></tr>
<tr><td>3</td><td colspan="3">专项协助、统计报表</td><td>1</td><td>中院统计台账</td><td>按时按要求上报各类统计数据，季度点评、半年、全年审判态势分析报告等材料得1分。少报或报错一次扣0.1分。</td><td></td></tr>
<tr><td>4</td><td colspan="3">业务学习、培训</td><td>1</td><td>基层法院台账</td><td>组织涉少案件审判人员、陪审员业务学习全年不少于4次得1分。</td><td></td></tr>
<tr><td rowspan="3">审判工作33.5分</td><td rowspan="3">5</td><td rowspan="3">刑事13分</td><td rowspan="3">审判效率4分</td><td>结收案比</td><td>2</td><td rowspan="3">统计报表</td><td>达100%以上（含本数）的得2分，未达到100%的，按年终排名依次递减0.1分</td><td></td></tr>
<tr><td>法定正常审限内结案率</td><td>1</td><td>法定正常审限内结案率100%得1分，按年终排名依次各递减0.1分；无法定事由，出现一件超审限案件扣0.5分。</td><td></td></tr>
<tr><td>一审服判息诉率[2]</td><td>1</td><td>达95%以上得1分，未达到的每下降五个百分点扣0.2分。</td><td></td></tr>
</table>

类别	序号	考核内容			基本分	考核依据	评分标准	得分
审判工作33.5分	5	刑事13分	审判质量9分	改判发回率	3	中院台账	无改判发回得3分，有发、改的，按年终排名依次递减0.2分。因二审中出现新证据、新情况等的，不计入发回改判数内。	
				附带民事诉讼调撤率	2	统计资料与抽查案件相结合	按年终排名，第一名得2分，每下降五个百分点递减0.2分，调撤率低于50%的不得分。	
				定性、量刑、适用法律及诉讼程序	2		除发回改判的案件以外，在定性、量刑、法律适用及诉讼程序等方面有一般瑕疵的每件扣0.1分；有重大瑕疵的每件扣0.2分，扣完为止。	
				裁判文书及案卷	2	统计资料与抽查案件相结合	1）裁判文书有新特色的得0.2分，被上级肯定并推广的加0.3分。文书评比获奖的酌情加0.5－1分；2）裁判文书格式不符合最高院［法办发（2009）25号通知］格式要求的；事实叙述不客观全面或论述不正确的；运用法条不规范、错用、漏用的，每件扣0.1分；3）卷内材料不全或装订、归档不符合规定的，每件扣0.02分。	
	6	民事15分	审判效率4分	结收案比	2	统计报表及案件抽查	结收案比达到100%以上的（含本数）得2分，100%以下的按年终排名每降一个名次递减0.1分。	
				法定正常审限内结案率	1		法定正常审限内结案率100%的得0.5分，按年终排名依次各递减0.1分；无法定事由，出现一件超审限案件扣0.5分，扣完为止。	
				四项案件未结案率	1		按照年终排名，第一名得1分，依次递减0.1分；18个月以上未结案，有一件扣0.2分，扣完为止。	

类别	序号	考核内容			基本分	考核依据	评分标准	得分
审判工作33.5分	6	民事15分	审判质量11分	改判发回率	3	中院台账	无改判发回的得3分，有发改的，按年终排名依次递减0.2分。因二审中出现新证据、新情况等而改判发回的，不计入发回改判数内，扣完为止。	
				民事调撤率	2	统计资料与抽查案件结合	按年终排名，第一名得2分，每下降五个百分点递减0.2分，调撤率低于60%的不得分。	
				调解案件申请执行率②	1		5%以下得1分。每上升五个百分点扣0.2分，15%以上的不得分。	
				一审服判息诉率③	1		达95%以上的得1分，以下的每下降五个百分点扣0.1分。	
				适用法律、诉讼程序	2		除发改案件以外的，在适用法律及程序等方面存在一般瑕疵每件扣0.1分；重大瑕疵每件扣0.2分，扣完为止。	
				诉讼文书及案卷	2		1）裁判文书有少年审判特色得0.5分，被上级肯定或推广的加0.5分。2）裁判文书不符合格式要求的；事实叙述不客观全面或论述不正确的；运用法律条文不规范、或错用、漏用法律条文的；每件扣0.1分。3）卷内材料不全或装订、归档不符合规定的，每件扣0.02分。	
	7	执行3分		执行规范	1	统计资料及案件抽查	1）建立涉少执行案件台账，对涉少案件加盖“涉少”印章，得0.5分；2）执行中体现涉少案件“四不原则”，严格按照法定程序，讲究方式方法的，得0.5分；3）执行程序或措施失当，且造成社会影响的，每件扣0.1分。	
				执行效率	2		1）涉少案件执结率达98%得1分，每下降五个百分点递减0.2分。2）自动履行、和解率达60%以上的加0.5，80%以上的加0.8；95%以上的加1分.	

类别	序号	考核内容		基本分	考核依据	评分标准	得分
审判工作33.5分	8	立案2.5分	登记规范、诉讼指导	1.5	基层法院台账及卷宗	1）涉少案件由专人审查立案，统一“少初字”号得0.5；2）发放专门权利义务告知书，开展诉讼指导、诉前调解得0.5分；3）诉前调解成功率达60%以上加0.5分。	
			信访处理	1	基层法院台账及中院统计	1）建立涉少信访台账、做到专人接待，及时处理的得0.5分。2）向上级法院投诉的，酌情扣除每件0.2分。	
审判延伸工作4.5分	9	案件回访		1.5	基层法院台账	1）适时做好对未成年犯的回访帮教工作得0.5分。每年对监禁刑少年犯回访、协助社区矫正机构对非监禁刑少年犯回访帮教分别不少于一次； 2）适时做好涉少民事、执行案件的未成年人回访工作并建立台账的得0.5分； 3）活动新颖、成效突出的另加0.5分。	
	10	司法建议、法制宣传		2		1）结合审判积极开展司法建议活动，并建立台账得0.2分，反馈效果好的加0.3分； 2）深化和谐共建活动1分，全年开展青少年法制教育活动，不少于2次得0.5分，预防、化解涉少矛盾成效突出的加0.5分； 3）维权工作突出，得到当地党委、政府高度评价，或社会反响较好的，酌情加0.5分。	
		巡回审判		1		选择典型案例开展巡回审判全年不少于二次的得1分。	

类别	序号	考核内容	基本分	考核依据	评分标准	得分
审判改革及其他7分	11	司法规范化、改革创新	2	抽查案件及相关材料	1）积极上报典型案例并被确定开展庭审观摩的得0.5分；2）积极探索少年审判工作新举措，形成书面材料或规范性文件并上报的得0.5，被上级法院肯定并推广的酌情加0.5－1分；	
	12	争创各级别荣誉称号	2		1）少年法庭工作获市级荣誉的加0.2分．获省级荣誉的加0.5分；荣获国家级优秀青少年维权岗或其他相关同级别荣誉的加0.8分。2）凡从事少年审判工作的个人获得以上同级别荣誉的可酌情加分（0.1；0.2；0.5）．	
	13	宣传调研	3	刊物复印件及相关书面材料	1）宣传报道1分。每月20日前报中院信息2篇，全年被《少年审判专刊》录用以及本市报刊媒体录用稿件分别不少于4篇、6篇得0.5分；被省、国家级报刊媒体录用分别加0.1、0.3分，国家级二篇以上另加0.2分．。 2）调研2分。积极参加研讨活动，完成上级调研课题得0.5分；全年向上级法院报送典型案例［按案例格式书写］不少于二篇得0.2分；调研文章或案例被市、省、国家级刊物录用的，分别加0.2、0.5、0.8分，国家级二篇以上另加0.3分。获奖论文加0.2分。	

注解①：“基础台账”：
（1）基础建设：机构建设；规章制度；工作计划、部署、总结；业务学习；少年法庭工作荣誉。（2）审判工作：立案、审理、执行台账；涉少审判改革。
（3）延伸工作：回访；法制宣传；司法建议；巡回审判。
（4）宣传调研：市级以上媒体刊物录用清单及相关复印件（网络媒体除外）。
注解②：民事调解案件申请执行率　民事调解案件中申请执行案件数／调解生效案件总数。
注解③：一审服判息诉率　1－上诉案件数／一审结案总数。

枣庄市中级人民法院
关于印发《2011年度基层法院少年法庭工作考核办法》的通知

2011年7月7日　　　　　　　　　　　　　　　　枣中法〔2011〕号

各区、市法院：

枣庄市中级人民法院少年法庭工作领导小组根据山东省高级人民法院《2011年少年法庭工作纲要》和枣庄市中级人民法院《2011年度基层法院工作考核办法》，研究制定了《2011年度基层法院少年法庭工作考核办法》。现印发给你们，望结合实际，认真抓好落实。

枣庄市中级人民法院
2011年度基层法院少年法庭工作考核办法

为切实保护未成年人合法权益，推动全市少年法庭工作健康、有序发展，根据山东省高级人民法院《2011年少年法庭工作纲要》和枣庄市中级人民法院《2011年度基层法院工作考核办法》，制定本考核办法。

一、考核对象

考核对象为全市各基层法院。

二、考核内容

考核内容包括案件审判、制度建设、信息宣传、理论调研、机构建设等工作，满分30分。对工作表现突出的，予以加分。

三、考核项目及评分标准

（一）案件审判（满分15分）

1. 上诉、抗诉率，满分3.5分。该项目值最低的基层法院记3.5分，其余基层法院上诉、抗诉率每增加1%扣0.1分。

计算公式：上诉、抗诉率 = 该法院审理的涉少案件上诉、抗诉案件数 ÷ 该法院涉少案件结案数 ×100%。

2. 发回、改判率，满分 3.5 分。该项目值最低的基层法院记 3.5 分，其余基层法院发回、改判率每增加 1% 扣 0.1 分。

计算公式：发回、改判率 = 该法院涉少案件二审发回、改判数 ÷ 该法院涉少案件上诉、抗诉案件数 ×100%。

3. 正常审限内结案率，满分 2 分。该项目值最高的基层法院记 2 分，其余基层法院正常审限内结案率每减少 1% 扣 0.1 分。

计算公式：正常审限内结案率 = 该法院一个半月审限内审结的涉少案件数 ÷ 该法院涉少案件数 ×100%。

4. 法定代理人（合适成年人）出庭率，满分 2 分。该项目值最高的基层法院记 2 分，其余基层法院法定代理人（合适成年人）出庭率每减少 10% 减 0.1 分。

计算公式：法定代理人（合适成年人）出庭率 = 法定代理人（合适成年人）出庭案件 ÷ 该法院涉少案件数 ×100%。

5. 人民陪审员参审率，满分 2 分。该项目值最高的基层法院记 2 分，其余基层法院人民陪审员适用率每减少 10% 减 0.1 分。

计算公式：人民陪审员适用率 = 人民陪审员参与审理的案件 ÷ 该法院涉少案件数 ×100%。

6. 社会调查员出庭率，满分 2 分。该项目值最高的基层法院记 2 分，其余基层法院社会调查员出庭率每减少 10% 减 0.1 分。

计算公式：社会调查员出庭率 = 社会调查员出庭的案件 ÷ 未成年人刑事案件数 ×100%。

（二）信息调研（满分 6 分）

1. 信息报送量，总分 3 分。各基层每季度均能完成 2 篇信息报送任务的，得基础分 2 分，每减少 1 篇扣 0.1 分，每增加 1 篇加 0.1 分。

2. 论文报送量，总分 3 分。每季度均能完成 1 篇论文报送任务的，得基础分 2 分，每减少 1 篇扣 0.25 分，每增加 1 篇加 0.25 分。

（三）机构建设（满分 4 分）

设置独立建制的少年法庭的得基础分 3 分。设置独立建制的未成年人案件综合审判庭的，加 1 分。

（四）贯彻执行上级法院工作指导（满分 5 分）

1. 对于上级法院要求每月报送的未成年罪犯相关情况统计表、其它统计报表、调研文章等材料，各基层法院按时报送的，得 2 分，不及时的，每次扣0.5分。本项满分2分。

2. 积极配合上级法院开展有关工作的，得3分，配合不积极的，酌情扣分。

（五）加分项目

1. 信息采用。报送涉少信息被上级法院采用的，1篇信息加0.1分。

2. 理论调研。撰写的涉少文章被市级报刊、杂志采用的，1篇文章加0.1分；被省级报刊、杂志采用的，1篇文章加0.25分；被《人民法院报》、《法制日报》、《人民司法》、《法律适用》等国家级报刊、杂志采用，1篇文章加0.5分。

3. 改革创新。结合《2011年少年法庭工作纲要》的工作任务进行改革创新，因涉少先进经验或改革创新被国家级新闻媒体报导或最高法院在全国法院系统推广的，每次加1.5分；经省级媒体报导或省法院在全省法院系统推广的，每次加1分；被中央、国务院、最高人民法院等领导人作出重要批示，每个批示加1.5分；被省委、省政府、省法院等领导作出重要批示，每个批示加1分。

4. 制度建设。完善、健全少年法庭规章制度的，每创制一项新制度加1分。

5. 因涉少工作成绩突出，庭室获得省级以上荣誉的，每次加1分；涉少干警获得省级以上荣誉的，每次加0.5分；撰写的涉少调研文章或制作的涉少案件裁判文书获得省级以上荣誉的，每次加0.5分。

四、组织实施

中院少年法庭工作指导小组负责全市少年法庭工作的指导、监督和考核，办公室设在刑事审判第三庭。中院少年法庭工作指导小组办公室成立考核小组，负责考核的组织工作。

各基层法院根据本考核办法对本院少年法庭工作进行自查，形成书面报告，于2011年12月5日前报中院刑三庭。

考核小组通过听取汇报、查阅卷宗及相关材料、实地检查等方式对全市各基层法院少年法庭工作的情况进行考评。考核工作结束后，中院少年法庭工作指导小组办公室将通报考核成绩。

五、考核要求

各基层法院应高度重视少年法庭工作考核，不得弄虚作假。作假舞弊的，涉假项目不得分，情节严重的，取消考核成绩。

六、考核结果的运用

对各基层法院少年法庭工作的考核结果，将计入对各基层法院考核的总成绩中，同时作为推荐少年法庭工作先进典型的基本依据。

南昌市中级人民法院
基层人民法院少年综合审判工作考评办法

第一章　考评的主要内容

一、基础工作（20分）

1. 组织机构（5分）。各县、区人民法院设立了独立建制的少年审判庭，得基本分5分。对于涉少案件相对较少、人员编制相对紧张，尚未设立少年综合审判庭的法院，如成立了专门的少年审判合议庭，实现了涉少案件的“专人审理”，也可得该项基本分。未设立独立建制的少年审判庭或专门的少年审判合议庭的，扣5分。

2. 人员配备（5分）。各县、区人民法院应选配懂刑事精民事通行政，善于做未成年人思想教育工作的审判人员从事少年审判工作，且保持少年审判人员相对固定（在本考评办法实施前将少年审判庭或少年审判合议庭组成人员名单上报中院）。涉少各类案件应由各县、区人民法院的少年审判庭或少年审判合议庭专门审理。完成此项工作的可得基本分5分。未按规定执行的，每1件案件扣1分，以5分为限。

3. 规范立案（10分）。各县、区人民法院应当认真贯彻执行洪中法［2009］2号文、10号文的规定，按照少年审判庭受案范围规范立案。确保上述两个文件规定的属于少年审判庭受案范围的案件全部由该院少年审判庭或少年审判合议庭审理，并要求案件单独编立少字号。完成此项工作的，可得基本分10分，未按规定规范立案的，每1件案件扣1分，以10分为限。文件规定范围外其它涉少案件，各院可根据审判力量和案件数量情况，自行决定是否由少年审判庭或少年审判合议庭审理。

二、审判工作（50分）

审判工作主要从年终案件检查、二审案件质量及综合考评三个方面考评。

（一）年终案件检查（35分）：

年终案件检查的对象为各县、区人民法院当年一审已生效的涉少刑事、民事（含行政）案件。重点检查案件审理程序、事实的查明和法律适用情况。根据刑事和民事案件相应特点，检查要求相应有所不同，以下为具体评分项目及标准。

1. 对案件审理程序的评查（12 分）。其中庭审程序部分占 4 分，各类法律措施、法定期限、期间的适用情况占 4 分，法律文书制作和案卷装订情况占 4 分。

（1）刑事案件庭审程序重点评查审判组织构成、告诉才处理的案件的适用、公开和不公开审理适用情况、诉权告知、社会调查、指定辩护人、通知法定代理人到庭、法庭教育、合议庭评议及判后诠释等程序问题。程序完整、合法得基本分 4 分。

民事（行政）案件庭审程序重点评查审判组织构成、公开和不公开审理适用情况、委任代理人手续及权限、举证责任分配、鉴定人出庭情况、合议庭评议及判后诠释等主要程序问题。程序完整、合法得基本分 4 分。

（2）刑事案件的各类法律措施、法定期限、期间适用情况重点评查是否超审限、采取和取消各种强制措施情况、裁判文书送达和宣判等程序问题。程序完整、合法得基本分 4 分。

民事（行政）案件的各类法律措施、法定期限、期间适用情况重点评查案件是否超审限、起诉书和开庭传票的送达、举证期限、诉讼保全和先予执行措施的适用、裁判文书送达和宣判等程序问题。程序完整、合法得基本分 4 分。

（3）刑事、民事（行政）案件的法律文书制作和案卷装订情况重点评查庭审笔录和评议笔录的制作、审判委员会笔录制作、裁判文书的制作、案卷的装订情况。文书制作规范、装卷符合规定的基本分 4 分。有以下情形的，相应扣分。

庭审笔录应当由出庭的涉案当事人及其法定代理人、委托代理人，合议庭成员和书记员签名，更正处需有相应当事人的签名认可，每少 1 个签名扣 0.2 分。须严格依照三大诉讼法的要求真实、完整地记录庭审全过程，每处差错扣 0.2 分。庭审笔录以扣 1 分为限。

合议笔录应当记载参加评议成员的具体意见，没有签名的扣 0.5 分；仅记录“同意”的扣 0.5 分；如有两位成员的意见都记录为同意，可扣 1 分。对案件事实、性质及量刑等主要问题记载不清，可扣 1 分。审判委员会笔录应当记录每个到会委员的具体意见，没有记录具体意见的扣 0.5 分，到会委员没有签名的扣 0.5 分。合议笔录与审判委员会笔录以扣 1 分为限。

刑事裁判文书的制作标准参见《南昌市中级人民法院关于规范未成年人刑事一审裁判文书的意见（试行）》的要求。民事和行政裁判文书的制作以最高人民法院颁行的现行规定为标准。每处差错扣 0.2 分，以扣 1 分为限。

案卷装订应做到卷宗顺序正确、材料的完整、内容的填写规范、纸张的大小统一、字迹的工整。每处差错扣 0.2 分，以扣 1 分为限。

2. 对案件查明事实的检查（12 分）。其中案件的定性部分占 4 分，证据采信部分占 4 分，事实认定部分占 4 分。

（1）刑事案件的定罪准确的得基本分，定罪不准的在 2 分以内扣分，定罪错误该项不得分。一案涉及数罪的，应按各罪所占比例扣分，但主罪适用错误，该项不得分。

民事（行政）案件重点评查案由的确定，案由正确的得基本分，案由不准的在 2 分内扣分，错误的，该项不得分。

（2）证据采信重点评查裁判所采信的证据是否充分。判决书中采信的证据经过当庭质证，且能充分证明案件事实的，得基本分。部分采信的证据未经质证或证明不充分的应在 2 分以内扣分；主要采信的证据未质证或证明不充分的，该项不得分。

（3）事实认定重点评查裁判认定的事实是否清楚。裁判文书中认定的事实有相应证据证实的，得基本分。部分事实认定不当应在 2 分以内扣分；主要事实不清的，该项不得分。在刑事案件中对未成年被告人成长历程的相关事实未作仔细查明的，扣 2 分。

3. 对法律适用的检查（11 分）。其中裁判的说理和分析部分占 3 分，法条引用部分占 4 分，实体处理部分占 4 分。

（1）裁判的说理和分析部分重点评查在案件评议、审判委员会讨论、裁判文书制作中，是否根据查明的事实运用法理和逻辑对案件的处理进行了说理和分析。说理充分、分析透彻、条理清晰的得基本分，有欠缺的在 2 分内扣分。在刑事案件中对未成年被告人的犯罪成因未作深刻分析，减轻处罚的理由未充分阐述的，扣 2 分。

（2）法律条款引用重点评查裁判所依据的法律条款（包括司法解释）是否准确。漏列一条的扣 1 分；错列一条的扣 2 分；扣满 4 分止。

（3）实体处理部分重点评查刑事案件的量刑适当，民事案件和行政案件的裁判结果合法、公正。

其中刑事案件主刑、附加刑各占 2 分。一般量刑有明显偏差的应在 2 分之内扣分，全案主附量刑均不当的，该项不得分。民事案件、行政案件处理部分不当的，可在2分之内扣分，显失公正的，该项不得分。

（二）二审案件质量（10分）。

二审案件质量重点考评上诉率、上诉改判率、上诉发回重审率。该三个指标的计算将刑事、民事、行政案件一并累加计算。

下列类型案件计入改判、发回重审案件的统计基数：

原判认定事实不当或证据不足被改判的；

原判定性不当被改判的；

原判适用法律条款明显不当导致量刑不当被改判的；

原判量刑明显不当或原判各被告人量刑之间严重失衡被改判，经中院考评组认为应计入改判案件的统计基数的；

原判程序严重违法被发回重审的。

1. 上诉率（4分）

上诉案件数与本院同期案件结案总数之比达到全市基层法院平均值的，得基本分4分，每增（减）1%扣（加）0.1分。

2. 上诉改判率（3分）

被二审法院改判的案件数与本院同期一审结案总数之比达到全市基层法院平均值的，得基本分3分，每增（减）1%扣（加）0.1分。

3. 上诉发回重审率（3分）

被二审法院发回重审的案件数与本院同期一审结案总数之比达到全市基层法院平均值的，得基本分3分，每增（减）1%扣（加）0.1分。

（三）综合考评（5分）

综合考评重点考评结案率、法定期限内结案率和民事案件调撤率三大指标。其中，结案率、法定期限内结案率的计算将刑事、民事、行政案件一并累加计算。

1. 结案率（1分）

一审结案总数与同期一审案件受理总数（旧存+新收）之比达到全市基层法院平均值的，得基本分1分，每增（减）1%加（扣）0.1分。

2. 法定期限内结案率（2分）

一审在法定期限内结案数与同期一审案件结案总数之比达到全市基层法院平均值的，得基本分2分，每增（减）1%加（扣）0.1分。

3. 民事案件调撤率（2分）

一审民事案件中以调解、撤诉方式结案数与同期一审民事案件结案总数之比达到全市基层法院平均值的，得基本分2分，每增（减）1%加（扣）0.1分。

三、调研工作（10 分）

调研工作主要考评与少年审判密切相关的调研工作，非从事少年审判的工作人员撰写的与少年审判密切相关的调研文章，可列入本项。

1. 信息与调研文章（8 分）

及时掌握工作动态，准确、快速编写、报送信息达人均2篇的，得基本分1分。信息被中院采用4篇记1分，省院采用2篇记1分，最高院采用1篇记1分。

结合审判工作实际，在有关报刊上发表少年审判调研文章的，市级（含《南昌少年审判》）每1篇记0.5分，省级每1篇记1分，中央级每1篇记2分。

本项总得分以8分封顶。

2. 结合辖区审判实际写出专题调研报告发表或被上级机关采用的，或完成上级法院单项调研任务的，记2分，2分封顶。

四、特色工作（10 分）

少年审判的特色就在于立足审判，延伸帮教。2009年我市少年审判的特色工作是法制宣传教育与回访帮教两方面。

1. 法制宣传教育（5分）：各县、区法院每年到辖区大中专院校、中小学校进行法制宣传教育不少于四次，每次活动都有文字、图片或影像资料存档备查的得基本分5分，每少1次（含无备查资料）扣1分。

2. 回访帮教（5分）：少年审判法官要对刑事案件当事人，尤其是被判处缓刑、单处罚金刑的未成年人定期进行回访帮教，并对帮教过程进行记录。各基层法院回访帮教率（定期回访帮教案件数与同期结案刑事案件数之比）达20%的可得基本分5分，每增（减）10%加（扣）1分。

五、廉政工作（10 分）

廉政工作基本分为10分。凡是少年审判工作人员有违反上级法院或本院纪检、监察部门制定的各项廉政建设规定，受到警告处分扣3分，受到严重警告处分扣5分，行政记过处分扣7分，有受到行政记大过处分以上扣10分，并取消该法院少年审判工作年底评先的资格。

第二章 考评方式与程序

一、考评方式

鉴于少年审判的综合性，审判工作的考评与刑事、民事、行政庭同时进行，其它考评项目由少年庭单独组织。

二、考评程序

考评程序包括年终考评的受检案件抽查程序、二审案件质量数据公开程序和评分程序。

1. 受检案件抽查程序

受检案件抽查由中院根据当年的少年审判工作重点和改进少年审判工作需要的要求，确定抽查案件范围和方法。所抽查的案件为当年案号之内，该考评方案下发之日前的涉少案件不参评。

经过二审的案件，如属受检范围，仅在二审改判、发回重审理由之外进行考评、打分。

受检法院不按要求提供参检的案件，故意漏送漏报的，所漏送、漏报的案件计零分。

2. 二审案件质量数据公开程序

列入二审案件质量的数据与资料，应当在作出评分前向受检法院通报。受检法院有异议的，应当及时提出修正的理由和依据，异议成立即予纠正。

3. 评分程序

考评人员在检查案件时，应根据本办法规定对检查发现的错误予以扣分，同时在考评表上进行详细注明，并向考评小组进行汇报。

受检案件存在事实的认定、主要证据的采信、程序方面出现重大差错的，考评人员应首先向受检法院质询，听取受检法院的陈述，然后再予打分。扣分额超出考评小项二分之一以上分数的，应提交考评小组讨论后确定。受检法院对扣分项目有异议的，应当即提出并提供异议的理由与依据，经考评小组讨论后，按多数意见确定。

乌鲁木齐市基层人民法院少年法庭 2010年度审判业务考核评查通知

各区（县）人民法院少年法庭：

为了加强对基层人民法院的业务联系及相互协作，发挥业务监督、指导作用，提高基层法院少年刑事案件及涉少民事案件、婚姻家庭类民事案件的审判业务水平。现将全年考核评查内容及有关事项通知如下：

一、刑事审判业务考核分值和计分方式（按满分100分考核，占总分值的45%）

（一）审限内结案率（10分）

审限内结案率=【结案数-违法超审限案件数/结案总数】×100%，审限内审结率应达到100%，每少1%减1分。

（二）实际结案率（5分）

实际结案率=［结案总数/收案总数］×100%。刑事一审案件实际结案率应达到96%，以报表为准。每提高1%加0.5分，每降低1%减0.5分。民事一审案件实际结案率应达到95%，以报表为准。每提高1%加0.5分，每降低1%减0.5分。

（三）发回改判率（15分）

发回改判率=［发回改判案件数/二审结案数］×100%。以当年基层法院发回改判率平均值为基准，达标即得基本分，每高于或低于平均值1%分别减2分或加2分。

（四）调解撤诉率（10分）

调解撤诉率=［调解撤诉/一审结案数］×100%。以当年基层法院调解撤诉率平均值为基准，达标即得基本分，每高于或低于平均值1%分别加2分或减2分。

（五）陪审率（5分）

陪审率=［陪审案件数/一审普通程序审理案件数］×100%。以当年基层法院一审普通程序审理案件数为基数，确定陪审率为50%，每低于1%

减2分。

（六）再审改判率（10分）

再审改判率=［再审改判案件数/一审结案数］×100%。以当年基层法院再审改判率平均值为基准，达标即得基本分，每高于或低于平均值1%分别减2分或加2分。

（七）案件质量（20分）

案件质量由案件质量评查（包括中院审监庭、立案庭和对口庭室案件评查两部分）、裁判文书评查和庭审观摩三个部分组成。以100分为基数，每差1分减0.2分。

1. 案件评查范围及方法：抽取2010年生效的按普通程序审理的少年刑事案件两件，由中级人民法院少年庭抽调案件与各基层法院少年法庭负责人依照案件评查细则共同评查，评查时间：2010年10月中旬。

2. 法律文书评查方法：抽取2010年生效的按普通程序审理的少年刑事案件法律文书两篇，由中级人民法院少年庭抽调法律文书与各基层法院少年法庭负责人依照法律文书评查细则共同评查，评查时间与案件评查同时进行。

3. 观摩庭：中级法院少年庭每年不定期对各基层法院少年法庭庭审过程进行观摩评比。由中院少年庭正、副庭长及审判员依照庭审观摩评查细则共同评查。

（八）重信重访（5分）

当事人针对同一问题一个月内到不同或者相同部门来信或者来访三次以上，且申诉理由成立，但申诉事项未解决，未息诉息访的信访案件，视为重信重访。每发生重信重访1（件）次减1分，全年未发生重信重访的加2分。

（九）综合治理工作（15分）

考核缓刑档案、普法教育、模拟法庭、社会调查报告制度等项工作。未完成按细则规定要求减1~3分，完成任务加1~3分。

1. 检查考核时间2010年11月上旬；

2. 检查历年来缓刑考察期未满的少年刑事罪犯档案和缓刑少年犯重新犯罪率。由中级人民法院少年庭与各基层法院少年法庭负责人依照《缓刑少年犯建立考察档案及考察情况评查细则》共同评查；

3. 到学校讲授法制课，每年不得少于三次，每少一次减1分（要求提供学校出据的证明材料并附讲稿）；

4. 进行模拟法庭教育，每年不得少于一次，未开展此项工作减1分

(要求：提供现场照片、模拟法庭书面庭审程序及学校出具的证明材料等)。

5. 在未成年人刑事案件的审判方式改革工作中有创新性典型经验的加1~3分。

6. 开展“社会调查员制度”工作有突出成绩的加1~3分；

(十) 综合性工作（5分）

按上级法院及相关要求，参加有关培训和会议、移转诉讼案卷、上报相关材料和数据，未完成或完成有瑕疵被通报的，1件（人）（次）减0.2分。完成审判业务调研文章或获得奖励，每篇加1分。

二、涉少民事及婚姻家庭类民事审判业务考核分值和计分方式（按满分100分考核，占总分值的45%）

(一) 审限内结案率（10分）

审限内结案率 = [结案总数 - 违法超审限案件数/结案总数] 100%。审限内结案率应达到100%，每少1%减1分。

(二) 实际结案率（5分）

实际结案率 = [结案总数/收案总数] 100%。民商事一审案件实际结案率应达到95%，以报表为准。每提高1%加0.5分，每降低1%减0.5分。

(三) 发回改判率（20分）

发回改判率 = [发回改判案件数/二审结案数] 100%。以当年基层法院发回改判率平均值为基准，达标即得基本分，每高于或低于平均值1%分别减2分或加2分。

(四) 调解撤诉率（15分）

调解撤诉率 = [调解撤诉案件数/一审结案数] 100%。以当年基层法院调解撤诉率平均值为基准，达标即得基本分，每高于或低于平均值1%分别加2分或减2分。

(五) 陪审率（5分）

陪审率 = [陪审案件数/一审普通程序审案件数] 100%。以当年基层法院一审普通程序审理案件数为基数，确定陪审率为50%，每低于1%减2分。

(六) 再审改判率（10分）

再审改判率 = [再审改判案件数/一审结案数] 100%。以当年基层法院再审改判率平均值为基准，达标即得基本分，每高于或低于平均值1%分别扣2分或加2分。

(七) 案件质量（20分）

案件质量由案件质量评查（包括中院审监庭、立案庭和对口庭室案件评查两部分)、裁判文书评查和庭审观摩三个部分组成。以 100 分为基数,每差 1 分减 0.2 分。

(八)重信重访(10 分)

当事人针对同一问题一个月内到不同或者相同部门来信或者来访三次以上,且申诉理由成立,但申诉事项未解决,未息诉息访的信访案件,视为重信重访。每发生重信重访 1(件)次减 1 分,全年未发生重信重访的加 2 分。

(九)综合性工作(5 分)

1. 凡无故不按时参加中院少年庭召开的各类会议的减 2 分;

2. 未成年人案件全年报表于 2010 年 12 月 25 日前报送中院少年庭,不报、迟报减 4 分;

3. 按时完成上级法院布置的审判业务调研文章的加 2 分。获得奖励的,按照奖励的等级依次加 2 ~4 分;

4. 受上级部门表彰奖励的:市级加 2 分、区级加 3 分、全国级加 4 分;

5. 2010 年 12 月 25 日前将全年总结交到中院少年庭,不报、迟报的减 1 分。

6. 各院少年法庭在参加考评时,应在细则规定的时间内,将以上各项材料装订成册报送,材料不齐全、未装订成册的,减 2 分。

对上述规定,望各院认真执行。

附：

基层法院2010年业务目标考核细则
（刑事）45%

<table>
<tr><th colspan="2">项目</th><th>分数</th><th>细则</th><th>分数</th></tr>
<tr><td colspan="2">审限内结案率</td><td>10分</td><td>结案率100%</td><td>详见细则</td></tr>
<tr><td colspan="2">实际结案率</td><td>5分</td><td>实际结案率95%</td><td>详见细则</td></tr>
<tr><td colspan="2">发回改判率</td><td>15分</td><td>以平均值为基准</td><td>详见细则</td></tr>
<tr><td colspan="2">调解撤诉率</td><td>10分</td><td>以平均值为基准</td><td>详见细则</td></tr>
<tr><td colspan="2">陪审率</td><td>5分</td><td>陪审率50%</td><td>详见细则</td></tr>
<tr><td colspan="2">再审改判率</td><td>10分</td><td>以平均值为基准</td><td>详见细则</td></tr>
<tr><td rowspan="14">案件质量20分</td><td rowspan="6">案件评查</td><td rowspan="6">7分</td><td>案件实体部分</td><td>40×7%</td></tr>
<tr><td>庭审前的准备</td><td>10×7%</td></tr>
<tr><td>开庭审理</td><td>18×7%</td></tr>
<tr><td>法庭教育</td><td>8×7%</td></tr>
<tr><td>评议案件</td><td>8×7%</td></tr>
<tr><td>宣判送达</td><td>16×7%</td></tr>
<tr><td rowspan="7">法律文书评查</td><td rowspan="7">7分</td><td>首　部</td><td>8×7%</td></tr>
<tr><td>事实部分</td><td>30×7%</td></tr>
<tr><td>理由部分</td><td>29×7%</td></tr>
<tr><td>结果部分</td><td>13×7%</td></tr>
<tr><td>尾　部</td><td>6×7%</td></tr>
<tr><td>文法规范</td><td>14×7%</td></tr>
<tr><td>观摩庭</td><td>6分</td><td></td><td>6×6%</td></tr>
<tr><td colspan="2">重信重访率</td><td>5分</td><td>详见细则</td><td></td></tr>
</table>

综合治理工作	15 分	缓刑少年犯考察档案情况	缓刑评查细则所得分数 ×4.5%%
		缓刑少年犯重新犯罪率	
		社会调查员制度	得分%4.5
		模拟法庭（一次）	未开展 -1 分 ×2%
		到学校讲授法制课（三次）	每少一次 -1 分 ×2%
		典型经验。突出成绩	+3 分 ×2%

（民事）45%

项目		分数	细则	分数
审限内结案率		10 分	结案率 100%	详见细则
实际结案率		5 分	实际结案率 95%	
发回改判率		20 分	以平均值为基准	详见细则
调解撤诉率		15 分	以平均值为基准	详见细则
陪审率		5 分	陪审率 50%	详见细则
再审改判率		10 分	以平均值为基准	详见细则
案件质量20分	案件评查	7 分	案件实体部分	40 ×7%
			庭审前的准备	10 ×7%
			开庭审理	18 ×7%
			法庭教育	8 ×7%
			评议案件	8 ×7%
			宣判送达	16 ×7%
	法律文书评查	7 分	首　　部	8 ×7%
			事实部分	30 ×7%
			理由部分	29 ×7%
			结果部分	13 ×7%
			尾　　部	6 ×7%
			文法规范	14 ×7%
	观摩庭	6 分		4 ×6%
重信重访率		10 分		详见细则

综合性工作 10%

<table>
<tr><td rowspan="9">综合工作</td><td rowspan="9">10 分</td><td>未报送年底总结</td><td colspan="2">−1 分</td></tr>
<tr><td>无故不参加中院会议</td><td colspan="2">−2 分</td></tr>
<tr><td>未报送报表</td><td colspan="2">−4 分</td></tr>
<tr><td>按时完成调研文章</td><td colspan="2">+2</td></tr>
<tr><td>调研文章获得奖励</td><td colspan="2">按照奖励等级依次 +2～4 分</td></tr>
<tr><td rowspan="3">受上级表彰奖励</td><td>市级</td><td>+2 分</td></tr>
<tr><td>区级</td><td>+3 分</td></tr>
<tr><td>全国</td><td>+4 分</td></tr>
<tr><td>装订成册</td><td colspan="2">−2</td></tr>
</table>

未成年人案件社会调查规范性文件

重庆市高级人民法院
审理未成年人刑事案件社会调查工作暂行规定

2007 年 8 月 6 日

为贯彻对未成年被告人教育、感化、挽救方针和教育为主、惩罚为辅的原则，积极推进未成年人司法制度改革，规范未成年人刑事案件社会调查工作，根据《中华人民共和国未成年人保护法》、《中华人民共和国预防未成年人犯罪法》、《最高人民法院关于审理未成年人刑事案件的若干规定》等规定的精神，结合本市法院实际，制定本规定。

第一条 社会调查是指审理未成年人刑事案件时，在开庭审理前对未成年被告人的背景情况进行调查，全面、客观、公正地反映未成年被告人的生活环境、成长轨迹，为深入细致地分析未成年被告人作案的主、客观原因，正确处理和教育、感化、挽救未成年被告人提供重要依据。

第二条 开展社会调查工作应当遵循依法、客观、公正的原则，不得泄露案情及未成年被告人的个人和家庭隐私，严格保护未成年被告人及其亲属的名誉。

第三条 社会调查工作可以由人民法院委托的社会团体组织或聘请的社会调查员承担，必要时由人民法院自行调查。

第四条 从事社会调查工作的人员应当具备以下条件：

（一）热心从事教育、感化、挽救失足青少年工作，作风正派，责任心强，身体健康；

（二）年满 23 周岁，具有较强的语言文字表述、判断分析以及社会调查能力；

（三）没有受过刑事、行政等处罚；

第五条 对刑事一审案件中犯罪时未满 18 周岁的被告人，应当进行社会调查工作。

第六条 人民法院委托的社会团体组织或聘请的社会调查员进行社会调查时，调查人员应持工作证、介绍信，并根据法院发出的未成年人刑事案件社会协助调查函进行。

社会调查工作一般应由二名人员进行。

第七条 社会调查工作应围绕未成年被告人的成长经历、家庭情况、社区情况、交友情况、心理生理情况、犯罪前后表现以及其他可能影响处理的情况等进行。

第八条 社会调查工作可以通过走访或信件联系等方式向未成年被告人的家庭、学校、单位、社区、居委会（村委会）、派出所等了解有关情况，调查方式可采取访谈、函调、证明等形式。

第九条 社会调查工作结束后，应当形成《社会调查报告》。报告的形式可采取表格式，内容应当包括调查过程、未成年被告人的性格特征、家庭情况、社会交往、成长经历，以及实施被指控的犯罪前后的表现等情况。

第十条 合议庭或独任审判员应当通过庭审，对控辩双方或人民法院委托的社会团体组织或聘请的社会调查员提交的《社会调查报告》进行核实。

《社会调查报告》一般由社会调查人员在法庭调查阶段举示；社会调查人员未出庭的，一般由控辩一方举示。举示后由诉讼参与人对报告内容发表意见。

第十一条 经庭审调查核实的《社会调查报告》内容应作为对未成年被告人量刑的酌定情节。合议庭在裁量刑罚时应当充分考虑《社会调查报告》所反映的未成年被告人的情况，并作为法庭教育、制定判后帮教措施的依据之一。

第十二条 制作刑事裁判文书时，应严格按照未成年人刑事案件裁判文书格式要求，充分反映社会调查报告内容。

第十三条 案件审结后，《社会调查报告》应当装订入审判卷宗保存。

第十四条 判决生效后，应将《社会调查报告》的复印件随同执行通知书移送有关执行场所。

邯郸市中级人民法院
未成年人案件社会观护员工作细则（试行）

第一章　总　则

第一条　为更好地教育、感化和挽救失足未成年人和在平等原则下“特殊、优先”保护未成年人的合法权益，促进未成年人刑事、民事审判工作的规范化，提高未成年人刑事、民事案件的质量和社会效果，根据有关法律和司法解释的规定，结合我市法院实际，制定本细则。

第二条　社会观护员是接受人民法院的委托，在审理未成年人刑事、民事案件中作为特殊的诉讼参与人，在庭前、庭中及庭后对涉案未成年人进行社会调查、关心和保护，全面维护未成年人合法权益的社会组织成员。

第三条　在未成年人刑事案件中，社会观护员应坚持公正、中立的原则，客观、全面地开展调查工作，实事求是地撰写调查报告，积极协助审判人员进行教育、感化和挽救工作；

在未成年人民事案件中，社会观护员应坚持适当、适度的原则，从有利于未成年人成长和儿童利益最大化的角度，参与案件调解、审理，以及判后的执行回访。

第四条　社会观护员应当依照法律规定，在人民法院委托的权限范围内开展活动，并接受人民法院的监督。

第二章　人员选任

第五条　由人民法院负责邀请关工委、教育局、团委、妇联、工会等单位开会协商，根据提供的名单，聘任一批素质较高的社会观护员，并在法院内设置办公室，负责社会观护员的选定、管理和培训等事宜。

第六条　社会观护员应当具备以下条件：

（一）熟悉未成年人保护的法律法规，了解未成年人生理、心理特点，热心未成人权益保护工作；

（二）身体健康、作风正派、责任心强；

（三）具有较为丰富的处世阅历和一定的维权、调解经验。

第七条 社会观护员实行任期制，任期三年。

第三章 工作职责

第八条 社会观护员在刑事案件中的主要职责是：

（一）接受法院的委托，对未成年被告人的性格特点、成长经历、在校表现、就业情况、社会交往、案发后的悔罪表现及对自身行为的思想认识等方面进行调查，及时出具社会调查报告；

（二）会见未成年被告人时，除进行询问外，应当对未成年被告人进行教育、感化工作；

（三）根据法庭的安排，出庭宣读社会调查报告；

（四）协助审判人员做好附带民事诉讼案件的调解工作；

（五）根据实际工作需要，做好判后对未成年人的教育、挽救等延伸性工作。

第九条 社会观护员在民事案件中的主要职责是：

（一）针对抚养权、抚育费、监护权等争议较大的涉少家事案件，开庭前可以对未成年人的家庭情况、性格特征、成长经历、生活环境、权益现状等进行调查，有条件的可形成社会调查报告，作为法庭调解和判决的参考依据；

（二）经法庭许可，可以参加法庭审理，在双方当事人举证完毕后，按法庭要求宣读社会调查报告，并由各方当事人质证；

（三）将“情理”和“法理”相结合，参与涉少民事案件调解，化解矛盾；

（四）对未成年人权益状况在诉讼后有无恶化进行观察，在未成年人权益受侵害时提供援助；

（五）对涉及未成年人权益的判决事项进行跟踪反馈，协助法官督促判决的履行。

第四章 工作程序

第一节 刑事案件工作程序

第十条 人民法院受理未成年人刑事案件后，应当向社会观护员出具委托书，提供起诉书和未成年被告人家庭详细地址、通讯方式及其辩护人通讯方式。

第十一条 社会观护员应当在接受委托后十日内完成社会调查，遇有特殊情况不能在规定时间内完成社会调查的，应及时与合议庭协商。

第十二条 社会观护员要深入到未成年被告人的学校、家庭、社区、工作单位等地，通过走访家长、学校、邻居、同事及会见未成年被告人等方式展开社会调查。

第十三条 社会观护员前往羁押场所会见未成年被告人应由法院工作人员陪同。

第十四条 社会观护员应客观公正的开展社会调查并撰写社会调查报告。

第十五条 法庭内可设置社会观护员席位，社会观护员在庭审中宣读的社会调查报告，公诉人、辩护人及其他诉讼参与人有权进行质证。

因故未出庭的社会观护员应向法庭提交社会调查报告，由法庭代为宣读，公诉人、辩护人及其他诉讼参与人有权进行质证。双方对社会调查报告内容分歧较大，法庭可依职权进行复核。

第十六条 人民法院对未成年被告人量刑时，在依据事实和法律的基础上，参考社会调查报告的意见综合考虑。

第十七条 案件宣判后，人民法院应当及时向社会观护员提供裁判文书。

第十八条 社会观护员应配合人民法院，对未成年罪犯进行跟踪回访及帮教，必要情况下应对他们的生活、学习情况进行调查，针对性地帮助他们解决生活、学习中遇到的困难和问题。

第二节 民事案件工作程序

第十九条 人民法院受理涉及未成年人民事案件后，可以邀请社会观护员参与案件调解。对抚养权、抚育费、监护权等争议较大的涉少家事案件，可以向社会观护员出具委托调查书，提供相关诉讼文书和当事人家庭详细地址、通讯方式及其委托代理人通讯方式。

第二十条 社会观护员可以深入到未成年人的学校、家庭、社区及其父母单位等地，通过走访当事人、学校、同学、邻居、其父母同事等方式展开调查，形成报告，提出参考性意见。

第二十一条 法庭内可设置社会观护员席位，社会观护员一般应参加上述涉少家事案件的庭审。

社会观护员在庭审中宣读社会调查报告，应由各方当事人质证，人民法院在依据事实和法律的基础上，可将该报告作为调解或判决的依据。

第二十二条 案件宣判后，人民法院应及时向社会观护员提供裁判文书。

第二十三条 案件宣判后，社会观护员可以通过调查、回访等方式继续关注未成年人的权益状况，尽最大可能提供援助。对涉及未成年人权益的判决事项，进行跟踪反馈，协助法官督促判决的履行。

第五章　附　　则

第二十四条　邯郸市各县（市）、区法院可参照本办法，与关工委、教育局、团委、妇联、工会等单位协商执行。

第二十五条　本办法由邯郸市中级人民法院少年法庭工作领导小组负责解释，与相关法律和司法解释不一致的，以法律和司法解释为准。

第二十六条　本办法自2011年3月1日起试行。

附件

聘　　书

________：

经________________（组织）的推荐，本院考核，你已被聘为邯郸市未成年人刑事（民事）案件志愿社会观护员。

聘任期限：　　年　月至　　年　月

河北省邯郸市中级人民法院

年　月　日

鞍山市中级人民法院
社会调查员实施办法（试行）

第一章　总　则

第一条　为逐步建立和完善具有中国特色社会的未成年人案件审判制度，维护未成年人合法权益不受侵犯，深入贯彻对未成年被告人及未成年罪犯教育、感化、挽救的方针，依法惩治、教育未成年被告人，保障无罪的未成年人不受刑事追究，使法院对未成年被告人的量刑更加公正，合情合理及对未成年罪犯的帮教工作更加实际有效，根据《中华人民共和国刑事诉讼法》、《中华人民共和国未成年人保护法》、《中华人民共和国预防未成年人犯罪法》、《最高人民法院关于审理未成年人刑事案件的若干规定》的有关规定，结合我院实际，制定本办法。

第二条　社会调查员应履行以下职责：

（一）如实向法院少年法庭（合议庭）提供未成年被告人的性格特点、家庭情况、社会交往、成长经历、实施被指控犯罪前后的表现，分析其犯罪原因，提出帮教意见，并形成书面调查报告。对未成年罪犯，在掌握上述情况的基础上，提出有效的帮教措施，总结帮教效果，提出更有利于未成年罪犯改造方式方法的意见和建议。

（二）参与法院或其他组织对判处非监禁刑的未成年被告人的考察、跟踪帮教等工作。

第三条　社会调查员应坚持公正、中立的原则，在法院委托的权限范围内，依照法律规定，客观、全面地开展深入细致的调查工作，注意做好未成年被告人有关个人信息的保密工作，实事求是地撰写调查报告，并接受法院的监督。

第二章　管理机构和人员选任

第四条　区法院和区综治办、区司法局、区工会、共青团、妇联、关工委组织共同负责社会调查员的选定、指派、管理等事宜，由法院少年法庭具体负责实施。

第五条 社会调查员应当具备以下条件：

（一）自愿从事此项社会公益活动；

（二）具备较强的社会公德意识和正义感，工作作风严谨、认真；

（三）具有一定的文化素质及法律知识；

（四）熟悉了解未成年人生理、心理特点，有同未成年人沟通的能力、经过必要的培训，能够胜任此项工作；

第六条 社会调查员实行聘任制，任期三年，任期届满经考核可续任；

社会调查员如在工作中违反相关规定或因其他原因不能胜任该项工作的，由区法院和区综治办、区工会、共青团、妇联、关工委组织共同研究后予以解聘；

第三章 工作职责和内容

第七条 社会调查员的主要职责是：

（一）接受法院的委托、指派，开展调查活动，在规定的时间内出具调查报告；

（二）社会调查员会见未成年被告人时，除进行询问外，应当对未成年被告人进行说服教育、感化、挽救工作；

（三）根据法院的安排，法庭审理过程中，在法庭调查以后、法庭辩论之前，出具报告的社会调查员出庭宣读调查报告，接受公诉人、辩护人及其他诉讼参与人对调查报告的内容和形成过程的质询；

（四）根据实际工作需要，做好对已判决的未成年罪犯的教育、挽救、回访、考察等延伸性工作（未成年罪犯考察）；

（五）积极参与其他有关未成年人保护的法律宣传工作。

第八条 社会调查员应当保证所出具的书面调查报告的真实性，有针对性地协助法院开展审判工作；出具的书面调查报告必须附有相关调查材料；社会调查员与未成年人刑事案件被调查人有利害关系的，应当回避。

第九条 社会调查员应围绕以下情况开展社会调查：

（一）家庭结构，其在家庭中的地位和遭遇，与家庭成员的感情和关系，家庭对其的教育、管理方法；

（二）性格特点、道德品行、智力结构、身心状况、成长经历；

（三）在校表现、师生关系及同学关系；

（四）在社区的表现及社会交往情况；

（五）就业情况及在单位的工作表现情况；

（六）案发后的悔罪表现及对自身行为的思想认识；

（七）分析犯罪的原因，悔罪表现、改造表现、思想动态、有无违法行为；

（八）就业、就学、工作等情况；家庭关系现状；

（九）有无不良行为及与不良行为人员接触交往情况。

第四章　工作程序

第十条　人民法院审理未成年人刑事案件需要调查的，在征得未成年被告人及其法定代理人的同意后，通过法院向社会调查员出具委托调查函，提供起诉书和未成年被告人家庭地址、通讯方式及其辩护人通讯方式。法院对已交付执行的未成年罪犯需要回访、考察的，应当出具委托函，并提供生效的裁判文书和未成年罪犯的家庭地址、通讯方式以及刑罚执行单位等相关内容。

第十一条　法院在收到案件卷宗后，根据案件需要可以为每名未成年被告人指定两名社会调查员，该两名调查员可以对多被告案件中的各被告分别开展调查工作。

第十二条　社会调查员应当在接受委托后，及时与法院少年法庭联系，办理委托调查手续，在十个工作日内完成调查工作及调查报告的撰写工作并准备出庭。遇有特殊情况不能完成调查工作的，应及时与法院联系。

第十三条　社会调查员要深入到未成年人或被调查人的家庭、学校、社区、工作单位、刑罚执行单位等地，通过走访家长、老师、邻居、同事、会见在押的未成年人等方式展开调查。

第十四条　社会调查员前往羁押场所会见未成年被告人或未成年人罪犯时应由法院工作人员陪同。

第十五条　法院对未成年被告人量刑时，在依据事实和法律的基础上，对经过庭审中举证、质证的社会调查员的调查报告意见可以作为辅助证据。

第十六条　法院在案件宣判后，应当及时向社会调查员提供裁判文书。

第十七条　法院对社会调查员的调查工作提供必要的工作配合。

第五章　附　　则

第十八条　社会调查员工作适用的对象范围：鞍山市辖区（市）籍的未成年被告人或市辖区居住满三年以上的外籍未成年被告人、法院判处已交付执行的未成年罪犯。

第十九条　本办法由区法院和综治委、工会、共青团、妇联、关工委、教育局组织共同负责解释。

第二十条 本办法自下发之日起试行。

附表一：

社会调查表

（一）个人概况

出生日期	性别	民族	籍贯	身份	文化程度	住所	户籍

（二）家庭状况

与被告人关系	姓名	年龄	职业	健康状况	政治面貌	文化程度	经济收入	婚姻状况
被告人对家庭成员的态度和感情								

（三）成长经历

获奖记录	
惩罚（不良）记录	

（四）社区环境

邻里关系评语	
社区表现评语	

（五）受教育情况

个人简历职务	在校表现老师同学评语	退学时间及理由

（六）职业状况

就业时间（起止时间）	工作单位	工作岗位	工作收入	离职时间及理由
就业单位对被告人评价				

（七）身心状况

身体状况	健康身体特征	身体缺陷	以往病史	目前身体状况
身心状况	性格特征	情绪状况	精神状态	有无精神病家史

（八）兴趣能力

爱好项目	特长	技能	交往能力	其他

（九）犯罪根源

促成其实施被指控的犯罪原因和条件（主观、客观）	
有无成年人的教唆或有其他共犯	

年　月　日

附表二：

社会调查表

（一）个人概况

出生日期	
性别	
民族	
籍贯	
身份	
文化程度	
信仰	
住所	
户籍	

（二）成长经历

获奖经历	
惩罚记录（不良）	

（三）家庭状况

被告人的家庭成员					
与被告人关系					
姓名					
性别					
年龄					
职业					
健康状况					
政治面貌					
经济收支					
文化程度					
婚姻状况					
相处关系					

（四）社区环境

邻里关系	
社区评语	

（五）受教育情况

内容 经历	时间	奖惩情况	教师或同学评语	在校表现	退学时间及理由
小学					
中学					
高中					

（六）职业状况

就业经历	（包括工作单位、工作岗位、收入、工作性质等）
就业时间	
技术状况	
就业单位对被告人评价	

（七）身心状况

身体状况	（现时健康状况，有无缺陷及病痛）
情绪状况	（性格特征，智力程度，神经症状或精神症状）

（八）兴趣能力

姓名		性别		出生年月	
（爱好、特长、技能、处事交往能力、弱点等）					

（九）犯罪根源

促成其实施被指控的犯罪原因和条件（主观、客观）						
有无成年人的教唆或有其他共犯						
民族		籍贯		出生地		
政治面貌		婚姻状况		健康状况		
毕业学校				学历及专业		

<table>
<tr><td>现工作单位及职务</td><td colspan="5"></td></tr>
<tr><td>通讯地址</td><td colspan="5"></td></tr>
<tr><td>联系方式</td><td colspan="2">手机：</td><td colspan="3">邮箱：</td></tr>
<tr><td>简历</td><td colspan="5"></td></tr>
<tr><td>奖惩情况</td><td colspan="5"></td></tr>
<tr><td rowspan="5">主要家庭成员及社会关系</td><td>姓名</td><td>出生年月</td><td>政治面貌</td><td>与本人关系</td><td>工作单位及职务</td></tr>
<tr><td></td><td></td><td></td><td></td><td></td></tr>
<tr><td></td><td></td><td></td><td></td><td></td></tr>
<tr><td></td><td></td><td></td><td></td><td></td></tr>
<tr><td></td><td></td><td></td><td></td><td></td></tr>
<tr><td>被推荐人意见</td><td colspan="5">签名（盖章）
年 月 日</td></tr>
<tr><td>推荐单位意见</td><td colspan="5">签名（盖章）
年 月 日</td></tr>
</table>

太原市少年法庭　山西省青少年维权中心
关于开展未成年被告人异地社会调查的暂行办法

为强化未成年被告人社会调查工作，充分保障未成年被告人的合法权益，进一步贯彻落实“教育、感化、挽救”的方针和“教育为主，惩罚为辅”的基本原则，促进未成年人的健康成长，根据法律、法规及相关司法解释的规定，制定本规定。

第一条　社会调查是指在办理未成年刑事案件中，通过走访未成年被告人的家庭、学校、单位、居委会、派出所等，对未成年被告人的成长经历、家庭情况、性格特征、健康状况、生活环境、作案前的一贯表现、作案背景及动机等作一个全面了解。

第二条　根据《太原市未成年人刑事案件社会调查制度》（并检发［2009］10号）文件规定，太原市范围内依法提起公诉的未成年人刑事案件的社会调查由公安机关、检察机关组织进行。未成年人刑事自诉案件的社会调查由人民法院组织进行。必要时，可委托教育部门、未成年人维权机构、法律援助中心等部门完成。

第三条　对于未成年人刑事案件中需要进行异地调查的，由太原市少年法庭可委托山西省青少年维权中心完成，补强我市未成年人社会调查工作，使不同地域的未成年被告人得到均衡保护。

第四条　山西省青少年维护中心进行异地调查的主要内容应包括未成年被告人的成长经历、健康状况、性格特征、家庭情况、生活环境、作案前的一贯表现、案发后未成年被告人所在学校、单位、家庭的态度和采取措施情况等。

第五条　太原市少年法庭根据审判需要，决定对未成年被告人进行异地社会调查时，可向山西省青少年维权中心发出书面委托，并根据个案情况附着调查侧重点。

第六条　山西省青少年维权中心接受委托后，通过团省委输送到各地的志愿者及遍布全省各市、县（区）的共青团的力量完成异地调查工作。

第七条　山西省青少年维权中心应在收到委托后10个工作日内，以合法、客观、真实的工作态度，积极完成调查工作，并向太原市少年法庭提交调查报告。特殊情况下需要延长调查期限的，山西省青少年维权中心向少年法庭说明情况，由少年法庭具体确定。

第八条 太原市少年法庭制定统一形式的《未成年人刑事案件社会调查报告》（附写填写说明），山西省青少年维权中心根据调查情况完成填写，并对该报告记载内容的客观真实性负责。

第九条 少年法庭在审理时，社会调查报告可以作为从轻、减轻处罚的依据之一，促进未成年罪犯的改过自新及健康成长。

第十条 太原市少年法庭根据审判需要，可要求山西省青少年维权中心派员出庭提交调查报告，并当庭说明调查情况。

第十一条 本规定如与有关法律、法规或相关规定相抵触，以法律、法规或相关规定为准。

云南省曲靖市社会治安综合治理委员会
云南省曲靖市关心下一代工作委员会
曲靖市未成年人案件社会调查工作若干规定（试行）

第一条 为贯彻对未成年犯罪嫌疑人（被告人）“教育、感化、挽救”的方针和“教育为主、惩罚为辅”的原则，维护未成年人合法权益，规范未成年人案件社会调查工作，根据《中华人民共和国未成年人保护法》、《中华人民共和国预防未成年人犯罪法》及《最高人民法院关于审理未成年人刑事案件的若干规定》等有关法律法规规定，结合本地区的实际情况，制定本规定。

第二条 社会调查工作是指在判决前对未成年犯罪嫌疑人（被告人）犯罪行为或涉及维护未成年人合法权益案件的当事人的背景情况通过社会有关方面进行调查。其目的和任务是全面、客观、公正地反映未成年犯罪嫌疑人（被告人）的成长经历、生活环境或案件当事人的经济状况、人文素质等，深入细致地分析未成年犯罪嫌疑人（被告人）作案的主、客观原因或当事人应承担义务的状况，积极探索具有中国特色的未成年人案件诉讼程序，为司法机关公正处理案件和教育、感化、挽救未成年犯罪嫌疑人（被告人）提供依据，确实维护未成年人合法权益。

第三条 社会调查工作试行社会调查员制度，社会调查员由市社会治安综合治理委员会和市关心下一代工作委员会共同聘任。市关心下一代工作委员会办公室为本市社会调查机构，负责日常管理工作。社会调查员的培训工作由人民法院负责。

第四条 社会调查员持调查员工作证、介绍信开展工作。

第五条 社会调查员的基本条件：

（一）思想品德优秀、作风正派、责任心强；

（二）具有高中以上学历和基本的社会、法律知识，有一定的工作能力；

（三）了解未成年人生理、心理特点，热心从事教育、挽救失足未成年人的工作。

第六条 社会调查员的权利：

（一）有权向司法机关了解未成年犯罪嫌疑人（被告人）的基本情况；

（二）有权向有关国家机关、企业、事业单位、学校、家庭、社区及个人了解未成年犯罪嫌疑人（被告人）或当事人的有关情况；

（三）有权对未成年犯罪嫌疑人（被告人）或当事人的处理提出建议。

第七条 社会调查员的义务：

（一）开展社会调查工作应遵循“依法、客观、公正、详实”的原则；

（二）与未成年犯罪嫌疑人（被告人）、受害人或案件双方当事人有利害关系，可能影响公正处理的，应当自行回避；

（三）遵纪守法，保守秘密，不得向外界泄露案情及个人隐私；

（四）社会调查报告应当在开庭前完成。

第八条 社会调查对象的范围是进入诉讼程序的下列人员：

（一）犯罪地在曲靖市、户籍地在曲靖市辖区的未成年人；

（二）犯罪地在曲靖市，户籍地在曲靖市以外，但在曲靖市已居住二年以上的外地未成年人。

（对该条第一类对象调查机构必须开展调查；对该条第二类对象调查机构要尽力开展调查，必要时可委托各县市有关组织调查）

第九条 法院对符合调查条件的未成年犯罪嫌疑人（被告人）或当事人，向社会调查机构发出社会调查函。

第十条 社会调查工作可采取访谈、测试、函调等形式。

第十一条 社会调查工作应围绕未成年犯罪嫌疑人（被告人）的成长情况、家庭情况、社区情况、交友情况、心理、生理状况等方面进行。

对涉及维护未成年人合法权益案件当事人的社会调查应围绕经济状况、社会关系、对社会及家庭的责任心、人文素质、应承担责任的状况等方面进行。

第十二条 社会调查报告应根据要求制作，形式可采取表格式和文字式，内容应当具备未成年犯罪嫌疑人（被告人）或当事人的个人概况、家庭概况、社区概况、案件情况、作案原因分析或应承担义务的状况分析等，可对案件的处理提出建议。

第十三条 社会调查机构应将社会调查报告如期移送人民法院。

第十四条 人民法院对于开庭审理的案件应当将开庭审理的时间、地点于开庭前三日通知社会调查机构。开庭审理中，由合议庭审判长安排社会调查员宣读社会调查报告。

第十五条 社会调查员收到开庭通知后，应做好出庭的准备工作，如期出席法庭。

第十六条 公诉人、被告人、法定代理人、辩护人可以就社会调查报告内容发表意见。

第十七条 社会调查报告由人民法院归档。

第十八条 本规定自二〇〇八年 月 日起实施。

河南省安阳市中级人民法院
未成年人民事案件社会调查员实施规程

2010 年 3 月 16 日

第一章　总　　则

第一条　为充分发挥未成年人综合审判庭的职能作用，做好涉少民事案件审判工作的庭前调查、庭审调查、庭后延伸，确保未成年人民事案件审判的法律效果和社会效果，集中和整合社会资源，全面、及时，最大利益化的维护未成年人合法权益，积极探索涉少民事审判工作的新路子和审判方式改革，根据《中华人民共和国民事诉讼法》、《人民法院组织法》、《中华人民共和国未成年人保护法》，结合安阳市涉少民事审判工作实际，特制定本规程。

第二条　社会调查员制度是涉少民事审判工作诉讼程序的组成部分，是未成年人综合审判庭依照相应的法律及司法解释，运用社会力量，对涉少民事案件中涉及未成年人的抚养权、监护权、人身健康权等合法权益的保护问题，由社会调查员对涉案未成年人进行社会调查、关心及保护，及时做好庭前调解工作，并将社会调查综合情况制作调查报告，当庭宣读后提交合议庭的一项工作制度。

第三条　未成年人综合审判庭，是人民法院负责涉少民事案件实施社会调查员工作制度的业务工作的专门机构，对社会调查员工作予以业务指导、协调。

第四条　未成年人案件综合审判庭参照《最高人民法院关于审理未成年人刑事案件的若干规定》及法律规定，聘任和委托热心未成年人工作的有关社会团体组织中的社会调查员进行社会调查。

第五条　社会调查员受人民法院聘任后，接受人民法院委托对涉少民事案件进行社会调查工作。在社会调查员中要由二人以上的社会调查员进行，并出示社会调查员证件或委托授权书证。社会调查员接受委托后，按工作日人民法院给予适当补偿。

第六条　所涉及社会调查的双方当事人、证人、单位、未成年人本人，应给予社会调查员配合，提供工作方便。对不予协助配合的，必要时由人民法院出面协调或进行调查。

第二章　工作机构

第六条　未成年人综合审判庭负责社会调查员的调配、委派工作。

第七条　未成年人综合审判庭负责社会调查员的业务指导工作。

第三章　实施范围

第八条　实施对象为涉少民事二审案件的未成年人。结合案件具体情况需要委托社会调查员。

第九条　所受理的涉少民事案件中的抚养纠纷案件、抚育费纠纷案件、监护权争议变更案件等需要委托社会调查员的案件。

第十条　实施社会调查，仅限于案件事实及未成年人生活、健康、学习等方面情况。

第四章　庭前社会调查内容

第十一条　对涉少民事案件未成年当事人实施社会调查的基本内容：

（一）未成年人权益现状；

（二）未成年人权益是否得到最大保护；

（三）未成年人有无被虐待、遗弃；

（四）对有危害未成年人权益的行为，进行释法明理，耐心说服教育，给予人文关怀。尽量使其恢复家庭亲情，化解矛盾。

第十二条　对未成年人家庭进行社会调查

（一）未成年当事人的本人情况、性格特点；

（二）未成年当事人家庭成员及主要社会关系；

（三）未成年当事人的个人成长经历、生活、健康、学习成长环境；

（四）未成年当事人的父母双方职业、经济能力、品格、离婚原因、过错责任；

（五）案件当事人双方争议的焦点；

（六）对主要证人进行社会调查；

（七）对涉及未成年当事人的权益纠纷案件调解。

第十三条　社会调查员就调查情况，客观公正地书写调查报告，并在调查报告上形成初步的结论性意见。

第十四条　社会调查报告需经当庭举证、质证。

第五章　庭审中社会调查员作用

第十五条　社会调查员应法庭要求参加未成年案件的诉讼。

第十六条　社会调查员在法庭调查后的举证阶段，在双方当事人及辩护人等证据举证、质证后，当庭宣读调查报告，并由法庭质证。

第六章　庭后延伸内容

第十七条　庭后延伸的基本内容：

（一）了解判决或调解后双方当事人履行判决或调解情况，督促判决或调解事项履行；

（二）观察未成年人合法权益在诉讼后是否及时、全面得到维护；

（三）掌握未成年人生活、学习、健康等方面是否有了保证；

（四）负有监护权一方的父亲或母亲，是否再婚或改嫁，未成年人有无被遗弃、虐待；

（五）释法明理，法制宣传，教育引导，恢复家庭亲情；

（六）对危害未成年人的伤害、遗弃、虐待尚不构成犯罪的行为，进行适度社会干预。

第七章　社会调查员基本条件

第十八条　受聘担任社会调查员应当具备的基本条件：

（一）坚持四项基本原则，拥护党的领导，政治坚定，注重促进构建和谐社会；

（二）具有安阳市辖区户籍，年龄 25 周岁以上，大专以上学历，没受过治安刑事处分；

（三）关心和爱护青少年健康成长，具有无私奉献精神，热心从事社会调查工作，有一定的工作能力和理论水平，公平正义，坚持原则，作风正派，责任心强，身体健康。

第十九条　社会调查员的职责：

（一）及时、全面维护未成年人的合法权益；

（二）接受人民法院的委托后，正确履行职责，针对涉案未成年人的家庭情况，未成年人的权益状况、生活条件、学习环境，主要证人等项进行调查，书写最有益于未成年人健康成长的调查报告，供人民法院作出对未成年人优先特殊保护的裁判；

（三）社会调查员在调查期间，对涉及未成年人的权益纠纷案件可以进行调解（社会调解），或促成当事人双方和解，并把调解情况和促成当事人双方和解情况，书面报告人民法院；

（四）对有虐待、遗弃、轻微伤害未成年人合法权益的行为，应当释法明理，说服、引导、教育，必要时进行适当的社会干预和援助；

（五）进行法律、伦理、道德宣传。

第二十条 社会调查员的权利：

（一）经人民法院聘任后，在履行职务时，不受其他单位或个人非法阻挠和干预，其人身受法律保护；

（二）参与社会调查和诉讼，受法庭安排当庭宣读调查报告，经庭审质证；

（三）享有参加人民法院举办的社会调查员业务知识培训、学习的权利；

（四）在职社会调查员受人民法院委托后，进行社会调查、参加诉讼，其单位不得对其扣发工资或按旷工处理；

（五）享有向人民法院申请辞去社会调查员的权利。

第八章　管理与培训

第二十一条 管理

（一）采取在市区（县）、团市（县）委、工会、妇联、关工委、学校推荐和向社会公开招聘相结合的方式，经过人民法院培训租聘任后，颁发社会调查员工作证；

（二）所受聘任的社会调查员由安阳市中级人民法院未成年人案件综合审判庭管理，并给予业务指导；

（三）未成年人案件综合庭根据所受理的涉少民事案件情况，委托社会调查员进行社会调查并参加诉讼。社会调查员应当持工作证或委托授权书证进行社会调查。

第二十二条 培训

（一）新聘任的社会调查员要进行岗前培训，培训由安阳市中级人民法院法官培训中心负责。

（二）培训内容：

1. 法律知识。

2. 调解技能、民事权益维护；

3. 工作职责、工作程序、调查范围；

4. 制作调解报告；

第九章 社会调查员工作程序

第二十三条 社会调查员必须遵循下列工作程序：

（一）未成年人案件综合庭根据案情需要，应确定两名社会调查员进行社会调查，并向社会调查员出具委托书，将本案一审判决书、上诉状复印件、当事人联系方式、调查报告题纲，提交社会调查员。

（二）社会调查员受人民法院委托后，应按社会调查题纲内容予以社会调查。因故不能履行职责时，应及时告知人民法院，以便及时更换其他社会调查员履行职责。

（三）社会调查员进社会调查后，庭审前将社会调查报告提交主审法官。有调解事项的，应将调解情况向主审法官反馈情况。

（四）庭审前，社会调查员推举一名社会调查员当庭宣读社会调查报告。社会调查报告，应在庭审举证阶段进行宣读，并由当事人双方及诉讼代理人质证。

（五）人民法院裁判后，社会调查员跟踪裁判履行情况，未成年人合法权益是否实现。

第十章 附 则

第二十四条 本规程适用于安阳市两级人民法院涉少民事案件。

第二十五条 本规程修改变更解释权在安阳市中级人民法院未成年人案件综合审判庭。

第二十六条 本规程公布之日起实施。

涉诉未成年人救助规范性文件

北京市高级人民法院
“涉诉未成年人救助基金”使用管理办法

2009年11月6日

第一章 总 则

第一条 为贯彻落实党的十七大精神以及中央有关进一步做好司法救助工作的要求，及时维护未成年人的合法权益，促进未成年人健康成长，根据《中国人权发展基金会章程》和《北京市法院少年法庭开展“未成年人司法救助基金”情况座谈会纪要》的有关规定，结合北京市法院少年法庭工作实际，制定本办法。

第二条 “涉诉未成年人救助基金”下设于中国人权发展基金会下，专门用于对诉讼案件中特殊困境下的未成年人给予人文关怀或人道救助，帮助、鼓励未成年人重新建立生活信心，促进对未成年人的教育、保护和矫正。

第三条 “涉诉未成年人救助基金”的使用应坚持以下原则：

（一）公平、公正、透明；

（二）专款专用；

（三）尊重捐赠人意愿；

（四）尊重未成年人及其亲属的人格尊严。

第二章 分 则

第四条 “涉诉未成年人救助基金”的来源：

（一）社会组织、团体和个人的捐助；

（二）“涉诉未成年人救助基金”实现的增值收入。

第五条 “涉诉未成年人救助基金”的适用对象：

“涉诉未成年人救助基金”用于解决涉诉未成年人基本生活、学习方面的迫切需求，适用对象一般仅限于北京市各级法院少年法庭审理的案件中所涉及的未成年人，主要包括：

（一）受到重大人身伤害、无法得到实际赔偿、家庭贫困的未成年人；

（二）受到性侵害、急需心理治疗、家庭贫困的未成年人；

（三）无法得到实际赔偿的已死亡被害人的贫困未成年子女；

（四）监护人缺失、身体残疾或患有其他严重疾病，且家庭无力抚养、自身又不具备独立生活条件的非监禁刑未成年犯、刑满释放未成年人；

（五）认罪态度好并有悔改表现、具备一定文化基础、愿意继续求学或接受技能培训、家庭贫困的非监禁刑未成年犯、刑满释放未成年人；

（六）其他处于特殊困境的未成年人。

第六条　“涉诉未成年人救助基金”的救助额标准：

“涉诉未成年人救助基金”视具体对象的现实困难及预期收效情况，实行分档次不同额度发放，具体额度由中国人权发展基金会商请基金捐赠人最终决定。

第七条　“涉诉未成年人救助基金”的申领程序

（一）由未成年人或其法定代理人向所在法院提出书面申请，申请书内容包括：

1. 未成年人的生效裁判文书（情况紧急的，可先报送未成年人的诉讼信息，待裁判文书生效后再及时补报）；

2. 申请理由；

3. 未成年人的家庭背景、成长经历、学习情况等相关证明材料；

（二）承办法官经审查认为符合条件的，提请所在法院分管院长复查审批合格后，报北京市高级人民法院少年法庭指导小组办公室转交中国人权发展基金会“涉诉未成年人救助基金”办公室；

（三）中国人权发展基金会“涉诉未成年人救助基金”办公室自收到申请材料之日起 15 日内，对申请内容进行审核，并做出是否同意发放救助基金的决定。决定同意发放救助基金的，承办法官应及时通知申请人办理领款手续；决定不同意发放救助基金的，应书面回复不予提供的理由，并及时退还申请材料。

第八条　“涉诉未成年人救助基金”的日常管理和联系

（一）“涉诉未成年人救助基金”由中国人权发展基金会“涉诉未成年人救助基金”办公室进行日常管理，对基金的使用应建立明细分类账，基金捐赠人有权随时查询基金的使用、管理情况，并提出意见和建议；

（二）各级法院少年法庭应设立一名专职联络员，负责本院对“涉诉未成年人救助基金”的日常申领、跟踪回访、备案建档等事宜，并定期向市高级人民法院少年法庭指导小组办公室呈报基金使用、收效情况；

（三）市高级人民法院少年法庭指导小组办公室负责对全市各级法院少年法庭申领“涉诉未成年人救助基金”的情况进行汇总备案，并与中国人权发展基金会“涉诉未成年人救助基金”办公室共同研究、解决基金运行过程中出现的问题；

（四）中国人权发展基金会“涉诉未成年人救助基金”办公室及基金捐赠人可以向各级法院少年法庭查询或经所在法院同意对救助对象进行跟踪回访。

第九条 “涉诉未成年人救助基金”的配套辅助措施

（一）中国人权发展基金会“涉诉未成年人救助基金”办公室、北京市高级人民法院少年法庭指导小组办公室应充分发挥自身优势，注重与相关职能部门的沟通、协作，积极为救助对象联系、落实医疗、教育、就业培训等方面的优惠、便利条件。

（二）中国人权发展基金会“涉诉未成年人救助基金”办公室、北京市高级人民法院少年法庭指导小组办公室应注意收集、保存相关视频、图片资料，基于“涉诉未成年人救助基金”进行宣传报道的，均应提前告知对方。

第十条 每半年进行一次财务结算，将形成的结算表分别报中国人权发展基金会和北京市高级人民法院少年法庭指导小组，并送达给捐款人。

第十一条 中国人权发展基金会按捐赠额1%的比例提取管理成本，用于公益项目的宣传、管理费用等开支。

第三章 附 则

第十二条 本办法自制定之日起施行。

山东省聊城市中级人民法院
未成年人司法救助工作实施办法（试行）

依据《中华人民共和国未成年人保护法》、《中华人民共和国民事诉讼法》、《中华人民共和国行政诉讼法》、《最高人民法院关于对经济确有困难的当事人提供司法救助的规定》、《人民法院诉讼收费办法》等规定，人民法院在司法活动中对需要司法救助的未成年人，依法为其提供司法救助，特制定本办法。

第一条 基本原则

（一）保障未成年人合法权益原则；

（二）适时救助原则；

（三）救助形式多样性原则。

第二条 机构及职责

各基层人民法院少年法庭工作领导小组，负责本院未成年人司法救助的具体组织和审核工作；市少年法庭工作领导小组，总体负责组织和管理全市未成年人司法救助对象的认定、考核、发放救助金等具体工作。

第三条 司法救助方式

（一）诉讼费救助；

（二）提供法律援助；

（三）提供救助基金。中级法院设立“未成年人司法救助基金”专项账户，对需要帮扶的未成年人进行资金救助。

第四条 “未成年人司法救助基金”的来源

“未成年人司法救助基金”的来源采取以政府拨款为主、社会组织与个人捐助相结合的方式：

（一）政府拨款。正式建立未成年人司法救助基金，并明确把涉及未成年人权益保护的案件列入救助范围。

（二）社会组织和个人捐助。主要包括以下两类：

1. 中华全国律师协会未成年人保护专业委员会下设的“中国未成年人法律援助与保护专项基金”；

2. 其他社会组织、团体和个人的捐助。

第五条 救助条件

（一）诉讼费救助条件

为维护自己的合法权益，向人民法院提起民事、行政诉讼，但经济确有困难的未成年人，实行诉讼费用的缓交、减交、免交。具有下列情形之一的，可以向人民法院申请司法救助：

1. 追索抚育费、抚恤金的；

2. 没有固定生活来源的残疾人、患有严重疾病的人；

3. 交通事故、医疗事故、产品质量事故或者其他人身伤害事故的受害人，请求赔偿的；

4. 因见义勇为或为保护社会公共利益致使自己合法权益受到损害，本人或者近亲属请求赔偿或经济补偿的；

5. 因自然灾害等不可抗力造成生活困难，正在接受社会救济；

6. 正在接受有关部门法律援助的；

7. 其他情形确实需要司法救助的。

（二）法律援助条件

未成年人对下列需要代理的事项，因经济困难没有委托代理人的，可以申请法律援助：

1. 依法请求国家赔偿的；

2. 请求发给抚恤金、救济金的；

3. 请求给付抚养费的；

4. 主张因见义勇为行为产生的民事权益的。

5. 父母虐待、遗弃、教师体罚等原因造成的人身受到伤害的案件。

刑事诉讼中有下列情形之一的，可以申请法律援助：未成年犯罪嫌疑人、公诉案件中的未成年被告人、被害人及其法定代理人或者近亲属，以及自诉案件中的未成年自诉人及其法定代理人或者近亲属，没有聘请律师或者委托诉讼代理人的。

（三）救助基金给付条件

“未成年人司法救助基金”的适用对象一般仅限于聊城市两级法院未成年人案件综合审判庭（简称少年审判庭）审理的案件中所涉及的未成年人，主要包括：

1. 受到重大人身伤害、无法得到实际赔偿、家庭经济困难，无力支付基本医疗费的未成年人；

2. 受到性侵害、急需心理治疗、家庭贫困的未成年人；

3. 无法得到实际赔偿的已死亡被害人的贫困未成年子女；

4. 监护人缺失、流浪、残疾未成年犯这一特殊群体因无法回归家庭监护的，或患有其他严重疾病，且家庭无力抚养、自身又不具备独立生活条件的非监禁刑未成年犯、刑满释放未成年人；

5. 认罪态度好并有悔改表现、具备一定文化基础、愿意继续求学或接受技能培训、家庭贫困的非监禁刑未成年犯、刑满释放未成年人；

6. 其他处于特殊困境的未成年人。

第五条　救助的提起

（一）诉讼费救助的提起

当事人申请诉讼费司法救助，应当在起诉或者上诉时提交书面申请、足以证明其确有经济困难的证明材料以及其他相关证明材料。因生活困难或者追索基本生活费用申请免交、减交诉讼费用的，还应当提供本人及其家庭经济状况符合当地民政、劳动保障等部门规定的公民经济困难标准的证明。

人民法院对当事人的司法救助申请不予批准的，应当向当事人书面说明理由。

当事人申请缓交诉讼费用经审查符合规定的，人民法院应当在决定立案之前作出准予缓交的决定。

（二）法律援助的提起

符合援助条件的当事人持人民法院受理案件通知书，向受理法院口头或书面提出法律援助申请，由受理案件法院负责向有关部门协调为申请人聘请援助律师。

（三）救助基金的提起

申请司法救助基金，需有未成年人或其监护人向所在法院提出书面申请，申请书内容包括：

1. 未成年人的生效裁判文书（情况紧急的，可先报送未成年人的诉讼信息，待裁判文书生效后再及时补报）及户籍证明；

2. 未成年人权利受侵害情况及申请救助理由；

3. 未成年人的家庭背景、成长经历、学习情况等相关证明材料；

第六条　救助金的审查审批

少年审判庭案件承办人应审查要求救助而提供证据的真伪，对存疑证据进行调查核实，经初步审查认为符合救助条件的，报送本业务庭庭长审核。分别由基层法院的少年法庭工作领导小组或中院的分管院领导提请中院少年法庭工作领导小组讨论决定。不符合救助条件的，由少年法庭工作领导小组书面回复不予提供的理由。

第七条　救助金的发放

（一）救助金一般以现金形式发放，如未成年人及其近亲属要求或同意的，也可发放实物。

（二）经研究决定发放司法救助金的，由承办法官及时通知申请人办理领款手续；申领时一般采取未成年人及监护人当场领取方式，如未成年人不能当场领取，其法定代理人或监护人可以到场代领，并办理领取证明，申报机关也可以到未成年人所在地发放。

（三）各申报机关应指定专门工作人员负责救助基金发放工作。

第八条 救助金的监管

（一）提供未成年救助对象的法院少年审判法庭，设立一名联络员，负责为受助未成年人建立救助档案、定期汇总救助情况，切实做好对受助未成年人的跟踪回访工作，并制作笔录存入救助档案，及时收集需要救助未成年人的信息。

（二）中院少年法庭工作指导小组将邀请捐助组织、个人代表及省院少年法庭工作指导小组等，对救助基金的管理、发放等情况进行监督审查。如发现弄虚作假现象，一经核实，取消救助资格，收回救助金。情节严重的，依据有关规定移送相关部门处理。

第九条 本办法经山东省聊城市中级人民法院审判委员会讨论通过后试行。

山东省聊城市中级人民法院
未成年人司法救助基金支付办法（试行）

依据《中华人民共和国未成年人保护法》、《最高人民法院关于对经济确有困难的当事人提供司法救助的规定》等规定，人民法院在司法活动中对需要司法救助的未成年人，依法为其提供司法救助，特制定本办法。

第一条 基本原则

（一）专款专用原则。未成年人司法救助基金只能用于未成年人司法救助工作和项目，同时接受财政、审计等有关部门的监督。

（二）管用分离原则。未成年人司法救助基金的审核和拨付、发放分别由发放机关和申报机关承担，按规定使用。

（三）小额救助原则。未成年人司法救助基金坚持小额救助原则，一般不超过1000元。特殊情况需放宽的，由中院少年法庭工作领导小组专项研究决定

（四）适时救助原则。未成年人司法救助基金采取适时救助原则，发放时间视个案情况而定。

（五）一次性救助原则。未成年人司法救助基金一般不重复救助同一案件同一当事人。

第二条 机构及职责

各基层人民法院少年法庭工作领导小组，负责本院未成年人司法救助的具体组织和审核工作；市少年法庭工作领导小组，总体负责组织和管理全市未成年人司法救助对象的认定、考核、发放救助金等具体工作。

第三条 “未成年人司法救助基金”的来源

“未成年人司法救助基金”的来源采取以政府拨款为主、政府拨款与社会捐助相结合的方式：

（一）政府拨款。正式建立未成年人司法救助基金，并明确把涉及未成年人权益保护的案件列入救助范围。

（二）社会组织和个人捐助。主要包括以下两类：

1. 中华全国律师协会未成年人保护专业委员会下设的“中国未成年人法律援助与保护专项基金”；

2. 其他社会组织、团体和个人的捐助。

第四条　救助条件

“未成年人司法救助基金”的适用对象一般仅限于聊城市两级法院未成年人案件综合审判庭（简称少年审判庭）审理的案件中所涉及的未成年人，主要包括：

（一）受到重大人身伤害、无法得到实际赔偿、家庭经济困难，无力支付基本医疗费的未成年人；

（二）受到性侵害、急需心理治疗、家庭贫困的未成年人；

（三）无法得到实际赔偿的已死亡被害人的贫困未成年子女；

（四）监护人缺失、流浪、残疾未成年犯这一特殊群体因无法回归家庭监护的，或患有其他严重疾病，且家庭无力抚养、自身又不具备独立生活条件的非监禁刑未成年犯、刑满释放未成年人；

（五）认罪态度好并有悔改表现、具备一定文化基础、愿意继续求学或接受技能培训、家庭贫困的非监禁刑未成年犯、刑满释放未成年人；

（六）其他处于特殊困境的未成年人。

第五条　救助的提起

救助的提起为未成年人或其监护人向所在法院提出书面申请，申请书内容包括：

（一）未成年人的生效裁判文书（情况紧急的，可先报送未成年人的诉讼信息，待裁判文书生效后再及时补报）及户籍证明；

（二）未成年人权利受侵害情况及申请救助理由；

（三）未成年人的家庭背景、成长经历、学习情况等相关证明材料；

第六条　审查审批

少年审判庭案件承办人应审查申请救助而提供证据的真伪，对存疑证据进行调查核实，经初步审查认为符合救助条件的，报送本业务庭庭长审核。分别由基层法院的少年法庭工作领导小组或中院的分管院领导提请中院少年法庭工作领导小组讨论决定，并将材料上报省高院少年法庭指导小组备案。不符合救助条件的，由少年法庭工作领导小组书面回复不予提供的理由。

第七条　救助金发放

（一）救助金一般以现金形式发放，如未成年人及其近亲属要求或同意的，也可发放实物。

（二）经研究决定发放司法救助金的，由发放机关或个人采取将相应金额拨至法院设立的未成年人司法救助金专项账户方式，由承办法官及时通知申请人办理领款手续；领取方式与地点应本着方便申领人的原则，灵活掌握。既可通知申领的未成年人及监护人到指定场所领取，也可到被救助的未成年人所在地现场发放。

（三）各申报机关应指定专门工作人员负责救助基金发放工作

第八条 救助金的监管

（一）提供未成年救助对象的法院少年法庭，设立一名联络员，负责为受助未成年人建立救助档案、定期汇总救助情况，切实做好对受助未成年人的跟踪回访工作，辅以及时、必要的心理疏导和教育鼓励，并制作笔录存入救助档案。

（二）中院少年法庭工作领导小组将邀请捐助组织、个人代表及省院少年法庭工作指导小组等，对救助基金的管理、发放等情况进行监督审查。如发现弄虚作假现象，一经核实，取消救助资格，收回救助金。情节严重的，依据有关规定移送相关部门处理。

第九条 本办法经山东省聊城市中级人民法院审判委员会讨论通过后试行。

附1：

山东省聊城市未成年人司法救助金审批表

申报单位： 序号：

案件名称		文号	
案件简述			
申报人及其监护人基本情况与联系方式			
申报理由			

案件名称		文号	
拟救助金额			
申报单位审核意见	（盖章） 年　月　日		
市法院少年法庭工作领导小组审核意见	（盖章） 年　月　日		
省法院少年法庭工作指导小组审核意见	年　月　日		
全国律协未保会审核意见	年　月　日		

填报说明：本表一式三联，经全国律师协会未成年人保护专业委员会秘书处会审定后，一联退申报单位作为依据，省法院、市法院各一联。

附 2：

山东省聊城市未成年人司法救助金发放记录表

单位：

案件名称及文号	
未成年人司法救助金审批表编号	
补助金额（元）	大写： ¥：
救助金发放人经办签名（至少 2 名）	年　月　日
受助对象姓名	
受助对象有效身份证件	证件名称： 证件号码：
受助对象地址	
受助对象联系电话	
受助对象签收	年　月　日
备注	

填报说明：本表一式三联，一联由全国律协未保会作为财务入账依据，一联申报单位留作存档。另送省、市法院备查。

【简　　讯】

最高法院研究室主任胡云腾参加“公民参与司法与人民监督员制度”学术研讨会

2011 年 6 月 25 日下午，最高法院研究室主任、少年法庭指导小组副组长胡云腾在京参加中国人民大学诉讼制度与司法改革研究中心、北京市昌平区人民检察院召开的“公民参与司法与人民监督员制度”学术研讨会，并作了题为“公民参与少年司法审判”的专题演讲。胡云腾主任从界定公民参与少年司法的概念入手，着重围绕公民参与少年刑事审判以及与其相配套的部分活动，介绍我国公民参与少年司法的必要性及其现状，并就进一步加强公民对少年司法参与的程度和深度提出相关意见和建议。

重庆市规范未成年人刑事案件社会调查

2011年7月29日，重庆市高级人民法院联合重庆市社会治安综合治理委员会办公室、市人民检察院、市公安局、市司法局、共青团重庆市委员会等单位联合制定了《重庆市未成年人刑事案件社会调查暂行办法》，进一步规范全市未成年人刑事案件社会调查工作，推进未成年人司法制度改革，夯实未成年人刑事司法基础。

最高法院研究室副巡视员马东赴河南调研少年法庭工作

2011 年 9 月 2 日至 7 日，最高法院研究室副巡视员、少年法庭指导小组成员马东带队赴河南省就少年法庭机构、队伍建设以及三明会议后落实情况进行调研。调研组参加了河南省法院未成年人案件综合审判庭试点工作座谈会，并在平顶山、驻马店、南阳 3 个中院召开 3 场座谈会，听取了河南高院及 6 个市两级法院少年法庭工作的情况汇报。河南省三级法院从事少年法庭工作的法官以及平顶山市有关部门负责同志共 80 余人参加了座谈。马东在调研中强调，要加强少年法庭机构建设特别是省法院的机构建设，进一步提升队伍素质；积极探索未成年人轻罪犯罪记录封存制度；立足少年审判实践，科学绩效考核。